PSAT
원래 이렇게 푸는 거야

브런치 누적조회수 100만!
PSAT 평균 93.3점 사무관의 독학 노하우!

PSAT
원래

예제수록 개정증보판

이렇게
푸는거야

할때하자 지음

잠시 여행을 떠나듯 세종시로 내려와 일한 지 어느덧 5년째다. 고시 공부는 2012년 가을에 시작해 2017년 마무리했고, PSAT은 다섯 번 모두 합격했다. 2차 과목은 다른 고시생처럼 학원 강의를 따라가기 급급했으나, PSAT만은 그렇지 않았다. 초시생 때부터 학원가에 통용되는 공부법을 따르지 않고 홀로 훈련했다.

이 책에서 소개하는 훈련법 대부분은 홀로 PSAT을 준비하며 체득한 것을 정리한 내용이다. 이제 와 돌이켜보니, 운 좋게(?) 제약이 있는 환경에서 시작해 얻은 소득이다.

PSAT은 2012년 가을, 군대에서 처음 접했다. 강의는 고사하고 성능 나쁜 프린터로 눈치 보며 출력한 기출문제가 전부였다. 강의도 교재도 없으니 기출문제를 아껴 푸는 수밖에 없었다. 풀 때마다 실수가 반복됐다. 조언을 구할 사람이 없어 문제를 풀고 나면 어디서 삐끗했는지 직접 되짚을 수밖에 없었다. 돌이켜보면 학원의 논리에 젖지 않고 PSAT에 대비할 기회가 주어진 셈이었다.

환경이 준 이점(?)은 또 있었다. 자유롭지 않은 신분이다 보니 40문제를 한 호흡에 풀기가 어려웠다. 90분 동안 아무도 나를 찾지 않는 경우는 드물었다. 불가피하게 20문제, 때론 10문제씩 끊어 풀 수밖에 없었다. 방해 요소가 가득한 환경에서 문제를 푼 덕분에 집중력이 크게 높아졌다. 소중한 기출문제(그때만 해도 기출문제는 10년 치가 전부였다)를 아끼는 부수적 효과도 보았다.

그해 겨울, 휴가를 기회 삼아 PSAT 교재를 구했다. 이미 한 바퀴 기출문제를 다 풀어 본 내게 실전과 동떨어진 교재의 내용은 와닿지 않았다. 이해할 수 없는 낯선 계산 법칙과 논리학 공식으로 가득 차 있었다. 실전에서 적용할 수 없겠다는 확신이 들었다. 수백 페이지에 달하는 교재에서 유익하다고 생각한 부분은 1~2쪽에 불과했다. 그날 이후 교재는 두 번 다시 펼쳐 보지 않았고, 나만의 방식으로 준비를 계속했다.

이듬해 봄, 나는 처음 들어간 PSAT 시험장에서 평균 89.1점을 받았다. 홀로 연습할 때보다도 훨씬 좋은 점수였다. 군대에서 해 온 훈련에 시험 당일의 오기가 더해진 결과였다.

첫 PSAT 시험일, 나는 저녁에 친구들과 놀 생각에 들떠 한껏 꾸민 채 시험장으로 향했다. 휴가를 나왔다는 기쁨에 긴장할 새도 없었다. 25명이 정원(5×5배치)인 고사장에서 내 자리는 한가운데였다. 그날따라 내 오른쪽 줄에 앉은 다섯 명은 전부 수면 바지나 츄리닝을 입고 있었다. 혼자만 청바지를 입고 있으니 괜히 신경이 쓰였고 옆자리 경쟁자들의 시선이 따갑게 느껴졌다. 나름대로 없는 시간을 쪼개서 준비했는데, 어리고 초시생 같다는 이유만으로 무시하는 것 같아 오기가 생겼다. (그때가 22살이었으니 실제로 어리긴 했다)

겨우 그 오기 하나만으로 초인 같은 집중력을 발휘했다. 군대에서 연습할 때는 70점대 중반에 머물렀는데, 실로 놀라운 결과였다. 이러한 성공의 경험은 훈련법에 대한 확신으로 이어졌고, 이후 매해 훈련법을 가다듬며 점점 더 효율적으로 PSAT에 대비할 수 있게 되었다.

여기까지 말하면 혹시나 천재라고 오해할까 봐 2차 시험 이야기도 잠깐 하고 가겠다. 2차 시험의 역사는 PSAT에 비하면 처참하기 그지없었다. 고시 공부를 하며 처음으로 내가 남들보다 수학에 강하지 않다는 사실을 인정해야만 했다. 학창 시절 내내 수학은 나의 강점이라고 여겼는데 수리적 센스를 요구하는 문제들 앞에서 연거푸 무너졌다.

애초 재경직을 선택한 이유는, 단지 '이왕 할 거면 제일 어려운 거 해야지'라는 생각 때문이었다. 경제학, 재정학, 통계학이 내 발목을 잡고 있음을 인정하게 된 것은 공부한 지 4년이 지난 2016년 2차 시험 이후였다. 4년 가까이 공부했음에도 합격선보다 평균 8점이 낮았다. (보통 4년 공부하면 이미 합격했거나, 떨어지더라도 1~2점 차로 떨어지는 게 일반적이다) 기대와는 너무 다른 점수로 인해 자존감은 땅에 떨어졌다.

2017년 1월, 행정학 등 논문 과목에 자신이 있었던 나는 절치부심의 마음으로 일반행정으로 직렬을 바꿨다. 다행히 PSAT은 훈련을 통해 탄탄하게 잡아 둔 상태여서 새로운 2차 과목(정치학, 정보체계론)을 공부하는 데 충분한 시간을 투자할 수 있었다.

그해 나는 합격선보다 평균 7점 높은 점수로 합격했다. 동트기 전이 가장 어둡다고 했던가. 돌이켜 보면 2016년이 가장 힘들었다. 비슷한 시기에 공부를 시작한 친구들이 합격하거나 소수점 차로 2차 합격선에 근접하는 모습을 보며 크게 좌절했다. 마음속으로 매일 울었다. 직렬 변경 덕분인지 혹은 그만큼 절실했던 마음 덕분인지, 좋은 결과를 얻고 마무리할 수 있었다. 합격 발표를 들은 순간, 합격했다는 사실보다 내 자존감을 회복할 계기를 마련했다는 사실이 더 기뻤다.

이후 나는 일타 선생님의 상황판단 모의고사 출제위원으로 활동하며 경험을 쌓았고, PSAT 그룹과외를 통해 훈련법을 전했다. 이런 경험을 토대로 2021년 여름, 퇴근 후 짬을 내 브런치(현 브런치스토리)에 PSAT 훈련법을 연재하기 시작했다. 그때는 취미 삼아 시작한 글쓰기가 책 한 권 분량이 될 줄은 예상하지 못했다.

'이 훈련법은 나 같은 사람에게는 적용되지 않을 거야. 비범한 사람들이나 활용하는 방법일 거야'라고 생각지 않기를 바란다. 이 책은 평범한 모두를 위한 책이다. 여러분도 훈련을 통해 후천적 피셋형 인간이 될 수 있다. 이왕 책을 펼친 김에 속는 셈 치고 시도해 보기를 권한다. 통찰과 깨달음은 기대하지 않을 때 불쑥 찾아오는 법이다.

연수원 입소를 앞두고 과외를 마무리하던 무렵, 언젠가 수업 내용을 글로 남기겠다고 약속했다. 벌써 시간이 많이 흘렀다. 그때 수업을 들었던 학생 중 몇몇은 이미 세종에서 일하고 있다. 늦었지만 지금이라도 약속을 지키게 되어 다행이다. 나의 경험과 수험생들이 나누어준 고민을 한데 모아 여러분을 합격으로 이끌 긴 글을 풀어 보겠다.

이 책이 나오기까지 도움을 주신 분들이 많다. 먼저 이 책이 빛을 볼 수 있도록 도움을 주신 렛츠북 대표님과 직원분들께 감사의 인사를 드린다. 다음으로 바쁜 시간을 쪼개 이 책의 내용부터 디자인까지 모든 부분에 귀한 의견을 더해 주신 우리 부 및 타 부처 사무관들에게도 감사를 전한다. 무엇보다, 지금까지 아낌없이 응원해 주시고 앞길을 밝혀 주신 부모님, 그리고 외할머니가 계시지 않았다면 이 책은 탄생할 수 없었다. 사랑을 담아 존경과 감사의 인사를 드린다.

그리고 정말 마지막으로, 책을 낼 수 있도록 용기를 불어넣어 준 수많은 브런치 독자 여러분께 고개 숙여 감사의 인사를 전한다.

목차

주요 용어 안내

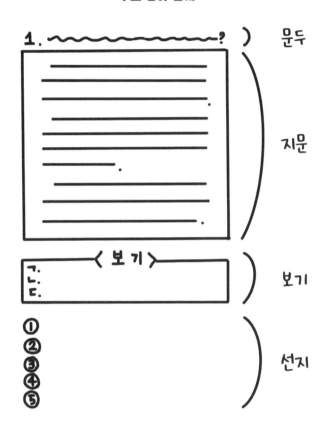

일러두기

▸ 이 책에서 별도의 수식 없이 지칭하는 PSAT, 기출문제는 인사혁신처 주관 5급 공채 PSAT 이며, 본문도 이를 기준으로 서술했음을 알린다.

▸ 용어의 의미를 구분하기 위해 문항 전체는 '문제', 문제의 제목은 '문두'라고 지칭한다.

▸ 이 책에 수록된 예시 문제의 내용은 모두 원본과 동일하나, 지면을 효율적으로 사용하기 위해 좌우로 배열을 넓히거나 다단을 활용한 경우가 있음을 알린다.

▸ 설명의 편의를 위해 문제마다 풀이법을 다른 식으로 서술하였다. 일반 해설처럼 쓰거나, 시나리오 형태로 쓰는 등 다양한 경우가 존재함을 미리 알린다.

책을 출간한 지 정확히 1년이 지났습니다. 독자 여러분께 조금이라도 도움이 되었으면 하는 마음으로 자비를 들여 출간한 책은, 온라인 서점에서 주간 PSAT 분야 1위에 오르는 등 놀라운 관심과 함께 지난 1년간 하루 평균 10권씩 꾸준히 판매되었습니다.

직장을 다니며 출간을 준비하다 보니 여러모로 부족함이 있었습니다. 작년 7급 공채 PSAT 시즌에 맞추어 출간을 서두르면서 미처 채우지 못한 부분도 있었습니다. 이번 개정판은 부족하다고 느꼈던 부분을 집중적으로 보완한 전면 개정판입니다.

가장 큰 변화는 훈련용 문제의 수록입니다. 이 책 한 권만으로도 PSAT에 대비할 수 있도록 문제를 더했습니다. 분량을 무한정 늘릴 수는 없어 이 책의 훈련법을 적용해볼 수 있을 정도의 문제만 적절히 수록했습니다. 훈련용 문제를 통해 감을 잡은 뒤 인사혁신처에서 출제한 수천 개의 기출문제로 PSAT을 확실하게 정복할 수 있기를 바랍니다.

본문도 여기저기 많이 다듬었습니다. 초판은 간결하게 서술하려 노력했다면 이번에는 충분히 이해할 수 있도록 부연하고자 했습니다. LEET와 관련된 내용도 군데군데 더하고 눈에 거슬리는 오타도 바로잡았습니다. 당초에는 독자 여러분의 가방이 무거움을 알기에 책을 가볍게 만들고자 했습니다만, 가방의 무게보다 PSAT에 대한 부담을 덜어드리는 게 더 중요하다는 생각이 들어 과감하게 분량을 늘렸습니다.

　마지막으로 2024년 5급 공채 PSAT 기출문제에 대한 분석과 예시를 수록했습니다. 부디 이 책이 독자 여러분이 꿈에 한 발 더 다가서는 데에 도움이 되기를 바랍니다. 감사합니다.

2024년 여름, 세종에서
할때하자 드림

"너 정말 PSAT 준비 안 할 거야?"

2017년, 5급 공채 PSAT 시험을 불과 이틀 앞두고 친한 고시반 형이 걱정과 의심의 눈초리로 물었다. 그때까지 나는 PSAT을 한 문제도 풀지 않고 있었는데, 듣고 보니 이대로 시험을 망치면 나 자신을 용서할 수 없을 것 같았다. 그래서 그날 하루는 PSAT 문제를 풀었다. 다음 날에는 컨디션 조절을 위해 문제를 풀지 않았으니, 정말 하루만 준비한 셈이었다.

그해 나는 평균 93.3점을 받았다. 이런 나를 두고 주변 사람들은 '피셋형 인간'이라고 부른다. 선천적으로 PSAT 재능을 타고난 사람이라는 의미다. 그러나 나는 타고난 피셋형 인간은 아니다. 내가 본 진정한 피셋형 인간은 따로 있었다. 지금은 모 중앙부처에서 사무관으로 근무 중인, PSAT 전국 수석을 차지한 경험이 있는 형이 바로 그이다. 2015년 무렵, 내가 던진 질문에 답했던 형의 말이 아직도 생각난다.

"형, PSAT 문제는 언제 푸세요?"
"나? 일 년에 한 번, 시험장에서."

형은 훈련이든 공부든 PSAT을 준비한 적이 한 번도 없다고 했다. 나와는 완전히 다른 사람이었다. 나는 초시생, 재시생 시절에 PSAT 훈련을 많이 했고, 그 결과 안정적인 점수를 얻게 된 후천적 피셋형 인간이다. 훈련하기 전에는 점수가 썩 좋은 편이 아니었다. 2017년 PSAT 준비를 하루만 할 수 있었던 것도 2개월 → 1개월 → 2주 → 1주 → 하루로 훈련 기간을 줄여온 결과였다.

피셋형 인간은 분명 존재한다. 그러나 모두가 타고난 것은 아니다. 피셋형 인간은 선천적인 경우와 후천적인 경우로 나뉜다. 나는 이 책을 통해 내가 어떻게 후천적 피셋형 인간이 되었는지 그 비결을 말하고자 한다.

PSAT(Public Service Aptitude Test, 공직적격성평가, 흔히 피셋이라고 부른다)은 2004년 행정·기술·외무고시(현 5급 공개경쟁채용 및 외교관 후보자채용시험) 1차 시험으로 도입되었다. 2005년 입법고시(국회 5급)에 도입되었고 현재는 7급 공채, 5·7급 민간경력자 채용시험에서도 활용되고 있는데, 유독 돈과 시간을 쏟아부어도 점수가 오르지 않는 시험으로 악명이 자자하다. 혹자는 IQ 테스트와 비슷하다고 말한다.

PSAT은 선천적 능력이 영향을 미치는 시험이다. 이때 말하는 선천적 능력은 매우 광의의 개념으로, 어린 시절부터 쌓아온 독서량 등 (엄밀히 말하면 타고난 건 아니지만) 이제 와 따라잡기 어려운 누적된 경험을 포함한다. 그렇다고 선천적 능력만으로 당락이 좌우되는 건 아니다. 후천적인 노력도 못지않게 큰 영향을 미친다. 비유하자면 달리기와 비슷하다. 나보다 다리가 긴 사람, 어릴 때부터 즐겨 달리던 사람이 분명 나보다 유리하지만, 나도 훈련을 거듭하면 (그들의 기록을 넘어설 수 있는지와는 별개로) 분명 지금보다 실력이 나아질 수 있다는 점에서 그렇다.

달리기에 빗대니 '역시 나는 안 돼'라며 좌절하는 사람이 있을 것 같은데, 좌절하기는 이르다. 다행히 PSAT은 1등을 뽑는 시험이 아니다. PSAT은 공무원 채용시험의 1차 관문으로, 최종 선발인원의 통상 7배수를 뽑는다. 최근 공무원 시험의 경쟁률이 낮아지면서 PSAT에 합격하기는 더 수월해졌다. 2022년 5급 공채 1차 시험 응시인원 7,495명 중 합격자는 1,677명이고, 7급 공채 1차 시험 응시인원 21,731명 중 합격자는 5,557명이다. 무려 응시인원의 상위 22~25%가 합격했다. 어느 분야든 상위 20%는 노력으로 들어갈 수 있다. 방법만 올바르다면 말이다.

PSAT은 아무나 붙을 수 있는 시험은 아니지만, 누구나 붙을 수 있는 시험이다. 다만 그 방법을 알지 못해 헤매는 사람이 많을 뿐이다. 마라톤을 잘하려면 무턱대고 많이 달리는 것이 아니라 호흡법, 페이스 조절 방법, 수분 섭취 타이밍, 막판 스퍼트 전략 등 실전에 적합한 전략을 체화해야 하듯, PSAT도 마찬가지다. 그러나 오늘날 학원에서는 실전에서 적용하기 어려운 각종 공식과 법칙만을 전하고 있다. 암기 과목을 가르치던 관행에서 벗어나지 못한 탓이다. 문제의 가장 큰 책임은 학원에게 있지만, 학원에게 모든 책임을 돌릴 수만은 없는 노릇이다. 암기력만으로 우리의 역량을 평가한 초중고 학사 과정도 못지않은 책임이 있다.

오늘날의 PSAT 공부법은 꼭 예전 영문법 공부를 보는 듯하다. 영어를 언어가 아닌 암기 과목으로 바라본 탓에, 이론만 빠삭할 뿐 정작 구사할 줄은 모르는 사람이 많았다. PSAT도 마찬가지다. 시행 20년 차에 접어들었음에도 실전과 거리가 먼 이론과 공식으로 대비한다. 아직도 시험의 본질을 이해하지 못했던 시행 초기의 공부법이 진리인 양 받아들여지고 있다.

깊은 산골짜기라도 등산객이 꾸준히 다니면 제법 그럴싸한 통행로가 생기기 마련인데, PSAT은 아직도 믿고 내디딜 길이 없다. 표의문자인 한자에 익숙해진 우리가 표음문자인 알파벳 앞에서 오랜 세월 혼란을 겪은 것처럼, 낯선 시험인 PSAT에 대한 방법론도 아직 찾지 못하고 있는 듯하다. 이제 이 책을 나침반 삼아 골짜기를 헤쳐 나가자.

이 책은 2021년부터 브런치(brunch.co.kr/@psat)에 썼던 글을 엮은 것이다. 책으로 옮겨 오면서 많은 내용을 수정하고 보완했다. 올해 기출문제를 예시로 추가했고 중언부언하거나 뚜렷하지 않은 부분은 과감히 다듬었다. 중간중간 못다 한 이야기도 많이 추가했다. 무엇보다, 가볍고 재미있게 쓰고자 노력했다.

『탈무드』에 '지혜는 천 개의 눈을 가졌다'라는 말이 있다. 아는 만큼 보인다는 말이다. 이 책은 그간 당연시되던 학원의 구세대 공부법의 문제점을 파악하고, 이를 대체할 PSAT 훈련법을 소개해 여러분의 관점을 바꾸는 게 목적이다. 책을 덮을 즈음에는 맹목적으로 수용했던 기존 접근법의 문제점이 뚜렷하게 보일 것이다.

이 책의 예시나 사례는 5급 PSAT 기출문제와 내 경험을 바탕으로 서술되었다. 인적성 평가의 원리는 대동소이하므로 5급 공채, 7급 공채, 외교관후보자, 지역인재, 민경채 등 PSAT을 준비하는 모든 수험생은 물론, LEET와 NCS 준비생 또한 얻어갈 내용이 많다. 쉽게 서술하려고 노력했다. 이 책을 다 읽고 나면 PSAT이 전보다 쉽고 재밌게 느껴지고, 그만큼 점수도 오를 것임을 약속한다.

PSAT, LEET, NCS는 배다른 형제다

· Chapter I ·

왜 내 점수는
오르지 않을까?

1장   **PSAT 소개**

PSAT이 뭔가요?

오늘날 PSAT은 다양한 공직 분야의 1차 시험으로 활용되고 있다.

PSAT 종류별 구분

구분	과목별 문항 수	과목별 시험시간	문항당 배점	주관 기관	채용 분야
①	40문제	90분	2.5점	인사혁신처	5급 공개경쟁채용시험
					외교관후보자 선발시험
					지역인재 7급 수습직원 선발시험
②	25문제	60분*	4점	인사혁신처	7급 공개경쟁채용시험
					국가공무원 민간경력자 채용(5급·7급)
③	40문제	90분	2.5점	국회사무처	입법고시(5급)

* ②는 '22년부터 시험시간 변경(1교시 언어논리·상황판단 120분, 2교시 자료해석 60분)

PSAT은 언어논리, 자료해석, 상황판단 세 과목으로 구성된다. 언어논리에는 수능 비문학 스타일의 지문형과 논리학(퀴즈) 문제들, 7급의 경우 이에 더해 신유형인 실무형 문제(보고서 수정 등)가 등장한다. 자료해석은 데이터를 정확히 분석하여 사실관계를 판단하는 과목으로 복잡한 표가 많이 등장하고 때로는 계산이 필요하다. 상황판단에는 퀴즈와 법조문 해석, 언어논리와 유사한 비문학 지문 등이 등장하며 역시 퀴즈 중 일부 계산 문제가 섞여 있다. 일각에서는 상황판단과 언어논리의 일부 문제 유형이 지나치게 유사하다는 지적을 해 왔는데, 이러한 비판을 고려한 탓인지 최근 상황판단 내 퀴즈의 비중이 높아지는 추세다.

PSAT은 이론상 문제당 2분 이내에 풀어야 OMR 작성까지 안전하게 마칠 수 있는 시험이나, 여타 인적성 평가가 그렇듯 문제 난도에 비해 시간이 턱없이 부족하다. 따라서 100점을 노리기보다는 일부 어려운 문제를 버리는 전략을 택해야 한다. 나 또한 과목당 몇 문제는 풀지 못했거나 일부러 풀지 않았다.

PSAT 난이도

최근 10년 PSAT 합격 커트라인

연도	인사혁신처					국회사무처	
	5급 공채				7급 공채	입법고시	
	일반행정	재경	외교관 (일반외교)	과학기술직 (일반기계)	일반행정	일반행정	재경
2014	77.50	80.00	65.00	70.00	미도입	60.00	60.00
2015	76.66	80.00	70.00	67.50	미도입	80.83	83.33
2016	80.00	81.66	73.33	74.16	미도입	82.50	84.17
2017	82.50	84.16	76.66	76.66	미도입	75.83	77.50
2018	77.50	77.50	71.66	70.83	미도입	82.50	83.33
2019	75.00	76.66	71.66	70.83	미도입	80.83	80.00
2020	75.83	76.66	70.83	75.00	미도입	80.83	80.00
2021	75.00	75.00	70.00	69.16	70.33	60.00	60.00
2022	67.50	69.16	65.00	60.83	77.00	73.33	73.33
2023	84.16	85.83	81.66	80.83	86.66	80.83	79.17
2024	81.66	81.66	80.00	76.66	-	84.17	80.83

여러 PSAT 중 가장 어려운 시험은 입법고시 PSAT이다. (오해를 막기 위해 미리 짚어두자면, 어렵다고 좋은 시험이라는 건 아니다) 시험 난이도에 뚜렷한 경향이 존재하지 않고 몇 년에 한 번씩 과도하게 높은

난이도로 시험을 출제한다는 점에서 그렇다. 최근 몇 년간 5급 공채보다 커트라인이 높게 형성되면서 평이해졌다는 평이 있었지만, 2021년 다시 극악의 난이도로 출제되면서 평락(평균 60점 미만이면 등수와 관계없이 탈락)만 면하면 합격할 수 있었다.

극소수 인원만 선발하는 특성상 난이도를 조절할 필요성을 느끼지 못한 듯한데, 커트라인이 평락 점수(60점)에서 형성되었다는 것은 명백한 난이도 조절 실패다. 평락은 기본 수준에 미치지 못하는 사람을 거르기 위한 선이지 커트라인의 마지노선이 아니기 때문이다.

무슨 변덕인지 2021년, 2022년 연달아 수험생을 괴롭히던 모습은 온데간데없이 2023~2024년에는 평이하게 출제되었다. 과연 2025년 시험의 난이도는 어떨까? 아무도 예측할 수 없다. 이렇게 난이도 조절에 실패하는 것만 봐도 알 수 있겠지만 문제의 완성도도 5급 공채에 비해 떨어지는 편이다. 출제 경향이나 문제 유형에서도 인사혁신처 PSAT과는 다소 차이를 보인다. 무지막지한 계산을 요구한다는 점에서 인사혁신처 PSAT보다는 학원 모의고사와 유사하다.

다음으로 어려운 시험은 5급 공채 PSAT이다. 일반적으로 'PSAT'이라고 하면 5급 공채 PSAT을 지칭한다. 그만큼 가장 대표적인 시험이고 나름의 역사도 길다. 외교관후보자와 과학기술직도 같은 문제로 시험을 치른다. 5급 PSAT은 초창기(2000년대)에 비해 어려워졌다는 평이 일반적이었다. 하지만 계속해서 어려워지던 최근 경향(2018~2022)과 달리 2023년에는 다소 평이하게 출제되었고, 2024년 역시 큰 까다로움 없이 출제되면서 비교적 높은 커트라인(일반행정, 재경직 모두 81.66점)을 형성하였다.

최근 10개년 커트라인을 볼 때 5급 PSAT 역시 (입법고시 수준은 아니지만) 해마다 난이도가 들쑥날쑥한 편이라서 2023~2024년 난이도만으로 출제 경향이 바뀌었다고 판단하기는 어렵다. 출제위원 개개인이 모여 출제하다 보니 그때그때 형성되는 분위기에 따라 난이도가 달라지는 경향이 있다. 2022년 커트라인이 60점대로 내려앉은 사태(?)를 고려해 조금 쉽게 내자는 암묵적 공감대가 형성된 것으로 보인다.

기출 중에는 7급 PSAT이 가장 쉽다. 당초 민간경력자채용(5급, 7급)을 위한 시험이었으나 2021년 7급 공채에 확대 도입되었다. 25문제로 문항 수가 적고 상대적으로 시간적 여유가 있지만, 문제당 배점(4점)이 높아 실수로 인한 피해가 더 크다. 도입 초기 2년 동안은 70점대에서 커트라인이 형성되었는데, 2023년 80점대 중반으로 컷이 크게 뛰었다. 5급 공채와 컷이 함께 오른 것으로 미루어 보아 시험 난이도를 전반적으로 낮추려는 의도가 있었던 것 같기도 하다.

사실 PSAT은 상대평가라서 내년 시험의 난이도를 예측하는 일은 큰 의미가 없다. 난이도 추정은 커트라인이 공개되기 전, 자신의 합격 가능성을 가늠할 때만 필요할 뿐이다. 그러니 우리는 5급 PSAT이 모든 인적성 평가 중 가장 어려운 축에 속한다는 사실과 최근 어려워지는 경향이 있으나 간혹 쉽게 출제되는 해도 있다는 정도만 알면 된다. 시험이 어렵게 출제될수록 열심히 준비한 수험생에겐 유리하다. 기출에 쉬운 문제가 많이 나올 때보다 어려운 문제로 가득할 때 더 기분 좋아야 하는 이유다.

2장 PSAT의 본질

PSAT은 스포츠다

지금까지 우리가 치렀던 시험 대부분은 암기와 이해를 통해 쌓은 지식을 평가했다. 외워야 하는 내용이 다를 뿐 대비 전략은 같았다. 학교와 학원에서 시키는 대로 열심히 암기하고 문제를 풀면 그만이었다. 쏟은 시간과 성적이 비례했기에 성실함이 최우선의 가치였다. 그렇지만 PSAT에서는 그간의 방식이 도통 통하지 않는다. 많은 문제를 풀어도 성적이 오르지 않고, 학원 강의를 열심히 들어도 지지부진이다. 지금까지 잘 활용했던 갖가지 공부법이 죄다 무용지물로 느껴질 정도다. 그 느낌이 맞다. PSAT은 완전히 새로운 유형의 시험이다. 기존의 공부법이 통하지 않는 게 당연하다.

시험 유형

1. 지식을 평가하는 시험 (이하 암기 시험)
   : 초중고 중간·기말고사, 고시 2차 시험, 수능, 한국사능력검정시험 등
2. 판단력을 평가하는 시험 (이하 집중력 시험)
   : PSAT, LEET, NCS를 비롯한 각종 인적성 평가

대개의 시험은 위 두 유형 중 하나에 해당한다. 암기 시험은 학창 시절 중간고사를 생각하면 쉽다. 아는 문제를 푸는 데는 1분이면 충분하고 모르는 문제는 1시간을 줘도 답을 찾을 수 없다. 이해를 수반해야 하는 수학이나 영어도 공식이나 단어를 암기해야 함은 마찬가지였다. 그

나마 국어 비문학 문제 정도만이 PSAT과 유사했다. 반면 PSAT은 아무리 쉬운 문제라도 30초 만에 풀기란 어렵고, 아무리 어려운 문제라도 1시간을 주면 누구나 풀 수 있다. PSAT은 집중력 시험의 큰형뻘이다. PSAT은 특정 분야에 대한 사전지식을 테스트하지 않는다.

그렇다고 IQ 테스트처럼 선천적 역량을 측정하는 시험은 아니다. (IQ 테스트는 선천적 능력인 지능을 측정하기 위한 테스트로 위 분류 어디에도 해당하지 않는다) 물론 IQ가 높으면 PSAT에 유리할 수는 있겠으나, 이는 모든 시험에 해당하는 이야기다. PSAT은 실제 업무 현장에서 맞닥뜨릴 수 있는 상황을 제시하여 상황에 대한 빠른 이해와 순간적 판단력을 측정하는 시험으로, 실무 역량(잠재력)의 확인이 목적이다. 대체 PSAT이 실무와 무슨 연관이 있냐고?

현장에서는 제한된 시간 내에 여러 현안에 대응해야 하는 일이 비일비재하다. (나는 바쁠 때 일 평균 50통의 메일과 10통 내외의 전화를 받았다) 이때 우선순위를 빠르게 판단하는 게 중요한데, 만사를 제쳐 놓고 해결해야 하는 시급한 현안(예기치 못한 사건, 사고)이 있는가 하면, 신중히 처리해야 하는 현안(소송, 법령 개정, 외교적 문제 등)도 있으며, 때로는 개입 시 더 큰 부작용이 우려되는 현안(정부개입에 따른 시장교란 등)도 있다. 순간의 잘못된 판단이 크고 작은 문제를 초래할 수 있다.

PSAT 문제를 푸는 건 현안을 해결하는 과정과 유사하며, 여러 문제 중 어떤 문제를 먼저 해결할지 (또는 버릴지) 결정하는 것은 현안 해결의 우선순위를 결정하는 과정과 유사하다. 다음 페이지의 표를 보자.

PSAT - 실무 연관성

과목	연관 실무
언어논리	▲연구보고서·논문 등 각종 문헌 이해 및 요약 ▲각종 중장기 계획 수립 ▲보도자료 작성 및 탈고 ▲국회 질의응답 작성 등
자료해석	▲사업 소요 예산 파악 ▲예결산 업무 ▲실태조사 결과 분석(통계수치 등) ▲각종 동향·추이 파악 등
상황판단	▲정책 문제점 파악 및 개선방안 발굴 ▲법령 해석 및 제·개정 ▲각종 상황 대응(갈등 조율, 정책 우선순위 판단, 긴급현안 대응 등)

이처럼 PSAT은 실제와 유사한 환경에서의 문제해결능력(업무 적격성)을 측정하는 시험으로, 일종의 모의 실무 테스트라고 봐도 무방하다. (우측의 예시를 참고하자. 인사혁신처에서 실시한 7급 PSAT 모의평가에 수록된 문제다) 현장에서는 실수가 없고 판단이 정확한 사람, 위급한 상황에서도 평정심을 유지하는 사람을 두고 일을 잘한다고 평한다. 이런 사람들이 PSAT도 잘 푼다. 그런데 학원 강의를 듣고 모의고사를 푼다고 이런 역량을 키울 수 있을까?

긴박한 상황에서 집중력과 평정심을 유지하려면 주체적으로 훈련을 해야 한다. 수동적으로 강의를 듣거나 맹목적으로 문제만 풀어서는 효과를 보기 어렵다. PSAT은 외양만 시험의 형태를 띨 뿐 실체는 스포츠에 가깝다. 이러한 PSAT의 본질은 모른 채 평소 암기 시험에 대비하듯 '공부'하려 했으니 결과가 좋았을 리 만무하다. 학원 덕에 점수가 오르긴 했다고? 같은 시간을 들여 올바르게 훈련했다면 더 높은 점수를 획득했으리라 장담한다. 아무리 교재를 읽고 강의를 들어도 실제 물에 들어가지 않으면 결코 수영을 잘 할 수 없는 것처럼, PSAT 또한 실전에 적합한 훈련을 거쳐야 실력을 기를 수 있다.

문 7. 다음 대화의 ㉠에 따라 <계획안>을 수정한 것으로 적절하지 않은 것은?

갑 : 지금부터 회의를 시작하겠습니다. 이 자리는 '보고서 작성법 특강'의 개최계획 검토를 위한 자리입니다. 특강을 성공적으로 개최하기 위해서 어떻게 해야 하는지 각자의 의견을 자유롭게 말씀해주시기 바랍니다.

을 : 특강 참석 대상을 명확하게 정하고 그에 따라 개최 일시가 조정되었으면 좋겠습니다. 주중에 계속 근무하는 현직 공무원인 경우, 아무래도 주말에는 특강 참석률이 저조합니다. 특강을 평일에 개최하되 참석 시간을 근무 시간으로 인정해 준다면 참석률이 높아질 것 같습니다.

병 : 공무원이 되기 위해 준비하고 있는 예비공무원들에게는 서울이 더 낫겠지만, 중앙부처 소속 공무원에게는 세종시가 접근성이 더 좋습니다. 특강 참석 대상이 누구인가에 따라 장소를 조정할 필요가 있습니다.

정 : 주제가 너무 막연하게 표현되어 있습니다. 보고서의 형식이나 내용은 누구에게 보고하느냐에 따라 크게 달라집니다. 보고 대상이 명시적으로 드러날 수 있도록 주제를 더 구체적으로 표현하면 좋겠습니다.

무 : 특강과 관련된 정보가 부족합니다. 강의에 관심이 있는 사람이라면 별도 비용이 있는지, 있다면 구체적으로 금액은 어떠한지 등이 궁금할 겁니다.

갑 : 얼마 전에 비슷한 특강이 서울에서 개최되었으니 이번 특강은 현직 중앙부처 소속 공무원을 대상으로 진행하도록 하겠습니다. 참고로 특강 수강 비용은 무료입니다. 오늘 회의에서 논의된 내용을 반영하여 특강 계획을 수정하도록 하겠습니다. 감사합니다.

───── <계획안> ─────

보고서 작성법 특강

○ 주제 : 보고서 작성 기법
○ 일시 : 2021. 11. 6. (토) 10:00~12:00
○ 장소 : 정부서울청사 본관 5층 대회의실
○ 대상 : 현직 공무원 및 공무원을 꿈꾸는 누구나

① 주제를 '효율적 정보 제시를 위한 보고서 작성 기법'으로 변경한다.
② 일시를 '2021. 11. 10. (수) 10:00~12:00(특강 참여 시 근무 시간으로 인정)'으로 변경한다.
③ 장소를 '정부세종청사 6동 대회의실'로 변경한다.
④ 대상을 '보고서 작성 능력을 키우고 싶은 현직 중앙부처 공무원'으로 변경한다.
⑤ 특강을 듣기 위한 별도 부담 비용이 없다고 안내하는 항목을 추가한다.

배경지식은 필요 없다

최근 LEET를 준비하는 지인이 DNA, RNA에 관한 책을 읽고 있는 걸 보았다. 왜 그런 책을 읽냐고 물었더니 강사가 모르는 분야가 있으면 관련 서적을 읽으라고 조언했단다. 그 강의는 문제점이 한둘이 아니었다. LEET 언어이해 (LEET 언어이해는 PSAT 언어논리와 유사하다) 과목의 문제를 수십 가지 유형으로 나누어 가르치고, 배경지식이 부족한 학생들에게는 관련 서적을 읽어 볼 것을 권하고 있었다. 나름 인기 강사라는 이야기를 들으니 피해자 수가 가늠이 되지 않아 아찔했다. (LEET를 예시로 들었지만, PSAT 학원가에도 이런 문제는 만연한 상황이다. PSAT 강사 중 LEET 시장으로 진출한 이들이 많으니 어쩌면 필연적인 결과다)

PSAT 수험생들에게도 문제를 풀 때 배경지식이 필요하냐는 질문을 심심찮게 들었다. 결론부터 말하자면 아니다. PSAT은 암기 시험이 아니므로 배경지식은 필요 없다.

출제지침에도 '특정 분야에 대한 사전지식이 문제풀이에 도움이 되어서는 안 된다'라고 명시되어 있으며 이는 출제 검토 시 문제의 폐기 여부를 결정하는 주요 판단기준이 된다. 통상 '지문에 담기지 않은 지식이 문제의 답을 도출하는 데에 현저하게 유리하게 작용하는지'의 여부로 판단한다.

과학, 금융 등의 지문에서는 일부러 지나치게 전문적인 용어의 사용은 지양하고, 문외한이 읽어도 한 번에 이해할 수 있도록 내용을 구성한다. 지문에 등장하는 개념이 너무 난해할 경우 (분야와 관계없이) 일부러 첫 문단에 개념(키워드)을 설명하는 문단을 추가하기도 한다. 아무리 보완해도 배경지식이 유리하게 작용하는 문제점을 해결할 수 없는 경우, 문제를 폐기한다. 이것이 별도의 시간을 들여 배경지식을 쌓을 필요가 없는 이유다.

물론 배경지식이 있으면 유리한 부분도 있다. 그러나 배경지식은 문제를 맞히기 위한 필수 요소가 아니다. 그러므로 배경지식을 쌓기 위해 시간을 투자할 필요는 없다. PSAT 지문은 세상에 존재하는 수천만 권의 책 중 한 권의 내용을 발췌하거나, 출제자의 머릿속 지식을 풀어내 구성한다. 즉, 출제범위가 무한에 가까울 정도로 방대하다. 따라서 배경지식을 쌓아 대비하겠다는 전략은 무척 비효율적이다. 배경지식이 간혹 독이 되기도 한다는 사실까지 감안하면 더더욱 시간을 들일 필요가 없다. 익숙한 주제가 등장하면 선입견을 품거나 긴장이 풀려 실수할 가능성이 있기 때문이다. PSAT은 배경지식이 없는 사람도 답을 찾을 수 있도록 설계된 시험이다. PSAT이 바라는 인재상(?)은 '아는 게 많은 사람'이 아니라 '낯선 정보를 정확히 이해하는 사람'이다. 머릿속 지식은 2차 시험에서 뽐내자.

이 시험은 '새로운 정보를 정확하게(오류 없이) 이해하는 능력'을 요구한다. 이때 정확한 이해는 집중력에서 나온다. 출제자가 던지는 다양한 유형의 질문은 지문 속에 등장한 다양한 키워드(A, B, C 등) 사이의 관계를 묻는 것에 지나지 않는다. 지문 속 개념 간의 관계만 파악하면 배경지식이 전혀 없어도 질문에 답할 수 있다.

시간 관리가 합격의 열쇠다

PSAT은 시간 관리가 생명이다. 시간이 한정되어 있다는 점은 모든 시험의 공통점이지만, 시간을 확보할수록 점수가 오르는 시험은 많지 않다. 시간만 여유롭다면 문제를 더 맞힐 수 있는 PSAT과 같은 시험에서는 시간 절약이 점수 상승으로 직결된다. (암기 시험은 시간이 충분해도 점수가 크게 높아지지는 않는다)

따라서 PSAT에 대비할 때는 시간을 절약하는 법을 함께 익혀야 한다. 시간 관리만 잘해도 평균 2~3점은 우습게 오른다. 어려운 문제를 푸는 능력보다 문제마다 2~3초씩 단축하는 능력이 더 중요하다.

PSAT은 첫 관문일 뿐이다

PSAT은 1차 시험에 불과하다. 그러므로 PSAT을 준비하면서도 다음 관문을 염두에 두어야 한다. 1년 내내 PSAT에 시간을 쏟으면 2차 시험을 공부할 시간이 없다. 1차에서 떨어지나 2차에서 떨어지나 불합격이기는 마찬가지다. 최종 합격을 위해서는 2차 시험의 공부 시간을 확보해야 한다. PSAT 준비는 시험 2~3개월 전부터 시작하면 충분하다. 더 오래 준비한다고 더 높은 성적을 받는 것도 아니다. 시험이 임박했을 때 집중해서 훈련하고, 나머지 기간에는 2차 시험을 준비하면 된다. 심지어 PSAT에 집중하는 그 기간에도 경제학, 행정법 등 주요 과목은 손에서 놓아선 안 된다. 1차 시험에 전력투구할수록 합격과 멀어지는 역설이 발생한다.

2차 공부를 손에서 놓지 말자

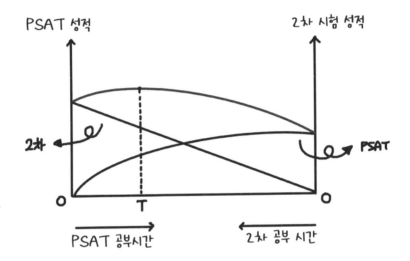

3장　출제과정을 알면 해법이 보인다

"기출문제가 가장 중요합니다."

시험을 준비할 때마다 귀에 딱지가 앉도록 듣는 조언이자, 합격 수기에서 지겹도록 볼 수 있는 말이다. 그렇지만 한 번 더 강조하려 한다. PSAT 기출문제의 중요성은 백 번 천 번 강조해도 지나치지 않기 때문이다.

우리는 기출문제를 아꼈다가 실력이 무르익었을 때 푸는 방식에 익숙했다. 고등학교 교과과정을 거의 다 이수한 뒤에야 수능 기출문제를 풀듯 모든 지식을 습득한 뒤 최종 테스트용으로 기출문제를 활용해 왔다. 그러나 앞서 말했듯 PSAT은 암기 시험이 아니다. 그래서 기출문제를 활용하는 방식도 달라야 한다.

PSAT은 풀기 전 외워야 할 공식이나 익혀야 할 이론이 거의 없다. (일부 스킬은 존재할 수 있으나 몰라도 푸는 데에 큰 지장은 없다) 게다가 기출문제 대용인 모의고사는 유사 PSAT이라고 말해도 무방할 정도로 기출문제와 경향이 다르다. 그러므로 기출문제를 먼저 살펴 시험의 출제 경향과 느낌을 파악해야 한다. 드라마와 현실의 연애가 다르듯 모의고사로는 PSAT의 경향을 읽을 수 없다. 왜 이렇게까지 이야기하냐고? 출제 과정을 들여다보면 이유를 알 수 있다.

PSAT 기출문제는 둘째가라면 서러울 정도로 체계적 절차에 따라 출제가 이루어진다. 수능은 한 달 가까이 합숙하며 출제한다고 전해지는데 PSAT도 크게 다르지 않다. 약 70~80명에 이르는 교수님과 현직자들이 보름간 수감(?)된 채 수십 차례 검토를 거친다. 다녀온 사람들 이야기를 들어보면 문제의 쉼표 하나 의도하지 않은 게 없다고 하니, 얼마나 꼼꼼히 다듬는지 충분히 짐작할 수 있다. 라파엘로의 〈아테네 학당〉과 비슷한 분위기 속에서 철학적인 논의를 거쳐 문제를 하나씩 조각한다고 생각하면 이해가 쉽겠다.

복장만 다를 뿐 분위기는 비슷하다(라파엘로, Scuola di atene)

출제위원 수가 많고 검토를 오래 한다는 이유만으로 기출문제를 높이 평가하는 게 아니다. 기출문제는 학원은 쉽게 따라 할 수 없는 출제 절차를 하나 더 거친다. 바로 다양한 난이도의, 다양한 유형의 문제를 적절히 섞어 배치하는 과정이다. PSAT은 문제은행에 쌓아둔 수백 개의 문제 중에 좋은 문제를 엄선해 완성된다. 전체가 모여 하나를 이루는 코스요리와 같다. 다만 다 먹기엔 벅찬 양이라 전략적으로 어떤 요리는 남겨야 하고, 어떤 요리는 서둘러 해치워야 한다는 게 포인트다. (100점을 목표로 할 필요는 없다는 얘기다)

반면 학원은 이렇게 다양한 문제를 쌓아둘 여력이 없다. 매해 모의고사를 출제하는 것만으로도 벅차서 문제 유형과 난이도를 파악해 배치할 여유까지 갖기는 어렵다. 이런 연유로 메인요리만 연달아 다섯 번 나오거나 샐러드만 잔뜩 나오는 엉뚱한 코스가 완성되곤 한다. 과도하게 복잡한 계산을 유도해 억지로 난이도를 끌어올리는 경우도 부지기수다. 상황이 이렇다 보니 자연스럽게 문제 완성도는 낮아질 수밖에 없다.

PSAT에서는 필연적으로 몇 문제를 풀지 않고 버려야 한다. 이때 문제를 버리는 감을 잡으려면 문제의 상대적 난이도를 읽는 능력(선구안, 뒤에서 자세히 소개한다)이 필요한데 이는 오직 기출문제로만 익힐 수 있다. 모의고사를 풀면 문제를 바라보는 눈이 흐트러질 뿐이다.

옛말에 아끼다가 똥 된다고 했다. 기출문제를 아끼지 말고 먼저 살펴야 한다. 모의고사로만 훈련하면 어떤 문제를 버리고 가야 하는지, 어떤 문제와 싸워야 하는지, 시간 관리는 어떻게 해야 하는지 등등 실전에 필요한 감각들을 익히기 어렵고 PSAT을 이해하기도 어렵다. 합격으로 가는 모든 열쇠는 기출문제에 담겨 있음을 명심하자.

4장   자가 진단하기

훈련법을 익히기에 앞서 자신의 상태를 진단할 필요가 있다. 건강검진 결과표를 받기 전까지 자신이 건강하다고 착각하는 사람처럼 여러분도 자신에게 문제가 없다고 착각할 수 있다. 특히 학원의 논리를 따라왔다면 자각할 새도 없이 잘못된 방식에 젖어 들었을 가능성이 크다. 아래의 문항을 통해 나의 상태를 알아보자. 오늘날 통용되는 잘못된 공부법에 관한 내용이다. 질문에 솔직하게 답한 뒤 내 상태를 진단하자.

체크리스트	예	아니요
1. 풀이 속도와 정확도를 높이기 위해서는 복잡한 계산 연습을 반복해야 한다.		
2. 되도록 하루 한 세트(3과목) 혹은 그 이상의 문제를 푸는 것이 좋다.		
3. 문제를 틀렸을 때는 반드시 해설지를 통해 풀이법을 익히고 넘어가야 한다.		
4. 학원 강의나 교재를 통해 알게 되는 낯선 풀이법들을 익혀서 활용해야 한다.		
5. 틀린 문제의 지문과 선지 등을 면밀하게 분석해 오답 정리를 하면 도움이 된다.		
6. 과목별 문제 유형을 세세히 구분하여 각각의 풀이 전략을 정해 두면 도움이 된다.		
7. PSAT 그룹 스터디를 통해 여러 사람의 풀이법을 배우면 도움이 된다.		

① 0개 : 이 책을 읽지 않아도 좋다. 이미 올바르게 PSAT에 대비하고 있다.

② 1~3개 : 개선해야 할 부분이 있지만, 학원의 논리에 어느 정도 비판적으로 접근하고 있는 상태다. 이 책의 내용 중 필요한 부분을 참고하여 소화하자.

③ 4~6개 : 학원가의 논리에 상당히 익숙해져 있는 상태로, 자연스럽

게 선배나 학원을 통해 공부법을 익혔을 가능성이 크다. 이 책을
반드시 끝까지 읽기를 권한다.

④ 7개 : 이 책의 내용에 의구심과 함께 큰 기대를 품고 있을 것이다.
수차례 회독하며 체화하기를 권한다. 이 책이 여러분의 삶을 바꿔
줄 수도 있다.

· Chapter II ·

그간의
잘못된 공부법

1장 맹목적 계산 연습
- PSAT은 산수 시험이 아니다

지겨운 계산 연습 이제 그만!

요즘 대학 도서관이나 고시촌 독서실, 카페 등지에서 두꺼운 계산 연습 교재를 푸는 사람을 어렵지 않게 찾아볼 수 있다. 계산 연습은 PSAT 시험이 최초로 도입된 당시부터 사랑받은 공부법으로, 지금도 포털사이트에서 'PSAT 계산'을 키워드로 검색하면 수십 종의 교재가 나온다. 수험생들은 계산 연습을 통해 풀이 속도와 정확도의 향상을 기대한다. 학원이 제시하는 목표도 마찬가지다. 하지만 그 효과는 생각처럼 잘 나타나지 않는다. 아무리 계산 연습을 해도 교재에 적힌 각종 공식은 익숙해지지 않고, 계산도 그다지 빨라지거나 정확해지지 않는다.

여러분에게는 잘못이 없다. 그저 잘못된 방식으로 접근했을 뿐이다. 계산 연습은 대표적인 '잘못된 공부법' 중 하나다. (본래 '계산'은 필산과 암산을 통칭하는 의미이나, 이 책에서의 '계산'은 필산만을 의미한다)

구분	의미	비고(다른 표현)
필산	숫자를 써서 계산함. 또는 그렇게 한 계산	붓셈
암산	필기도구 따위를 이용하지 않고 머릿속으로 계산	mental calculation
어림산	대강 짐작으로 헤아리는 셈법	

계산 연습은 PSAT 실력 향상에 별 도움이 되지 않는다. 기본적인 사칙연산(+ , - , ×, ÷)을 할 줄 모르는 경우를 제외하고 말이다. 하지 않는 것보다는 낫다고 생각할 수 있지만, 득보다 실이 크다.

"실무에서 쓰지도 않을 계산은 왜 시키는 거야"라는 불만을 토로하는 사람을 심심찮게 봤지만, 사실 PSAT은 복잡한 계산을 시킨 적이 없다. PSAT은 자료에 대한 해석 능력과 상황에 관한 판단 능력을 평가하고, 수치에 대한 대소 비교나 증감 양상을 정확히 읽어 내는지 확인하고 있을 뿐이다. 계산이 필요한 문제가 없다는 이야기가 아니다. 전체 문제의 20% 정도는 계산이 필요하나 상식을 벗어날 정도의 복잡한 계산은 거의 없고 나머지는 숫자가 나오더라도 눈대중이나 어림산으로 해결할 수 있다. 20%의 계산 문제 중에서도 어려운 문제는 버리면 그만이다. PSAT은 100점이 아니라 상위 20%에 드는 것이 목표임을 기억하자.

오늘날 계산 연습이 보편적으로 통용되는 이유는 모두 학원 탓인데, 일차적으로는 계산 연습이 진리인 양 가르치기 때문이며, 이차적으로는 (기출 경향에 어긋나는) 무지막지한 계산이 필요한 모의고사를 제작해 학생들이 PSAT의 본질을 오해하도록 만들기 때문이다. 대부분의 학원 모의고사는 아르바이트생 또는 직원에게 소정의 대가를 지급하여 만드는데, 이들은 기출 경향이나 스타일에 대한 이해도가 부족하고, 수준 높게 문제를 다듬을 내공이 없다. 그저 복잡한 계산을 문제에 삽입하여 난도를 높일 줄만 안다. 이런 연유로 모의고사는 기출문제와 형식만 유사할 뿐 실제로는 상당히 다른 경향을 띤다. 마치 입법고시 PSAT이 인사혁신처 PSAT과 이름만 같고 실질은 전혀 다른 시험이듯, 학원 모의고사 또한 인사혁신처 PSAT과 다른 시험이다. 성심껏 만든 모의고사라도 결코 기출문제 수준에는 미칠 수 없으며, 완성도 낮은 모의고사들은 도리어 PSAT에 대한 감을 떨어뜨릴 수 있어 풀지 않는 게 낫다.

나 또한 PSAT 모의고사 문제를 만들어 본 경험이 있다. 한 번은 모의고사를 전문적으로 만드는 학원에서, 나머지 한 번은 문제 제작에 가장 많은 공을 들인다는 선생님과 함께했다. 전자의 기억은 좋지 않다. 문제의 완성도를 높이기 위한 고민이 보이지 않았다. 내가 문제를 만들어서 보내면 (정답을 도출하는 데 오류가 없는 이상) 초안을 그대로 모의고사에 수록했다. 후자와 관련된 기억은 그래도 좋았다. 기출문제 검토 과정과 매우 유사한 절차를 거쳐 문제를 만들었다. 문제를 다듬기 위해 만나서 회의도 자주 했다. 그런데도 결코 기출문제 수준의 완성도를 가질 순 없었고 무엇보다 기출의 '출제 원리'와 '경향'을 모방하는 데에 한계가 있었다.

계산 연습이 불필요한 이유

계산 연습은 왜 불필요할까? 첫째로, 기출문제 중에는 학원 교재에 나오는 것처럼 계산이 복잡한 경우가 많지 않다. 눈치 빠른 수험생들은 모의고사에 비해 기출문제에 주어지는 값이 깔끔하다는 사실을 알아챘을 것이다. 실제로 기출문제 검토 과정에서는 값이 너무 복잡해지지 않도록 통계 수치 등을 보정한다. (수능 주관식 문제에서 답이 깔끔하게 떨어지는 것과 비슷한 이치다) 반면 모의고사 문제는 이러한 고민 없이 실제 데이터를 그대로 활용하여 선지를 구성하는 경우가 대다수다.

둘째로, 계산 연습을 아무리 많이 해도 풀이 속도가 유의미하게 개선되지 않는다. 필산은 근본적으로 속도에 한계가 존재한다. 손의 움직임에 한계가 있다 보니 생각의 속도도 그 수준에서 제한된다. 손을 움직이는 속도는 사람마다 크게 다르지 않기에 아무리 노력해도 남들과 차별될 정도의 속도를 발휘하기 어렵다. 굳이 장점을 찾자면 계산 문제에 대한 막연한 자신감이 생길 수 있다는 정도인데, 계산 연습이 아닌 다른 방식으로도 자신감은 얻을 수 있다.

셋째로, 계산 문제의 출제 비중이 높지 않다. 2023~2024년의 기출 경향을 보면 2023년 기출문제 중 계산 문제는 자료해석에서 10문제, 상황판단에서 11문제가 출제되었고 2024년에는 자료해석에서 10문제, 상황 판단에서 15문제가 출제되었다. 두 과목 전체 80문제의 25%~30% 정도인데, 이 중 과목마다 버려야 하는 고난도 문제가 4~5개 있고, 계산 연습 없이도 손쉽게 풀 수 있는 단순 덧셈 수준의 문제가 3~4개씩 있음을 감안하면 실제 계산의 활용도는 매우 떨어진다. 두 과목 통틀어 겨우 10개 남짓의 '조금 까다로운 계산 문제'에 대비하고자 그 많은 시간을 쏟고 있는 셈이다. (참고로 세 과목 통틀어 18개를 틀려도 평균 85점을 받을 수 있다)

여기서 끝이 아니다. 계산 연습은 도움이 안 되는 수준을 넘어 여러 부작용을 낳는다. 첫째로, 무작정 계산하려는 습관이 생긴다. 계산 연습을 많이 한 사람일수록 숫자가 등장하는 문제만 보면 무작정 계산부터 하려는 습성을 보인다. 앞서 말한 것처럼 필산 속도에는 개인차가 크지 않아서, 득달같이 문제에 달려드는 게 풀이 시간을 단축하는 유일한 해답이기 때문이다. 계산 연습에 대한 신앙에 가까운 믿음을 가진 일부 수험생들은 계산하는 게 효율적이지 않은 문제임을 알면서도 계산을 고집하기도 한다. '고민보다 GO' 느낌인데, 현명하지 못하다. 바로 옆에 징검다리를 두고도 굳이 헤엄쳐 강을 건너는 꼴이다. '무조건 계산한다'라는 맹목적 전략은 앞만 보고 달리는 경주마처럼 문제를 바라보는 시야를 좁아지게 만들고, 출제위원이 요구한 적도 없는 계산을 하게 한다.

경주마는 방향도 모른 채 그저 앞만 보고 달린다

둘째로, 계산 연습에 막대한 시간과 체력을 투입한 탓에 다른 과목을 준비할 여력이 남지 않는다. 시간을 비효율적으로 쓰면 그만큼 공부 기간이 늘어나는 건 당연지사다. 2차 시험도 남아 있는데 1차 시험에 과도한 에너지를 투여하는 건 장거리 레이스에서 초반에 전력 질주하는 것만큼이나 어리석은 전략이다. 한정된 예산을 효율적으로 사용해야 훌륭한 공무원인 것처럼, 한정된 시간을 효율적으로 사용해야 훌륭한 공무원이 될 자격도 생긴다.

셋째로, 풀지 말아야 할 문제에 손을 대게 된다. 통상 자료해석, 상황판단에서 버려야 하는 문제는 대부분 계산 문제다. 계산이 복잡하거나 시간이 오래 걸리는 경우가 많기 때문이다. 출제자 입장에서도 문제 난도를 높이는 가장 간편한 방법이 계산을 넣는 것이다. 이때 맹목적인 계산에 익숙해진 학생들은 도망쳐야 하는 문제와 불필요한 싸움을 벌인다. 그 결과 시간이 부족해 1분만 투자해도 맞혔을 쉬운 문제를 놓친다. PSAT은 100점을 목표로 하는 시험이 아니다. 시간이 부족하게끔 설계한 데다 문제 난이도에 상관없이 배점이 동일하기 때문에 어려운 문제는 건너뛰는 전략이 필요하다.

계산 없이 풀어 보자

계산이 전혀 필요 없다는 얘기가 아니다. 계산해야 하는 선지와 문제도 분명 존재한다. 다만 그 비중이 생각보다 낮고, 계산 외에도 택할 수 있는 풀이 전략이 있으니 계산 연습에만 몰두하지 말자는 이야기다. 계산은 문제를 푸는 여러 도구 중 하나에 불과하며, 개중에도 가장 마지막에 꺼내야 할 도구다. 계산이 필요한 선지는 마지막에 판단하는 게 좋고, 계산이 필요한 문제도 (커피값을 계산하는 정도의 간단한 문제가 아니라면) 후순위로 미루는 게 상책이다. 계산은 다른 쉬운 문제를 풀고 마지막에 활용하는 수단이다. 고난도 문제에 계산이 수반되는 경우가 많아서, 문제를 잘 걸러내기 위해서라도 경계하는 편이 좋다.

PSAT을 풀 때는 '쉬운 문제부터 푼다'라는 원칙을 지켜야 한다. 그러나 계산 연습만 반복하는 경우 가장 피해야 할 계산 문제를 가장 공격적으로 상대하는 우를 범한다. 그리곤 출제자의 의도대로 함정에 빠져 시간을 허비한다.

PSAT은 절대 어렵고 복잡한 계산을 요구하는 시험이 아니다. 수학 실력과도 무관하다. 백문이 불여일견이라고 했다. 당장 오늘이나 내일 의식적으로 계산을 자제하며 자료해석, 상황판단 기출문제를 풀어 보자. 계산이 필요하다고 느껴져도 손이 묶여 있다는 생각으로 최대한 참자. 계산이 필요한 선지는 마지막에 판단하고 계산이 불가피한 문제는 건너뛰자. 그렇게 풀어 보고, 도저히 계산하지 않고는 답을 도출할 수 없는 문제와 선지만 남기자. 생각보다 계산이 필요한 문제가 적다는 사실을 발견할 수 있다.

PSAT에서의 시간 낭비는 곧 점수 하락을 의미한다. 정확한 값을 도출하지 않아도 되는 문제에서 정확한 값을 도출하려는 행위부터 개선해야 한다. 어림산이나 눈대중으로도 맞출 수 있는 문제에서 시간을 허비해선 안 된다. 문제마다 3초만 낭비해도 한 문제를 잃는다. 이제 계산하는 버릇 대신 계산을 피하는 습관을 들여야 한다.

2장　맹목적 양치기
- 양치기 소년은 끝내 모든 걸 잃었다

▎양치기의 기대효과

계산 연습에 이어 지적할 잘못된 공부법은 '양치기'다. 양치기란 '하루에 PSAT 한 세트(3과목) 혹은 그보다 많은 문제를 푸는 행위'를 의미한다. 수험생들은 양치기를 통해 ① 문제 유형에 익숙해지고 ② 푸는 속도도 향상되며 ③ 실수까지 줄어들 것을 기대한다. 기대대로 이루어진다면 참 좋겠지만, 애석하게도 양치기는 이러한 효과를 가져다줄 수 없다. 이 책에서 지적하는 나쁜 공부법 중에서도 양치기는 단연코 최악의 공부법이다. 누군가 양치기로 효과를 봤다고 말한다면, 그는 자신이 치른 기회비용이 얼마나 큰지는 전혀 깨닫지 못하고 있는 것이다.

위 기대효과를 하나하나 짚어보자. 첫째로, 문제 유형에 익숙해질까? 얼핏 그럴싸해 보인다. 문제를 많이 풀수록 유형에 익숙해지는 건 맞다. 하지만 하루에 많이 풀어야만 문제 유형에 익숙해지는 건 아니다. 3년 치 기출문제를 하루에 다 풀든 열흘에 걸쳐 풀든 유형에 대한 이해도는 똑같이 높아진다.

둘째로, 푸는 속도가 빨라질까? 그랬다면 양치기를 할수록 점점 문제를 푸는 속도가 빨라져 점수가 향상되었어야 한다. 그러나 몇 년을 양치기해도 기출문제를 달달 외울 뿐, 문제 푸는 속도는 별반 차이 없고 여전히 시간은 부족하다. 한마디로 양치기는 속도 향상에 별 도움이 되지 않는다. 1장에서 말했듯이 PSAT은 사전지식을 테스트하는 시험이 아니다. 문제를 많이 풀어 도움이 되는 것은 암기 시험에나 적용될 법한 이야기다. 일례로 비슷한 소재가 반복해서 등장하는 한국사 문제를 수천 개 푸는 건 유효한 공부법이다. 그러나 항상 새로운 소재가 등장하는 PSAT에는 문제를 많이 푸는 게 별 효과가 없다.

셋째로, 양치기를 하면 실수가 줄어들까? 오히려 실수가 늘어날 소지가 크다. PSAT은 착오를 범하지 않고 주어진 상황을 올바르게 판단하는 것이 관건이다. 그 말인즉슨, 순간의 집중력에 따라 맞고 틀린다는 의미다. PSAT 40문제 중 5~6문제를 실수하는 사람도 단 한 문제만 풀도록 하면 거의 실수하지 않는다. 한 문제를 푸는 동안은 집중하기가 쉽기 때문이다. 양치기는 문제에 순간적으로 몰입하는 힘을 키우는 데에 적합하지 않다. 오히려 넋이 나간 채 기계처럼 문제만 풀게 될 뿐이다.

양치기 소년은 끝내 모든 걸 잃었다

양치기 소년 이야기는 나라마다 조금씩 다른데 어느 버전을 봐도 소년의 끝이 좋은 경우는 없었다. PSAT에서도 마찬가지다. 우리는 양치기로 인해 많은 것을 잃고 있다. 우리가 무엇을 잃고 있는지 조금 더 자세히 살펴보자.

양치기 소년은 끝끝내 불행했다

첫째로, 시간을 잃는다. 하루에 PSAT 2세트를 푸는 수험생의 경우 1세트당 90분(1과목)×3과목 = 270분, 휴식 시간을 더하면 최소 300분의 사이클을 2번 반복하여 600분을 쏟아부어야 한다. 이는 10시간에 달하는데, 아침 9시에 시작해 저녁 7시에 끝날 정도로 긴 시간이다. 종일 PSAT만 풀어도 벅차다. 혹자는 하루 2~3세트를 풀었던 경험을 무용담처럼 늘어놓기도 하는데, 자랑할 일이 아니다.

모든 시간을 PSAT에 쏟아선 곤란하다. PSAT은 시작에 불과하다. 우리 앞엔 2차 시험이 기다리고 있다. PSAT에 과도하게 시간을 쏟아부으면 2차 공부는 언제 할까. 내가 양치기에 하루를 버리는 동안 옆자리 친구는 2차 과목까지 공부하며 두 마리의 토끼를 잡는다. 앞서 본 바와 같이 PSAT은 시간을 들이는 만큼 결과가 나오는 시험이 아니다. 시간 투입에 따른 한계효용이 크게 체감한다. 반면 2차 시험은 암기가 바탕이 되므로 시간을 들이는 만큼 결과가 나온다. 이런 이유로, PSAT에 하루 전부를 투자해서는 곤란하다. 하루 2~3시간, 아무리 오래 해도 5~6시간이면 충분하다. 하루의 일부는 반드시 2차 시험에 투자해야 한다.

둘째로, 체력을 잃는다. PSAT은 고도의 몰입력을 요구하기 때문에 한 과목만 풀어도 피로가 몰려오는데, 양치기를 하면 녹초가 될 수밖에 없다. 혹자는 양치기를 거듭하면 정신력이 길러져서 많은 문제를 풀어도 거뜬하다고 주장하는데, 배고픔을 잘 참기 위해 매일 굶겠다는 논리만큼이나 궤변이다. 아무리 양치기를 해도 시험 당일에는 힘들다. 시험 당일의 체력이 걱정된다면 잘 먹고, 잘 자고, 시험 당일 틈틈이 당을 보충하면 된다. 문제를 많이 풀어서 문제 수에 익숙해지겠다는 일차원적 전략에서 벗어나자. 맷집을 기르기 위해 맞는 연습만 해서는 싸움에서 이길 수 없다. 맞다가 죽는 수가 있다. 상대의 주먹을 피하는 법과 효과적으로 공격하는 법을 훈련해야 한다.

셋째로, 좋은 문제를 잃는다. 문제를 잃는다는 말은 무슨 의미일까?

PSAT 실력은 철저한 훈련을 통해 기를 수 있다고 말했는데, 후술하겠지만 이 훈련은 기출문제로 해야 한다. 그래야 문제에 대한 선구안이 길러지기 때문이다. 학원 모의고사를 풀어서는 정확한 선구안을 갖출 수 없다. 효과적인 PSAT 훈련을 위해서는 '낯선' 기출문제가 필수다. 처음 보는 기출문제를 풀면서 실수하지 않고 답을 찾는 훈련을 해야 하기 때문이다. 그런데 양치기를 통해 기출문제를 여러 차례 풀어 버리면 나중에는 한 줄만 읽어도 답을 알 수 있는 경지(?)에 올라 버리기 때문에 훈련의 효과가 급감한다.

마지막으로 이것이 가장 심각한 문제인데, 집중력을 잃는다. 양치기를 하면 그날의 공부 계획은 'PSAT 2세트 풀기'와 같이 정량적 목표가 되어 버리고 '어제보다 더 몰입하기'라는 정성적 목표는 상실된다. 이처럼 목표가 정량적 수준에 머물게 되면 양적 목표를 달성하기 위해 경주마처럼 앞만 보고 달리게 되고, 문제 하나하나에 대한 집중력은 떨어진다. 결국 종일 문제만 풀었는데도 실력은 향상되지 않는 비극이 발생한다. 예컨대, 운동의 궁극적 목적은 '몸만들기'임에도, '덤벨 100번 들기'와 같은 정량적 목표에 매몰되어 무너진 자세로 어정쩡하게 횟수만 채우는 경우와 비슷하다. 불량한 자세로 운동 횟수를 채우는 데에 급급하면 몸만들기라는 궁극적인 목적은 달성할 수 없다. 몸을 만들기 위해서는 적은 횟수라도 올바른 자세로 근육에 제대로 자극을 주어야 한다. PSAT 훈련도 마찬가지다.

관건은 몰입력이다

우리에게 필요한 역량은 '길게 집중하는 능력'이 아니라 '깊게 집중하는 능력'이다. 비유하자면 가벼운 덤벨을 얼마나 많이 들 수 있는지(근지구력)가 아니라, 순간적으로 얼마나 무거운 덤벨까지 들 수 있는지 (근력)가 중요하다는 이야기다. 이제부터 '길게 집중하는 능력'을 '지구력', '깊게 집중하는 능력'은 '몰입력', 이 둘을 통칭하여 '집중력'이라고 부르겠다.

근력을 키우듯 몰입력을 키우자

근력(몰입력)　×1

근지구력(지구력)　×100

* 근력 : 근조직이 단 한 번 수축할 때 발휘할 수 있는 최대의 힘, 몰입력
* 근지구력 : 저항에 대해 반복하여 힘을 내는 것 또는 수축을 지속해서 하는 능력, 지구력

지구력은 풀이의 정확성보다 시간 관리에 영향을 미치며, 훈련이 아니라 시험에 대한 마음가짐에 의해 좌우된다. 지구력이 부족하면 문제를 푸는 속도가 현저히 떨어진다. (평소 PSAT을 풀다가 금세 집중력이 흐트러지는 이유는 문제를 풀기 싫은 마음 때문이다) 다시 말해 지구력은 일정 수준의 긴장이 있어야 발휘되므로 훈련으로 단련하는 데에는 한계가 있다. 즉, 훈련하기보다는 스스로 확실한 동기부여를 하고 좋은 컨디션을 유지하는 게 지구력을 높이는 가장 효과적인 방법이다.

실수는 몰입력 부족에서 비롯된다. 실수란 다른 데에 정신이 팔려 발을 헛디디는 경우와 비슷해서, 꼼꼼한 사람이라도 몰입력이 떨어지면 실수가 잦아지고 어리바리한 사람이라도 몰입하면 실수를 줄일 수 있다. 그리고 누구나 훈련만 거치면 운동으로 근력을 기르듯 몰입력을 기를 수 있다. 이는 '뇌 가소성(neuroplasticity)' 덕분인데, 뇌 가소성이란 '뇌세포와 뇌 부위가 유동적으로 변하는 것'을 의미한다. (과거에는 신체 성장이 끝나면 뇌는 더 이상 발달할 수 없다고 보았으나, 최근에는 학습, 훈련, 자극을 통해 지속적으로 발달시킬 수 있다는 사실이 밝혀졌다) 노래를 들으며 공부하다가 문제에 깊이 집중했을 때, 방금 들은 노래가 전혀 기억나지 않는 경험이 있을 것이다. 이처럼 몰입은 감각을 무뎌지게 할 만큼 대단한 효과를 발휘한다. 대상에 몰입하는 연습을 반복하면 점점 더 깊게 몰입할 수 있다. 깊이 몰입하면 문제를 풀다가 저지르는 착오 대부분을 예방하거나 바로잡을 수 있다. 훈련을 통해 조금씩 더 깊은 곳까지 잠수하는 프리다이버처럼, 우리도 어제보다 조금 더 깊이 집중할 수 있도록 훈련을 해야 한다.

'풀 문제를 가려내 주어진 시간 내에 최대한 많이 맞힌다'가 PSAT 풀이의 핵심임을 고려할 때 우리는 훈련을 통해 몰입력을 극한까지 끌어올려야 한다. 나는 피셋형 인간의 특성을 묻는 질문에 "평소 어리바리한 사람들이 PSAT 점수가 저조한 경향이 있다"라는 대답을 하곤 했다. 몰입력을 염두에 둔 대답이었다. 훈련을 통해 몰입력을 기르자. 일상에서 덤벙대도 시험장에서만 집중할 수 있다면 좋은 성적을 거둘 수 있다.

문제해부식 오답 정리
- 그곳엔 보물이 없어

PSAT 오답 정리는 왜 효과가 없을까

우리는 구구단을 외던 시절부터 성인이 된 지금까지 셀 수 없이 많은 시험을 치러 왔다. 그리고 그만큼이나 채점하고 분석하는 과정을 반복하면서 성적을 높여 왔다. 고등학교 때 공부했던 기억을 떠올려 보자. 우린 틀린 문제의 내용을 분석하고, 선지 하나하나 뜯어 보고, 해설지를 보며 어떻게 풀어야 했는지 각 선지가 왜 옳은지, 그른지를 빼곡히 정리했다. 문제집에 그대로 정리하기도 하고, 풀과 가위로 예쁜 오답 노트를 만들기도 했다. 오답 노트를 한 권이 다 채워질 정도로 완성한 적은 없지만, 적어도 지금까지 오답 정리가 우리를 배신한 적은 없었다. PSAT만 제외하고.

PSAT에 대비하는 과정에서 우리가 범하는 잘못 대부분은 암기 시험에 대한 전략을 답습함에 따라 발생한다. 오답 정리도 그중 하나다.

오답 정리는 공부하는 맛(?)이 난다. 문제를 분석함으로써 내가 몰랐던 부분을 알게 되기 때문이다. 그러나 PSAT은 오답을 정리해도 딱히 새로이 알게 되는 점이 없고, 그래서 실력이 나아지지 않는다. 수험생들은 뿌듯한 마음으로 오답 정리를 거듭하지만, 점수가 오르지 않으니 좌절한다. IQ 테스트 같다며 체념하기도 한다. 다행히 PSAT은 IQ 테스트가 아니다. 훌륭한 해열제라도 배탈에는 효과가 없듯 PSAT에는 오답 정리가 바른 처방이 아니었을 뿐이다.

암기 시험에서는 관련 내용이나 공식을 암기하지 못하면 문제를 틀린다. 이때는 오답을 정리함으로써 내가 놓친 부분을 확인하고 새로운 지식을 얻어야 한다. 반면 PSAT에서의 오답은 대부분 판단 착오가 원인이며 지식이 부족해서 틀린 경우는 극히 드물다. 따라서 오답 정리를 통해 얻을 지식이 거의 없다.

그러므로 오답 정리를 해도 점수는 오르지 않는다. 애초에 오답의 원인이 지식 부족에 있지 않음에도 지식을 얻기 위한 처방만 내리니 당연한 결과다. 매번 비슷한 소재를 다루는 한국사, 수학과 달리 PSAT은 동일 지문이나 소재가 다시 출제되는 일이 없으니 문제 내용을 익힐 실익이 없다. 결국 효과를 보려면 '문제 내용' 대신 '실수'를 정리해야 한다. 발을 자주 헛디딘다면 어디서, 왜 헛디디는지 파악해야 한다.

그래도 밑져야 본전이니 오답 정리도 하겠다고? 말리고 싶다. 오답 정리를 통해 잃는 건 시간만이 아니다. 좋은 훈련 기회 또한 영영 잃어버릴 수 있다. 그 이유를 이어서 살펴보자.

황금알을 낳는 거위의 배를 가르지 말자

PSAT 고득점을 위해서는 낯선 기출문제를 활용한 훈련이 필수다. 집중력과 문제를 거르는 선구안, 그리고 속도감 있는 효율적인 풀이, 이 모든 능력은 기출문제를 바탕으로 단련할 수 있다. 모의고사 문제로는 훈련이 잘 안 되는지 궁금할 수 있는데, 앞서 언급한 바와 같이 모의고사는 기출문제와 외양만 유사한 다른 부류의 시험이라서 훈련용으로 적합하지 않다. 모의고사 문제만 풀다가는 되레 PSAT에 대한 감이 떨어질 수 있다. 따라서 기출문제는 하나밖에 안 남은 사탕처럼 아껴 먹어야 한다.

오답 정리를 하면 기출문제의 지문과 보기, 선지 하나까지 뜯어 보게 되고 문제를 외우는 지경에 이른다. 한 번 푼 문제는 한 번도 풀지 않은 문제에 비해 익숙해지는 게 당연하지만, 답을 외우는 것과는 다르다. 문제를 완전히 해체해서 분석해 버리는 행위는 황금알을 낳는 거위의 배를 가르는 것과 같다. 네다섯 번은 활용할 수 있는 문제를 한 번의 분석으로 더는 활용할 수 없게 만들기 때문이다.

2016년 5급 자료해석 22번

22. 다음 〈그림〉은 A국의 세계시장 수출점유율 상위 10개 산업에 관한 자료이다. 이에 대한 〈보기〉의 설명 중 옳은 것만을 모두 고르면?

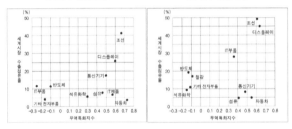

〈그림 1〉 A국의 세계시장 수출점유율 상위 10개 산업(2008년)

〈그림 2〉 A국의 세계시장 수출점유율 상위 10개 산업(2013년)

※ 1) 세계시장 수출점유율(%) = $\dfrac{\text{A국 해당산업 수출액}}{\text{세계 해당산업 수출액}} \times 100$

2) 무역특화지수 = $\dfrac{\text{A국 해당산업 수출액} - \text{A국 해당산업 수입액}}{\text{A국 해당산업 수출액} + \text{A국 해당산업 수입액}}$

─────── 〈보기〉 ───────

ㄱ. 2008년 세계시장 수출점유율 상위 10개 산업 중에서 2013년 세계시장 수출점유율이 2008년에 비해 하락한 산업은 모두 3개이다.

ㄴ. 세계시장 수출점유율 상위 10개 산업 중에서 세계시장 수출점유율이 10% 이상이면서 무역특화지수가 0.3 이하인 산업은 2008년과 2013년 각각 3개이다.

ㄷ. 세계시장 수출점유율 상위 10개 산업 중에서 A국 수출액보다 A국 수입액이 큰 산업은 2008년에 3개, 2013년에 4개이다.

ㄹ. 2008년 세계시장 수출점유율 상위 5개 산업 중에서 2013년 무역특화지수가 2008년에 비해 증가한 산업은 모두 2개이다.

① ㄱ, ㄴ   ② ㄱ, ㄷ   ③ ㄴ, ㄹ   ④ ㄱ, ㄷ, ㄹ   ⑤ ㄴ, ㄷ, ㄹ

오답 정리

(ㄱ) → 2008년 IT 제품이 2013년 상위 10에서 사라졌다. 2013년이 아닌 2018년 그래프를 기준으로 체크하자. IT 제품, 통신기기, 섬유까지 총 3개다. (O)

(ㄴ) → 〈그림 1〉과 〈그림 2〉에 보조선을 그리면 2008년에는 IT부품, 반도체 2개이고, 2013년에는 반도체, 철강, 기타전자부품으로 총 3개다. (X)

위 예시는 잘못된 오답 정리 사례. 이 같은 오답 정리는 PSAT 실력 향상에 전혀 도움이 되지 않는다. 실수를 찾지 않고, 문제 내용만 분석하고 있기 때문이다. 내용을 보면 알겠지만, 문제의 해설을 다시 작성하는 수준에 지나지 않는다. 이런 식의 오답 정리는 소중한 기출문제를 잃게 할 뿐 아니라, 시간도 어마어마하게 잡아먹기 때문에 지양해야 한다.

나는 황금알을 낳는 거위를 지키고자 기출문제를 아껴 풀었다. 하루에 푸는 문제 수를 일정 수준에서 제한한 이유도 기출문제와의 낯선 관계를 유지하기 위함이었다. 특히 맞힌 문제는 거들떠보지도 않았다. 그 결과 같은 기출문제로도 여러 번 훈련할 수 있었다.

4장 해설 보며 풀이법 익히기

- 출제자도 해설대로 풀지 않는다

오답 정리와 세트로 묶이는 공부법이 있다. 바로 해설지를 참고하여 공부하는 방식이다. 이번에는 대다수가 문제로 인식하지 못했던 또 하나의 공부법, 해설지를 보며 공부하는 방식의 문제점을 짚어 보자.

출제자는 어떤 마음으로 해설을 쓸까?

인사혁신처 사이버국가고시센터에는 기출문제와 정답표만 업로드될 뿐 해설은 올라오지 않는다. 그러나 공개하지 않을 뿐, 기출문제에 대해서도 출제위원이 작성한 해설이 존재한다. 대체 공개하지도 않을 해설은 왜 쓸까? 비공개 해설을 쓰는 목적은 크게 두 가지다. ① 문제에 남아 있는 오류를 스스로 걸러 내고, ② 정답을 납득하지 못하는 검토위원들을 이해시키기 위함이다.

문제를 일필휘지로 완성할 수 있다면 참 좋겠지만, 실제로는 수차례 수정, 보완을 거쳐야 한다. 숫자나 단어 변경으로 그칠 때도 있지만 완전히 탈바꿈하는 경우도 있는데, 이때 문제의 내적 정합성이 깨질 우려가 있다. PSAT 문제는 톱니바퀴가 맞물려 돌아가는 정밀한 기계와 비슷하다. 톱니 하나만 잘못돼도 기계가 멈추는 것처럼, 문제 수정은 예견치 못한 오류를 초래하기 쉽다. 이런 오류를 거르기 위해 출제자는 문제를 완성한 후 해설을 작성함으로써 각 선지의 내적 정합성을 판단한다.

해설을 쓰는 또 다른 이유는 내가 만든 문제의 취지를 파악하지 못하거나 정답을 납득하지 못하는 타 검토위원(대학교수 혹은 사무관)을 이해시키기 위함이다. 출제위원은 자신이 익숙한 분야의 내용으로 문제를 만들다 보니 간혹 기본개념에 대한 설명을 빼먹거나 논리적 비약을 초래하는 경우가 있다. 혹은 익숙한 분야라 자잘한 오류를 발견하지 못하기도 한다. 이때 다른 사람에게는 납득되지 않는 부분이 생긴다. 예를 들어 "이렇게 생각하면 3번 말고 5번도 답이 될 수 있지 않나요?"라는 질문을 받으면 해설을 펼쳐 부연 설명을 해 이해시키는 것이다. 물론 거꾸로 출제자가 설득당해 문제를 수정하는 경우도 적지 않다.

즉, 해설은 일종의 설계도다. 이 설계도는 문제의 내적 정합성을 확보하는 용도이자, 출제자 자신이 문제를 어떤 논리로 만들었는지 기억하는 수단이며(만들고 며칠만 지나도 출제 취지가 가물가물해지는데 실제 검수는 3~4개월 후에 이루어지니 기억날 리가 없다), 정답을 납득하지 못하는 다른 사람들을 이해시키는 수단이다.

조작법을 모를 땐 설계도가 아니라 설명서를 보자

PSAT 문제를 푸는 과정은 루빅스 큐브(Rubik's Cube)를 맞추는 것과 비슷하다. 큐브를 실수 없이 빠르게 맞추려면 훈련을 거듭하면 될 뿐, 큐브의 설계 구조 같은 건 당최 알 필요가 없다.

설계 원리를 몰라도 큐브는 맞출 수 있다

큐브의 구조(설계도)는 큐브의 동작 원리나 구조를 이해하지 못하는 사람('작은 정육면체들로 구성된 블록을 대체 어떻게 회전하게 만들었을까?'라든지)에게 줄 법한 자료다.

PSAT 해설도 마찬가지다. 해설은 문제의 논리를 이해하지 못하는 사람을 납득시킬 때 필요한 자료이지, 문제를 틀린 모든 사람이 봐야 하는 게 아니다. 문제를 어떻게 풀어야 하는지는 적혀 있지 않기 때문이다.

나도 많은 문제를 만들었지만, 내가 쓴 해설대로 문제를 풀지는 않는다. 예를 들어, 자료해석 문제 해설에는 정확한 산식을 넣어 계산 과정을 보여주겠지만, 직접 풀 때는 어림산으로 답을 도출한다. 정확한 산식으로 값을 보여 주는 이유는 정답을 받아들이지 못하는 누군가에게 문제에 오류가 없음을 입증해야 하기 때문이다.

문제를 틀린 상황에서 해설을 봐야 하는 경우는 '실수가 없었고, 취약한 분야라서 개념 이해가 부족할 때'뿐이다. 지나치게 어려운 문제나 시간이 없어서 풀지 못한 문제는 해설을 읽을 필요가 없고, (대부분의 오답 사유인) 실수로 인해 틀린 경우라면 더욱이 해설을 참고할 필요가 없다. 즉, 해설을 봐야 하는 경우는 극히 드물다.

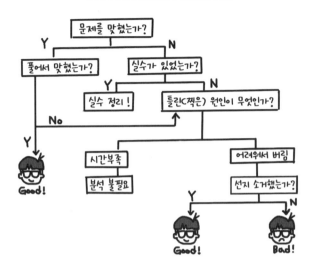

해설을 봐야 하는 경우는 많지 않다

다시 정리해 보자. 해설이 도움이 되는 경우는 상식(예 : 시차 개념을 이해하지 못해 시차문제를 틀렸을 경우, 귀납·연역의 단어 의미를 몰라 문제를 틀린 경우 등)이 부족해 문제를 틀렸을 때 또는 정답이 납득가지 않을 때뿐이다. 대다수 PSAT 문제는 '이거 문제 오류 아냐?'라는 생각이 들지 않는 한 해설을 읽을 필요가 없다. 해설을 보지 않는 게 불안하다면 가볍게 스캔하는 것까지는 괜찮다. 그러나 해설의 내용을 따로 노트에 정리하거나, 혹은 그 설명대로 문제를 푸는 우를 범하지는 말자.

기발한 풀이에 현혹되지 말자

요즘 PSAT 문제집 중에는 해설을 넘어 풀이법까지 소개하는 책들이 꽤 있다. 다 읽어 보지 않았으니 전부 쓸모없다고 단언할 수는 없으나 큰 도움이 되지 않는 내용임은 장담할 수 있다. 그중에서도 'ㅇㅇㅇ식 풀이' 등 대단한 비책을 전하는 양 폼 잡는 책들을 경계해야 한다.

수험생들의 큰 착각 중 하나는, 피셋형 인간들은 특별한 풀이법을 갖고 있다고 생각하는 것이다. 학원에서 개개 문제마다 생소한 법칙, 풀이법을 소개하니 오해하는 게 무리도 아니다. 왠지 피셋형 인간은 이 모든 풀이법과 공식, 법칙을 알고 있을 것만 같다. 그러나 피셋형 인간도 결코 특별한 풀이법을 활용하지 않는다. 일반적인 수험생들과 똑같은 방법으로 풀지만 조금 빠르고 실수가 적을 뿐이다. 나 또한 평균 93.3점을 받은 해에도 남다른 풀이법을 사용하지는 않았고 남들처럼 어려운 문제는 풀지 못해 찍었다. 굳이 따져 보면 120문제 중 2~3문제 정도는 기발하게 풀었을 텐데, 누구나 그 정도는 기발한 방식으로 푼다.

그러므로 낯선 풀이법을 체화하려 시도할 필요도 없고, 시도해서도 안 된다. PSAT은 근의 공식을 활용하듯 갖가지 풀이법을 암기해 적용하는 시험이 아니다. PSAT 풀이법은 생각보다 단순하다. 억지로 낯선 풀이법을 익히느니 실수의 원인을 되짚는 게 낫다.

더 이상 학원에서 알려 주는 풀이법이 어렵고 생소하다고 주눅 들지 말자. 다시 한번 강조하지만 애초에 PSAT에 그런 전략은 필요했던 적이 없다. 우측의 예시를 보자.

인터넷 커뮤니티에 올라온 질문과 댓글로, 원본 그대로 옮겨 왔다. 여기에는 관전 포인트가 여럿 있다. 질문부터 보자. 자료해석 교재에 나오는 '분수 비교법'인가 보다. (타율 비교법? 처음 듣는다) '공식처럼 외워서 사용하자'라고 적혀 있는데, 저자가 누구인지 몰라도 이런 말을 함부로 해선 안 된다. 저 공식(?)이 외워지지 않아 자신을 탓한 수험생이 지금까지 얼마나 많았을지를 생각하면 마음이 아프다. 저 공식은 외우지 않아도 된다. 이해되지 않으면 버리면 그만이다. 분수를 비교하는 방법은 여러 가지가 있다.

하나의 질문에 다양한 해결책이 등장한다

댓글마다 글쓴이에게 알려 주는 방법이 제각각인 점이 매우 흥미롭다. PSAT 풀이에 여러 접근법이 존재함을 보여 주는 실제 사례다. 기울기를 생각해 보라(익명 1), 분자는 5.×%, 분모는 10.×%…(익명 2), … 섞어 보자(익명 4), 보통 용병법(익명 5), b/a > d/c랑 b/a > (d-b)/(c-a)랑 같아서 성립한다(익명 6), 소금물(익명 7) 등등. 질문자가 이해하지 못하는 '방법' 외에도 문제를 해결하기 위한 대안이 얼마든지 있음을 댓글들이 입증하고 있다.

작금의 PSAT 공부 실태를 적나라하게 보여주는 게시글이다. 강사들은 공식이나 법칙이라는 미명하에 암기를 강요하고, 수험생들은 와닿지도 않는 법칙을 외우려 노력한다. 함부로 공식이나 법칙이라고 명명한 탓에 수험생들은 이를 체득하지 않으면 합격에 이르지 못할까 봐 불안해하고, 자신의 PSAT 점수가 낮은 이유가 공식을 암기하지 못해서라고 착각한다. 강사들이 문제 유형마다 공식을 한 가지씩 제시하면, 모든 유형을 풀어야 하는 수험생은 수십 개의 공식을 외워야 한다. 결코 실전에서 활용할 수 없는 분량이다.

PSAT 풀이에는 달달 외워야 할 공식이나 법칙이 없다. 그저 시간을 아끼고, 실수를 줄여야 한다는 대원칙이 존재할 뿐이다. 따라서 여러 유형의 문제에 두루 활용할 수 있는 단순하고 보편적인 풀이법을 체화하는 게 우월 전략이다. 무슨 공식이니 법칙이니 하는 것들이 늘어날수록 구분과 적용이 어려워질 뿐이다.

나는 결국 참지 못하고 이 게시물에 댓글(익명 8)을 달았다. 이렇다 할 법칙은 모르겠고, 항상 적용해 오던 방식을 이야기했다. 댓글에는 친절히 설명하지 못했는데, (익명 2)가 남긴 댓글과 동일하다. 내게는 친숙한 이 방법도 누군가에겐 어렵게 느껴질 수 있겠지만 소개해 보겠다.

내가 자주 활용했던 분수 비교법

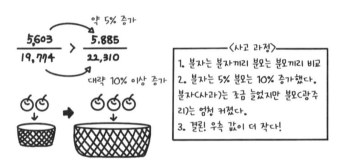

분자는 사과로, 분모는 광주리로 묘사했다. 대충 봐도 과일을 담는 바구니(분모)가 훨씬 많이 커졌기 때문에 분수 값 자체가 작아진 것으로 이해할 수 있다. 따라서 좌측 값이 더 크다. (난 가끔 부등호 모양도 헷갈려서, 머릿속으로 WIN-LOSE로 생각하곤 한다)

나의 방식도 여러분에게는 생소하게 느껴질 수 있다. 그렇기에 나는 이 방식을 외우라고 강요할 생각이 없다. 내가 이 방식을 애용했던 이유는 한 가지, 사용이 편리했고 여기저기서 두루 활용하기 좋은 '맥가이버

칼'처럼 느껴졌기 때문이다. 억지로 남의 도구를 빌려 쓰는 것보다 내 손에 잘 맞는 도구를 사용하는 게 낫다. 자신에게 잘 맞는 도구라면 생김새가 조금 이상하거나 남들이 잘 사용하지 않더라도 상관없다.

내 손에 맞는 도구를 찾자

비유하자면 이렇다. PSAT 시험장에 갈 때 수험생들은 문제를 해결하기 위한 공구(풀이법, 공식 등)를 챙겨 간다. 누군가는 자기 손에 익은 몇 개의 공구만 챙겨 오고, 누군가는 불안한 마음에 사용법도 모르는 공구까지 잔뜩 들고 온다. 이 중 누가 문제를 잘 해결할까? 당연히 전자다. 너무 많은 도구를 챙겨 봐야 소용없다. 문제마다 어떤 도구를 활용해야 하는지 구분하기도 어렵다. 괜히 사용해 본 적 없는 도구를 꺼내 허둥지둥할 바에야 딱 들어맞지는 않더라도 익숙한 도구를 활용하는 편이 낫다. 현실적으로도 모든 공구를 다 들고 갈 수는 없다. 그렇기에 되도록 내가 가진 공구함에 쏙 들어가면서도 활용도가 높은 공구를 챙겨야 한다. 내게는 위 방법이 이런 공구 중 하나였다.

내 손에 맞는 도구는 무엇일까

우리가 찾아야 하는 건 우리 손에 딱 맞는 도구지, 옆 사람이 추천하는 (심지어 강사들은 직접 공구를 다뤄 본 경험도 부족하다) 낯선 공구가 아니다. 내 것이 아니다 싶으면 누군가 추천하더라도 굳이 공구함에 넣을 필요가 없다. 그 공구 없이도 충분히 문제를 해결할 수 있다. (망치로 못을 박아야 한다는 건 망치 가게 사장님이나 하는 얘기고, 책으로 못을 박아도 그만이다) 그리고 내 손에 맞는 도구는 기출문제를 푸는 훈련 과정에서 자연스럽게 습득하는 것이지, 특정 교재 내용을 암기해서 얻는 게 아니다.

별생각 없이 시중 문제집의 해설을 읽거나 이해도 되지 않는 풀이법과 공식을 외우는 데에 시간을 허비하지 말자. 해설에는 내 실수의 원인이 담겨 있지 않고, PSAT은 애초에 특별한 공식으로 푸는 시험이 아니다.

실수를 줄이기 위한 처방전은 오직 자신만이 만들 수 있고, 유용한 풀이법 대부분은 이미 여러분 머릿속에 있다. 숙달되지 않았을 뿐이다. 해설을 보는 대신 풀이 과정을 돌이켜 보며 어느 지점에서 삐끗했는지 찾고, 훈련을 거듭해 풀이법에 대한 숙련도를 높여야 한다.

노파심에 한마디 더 하자면, 일반적으로 풀이법 이름이 멋질수록 허울뿐인 경우가 많다. 원래 PSAT은 멋진 이론이나 공식으로 푸는 시험이 아니다. 문제에 더 몰입하고 주어진 시간을 더 효율적으로 활용하는 정공법만이 해답이다. 문제 유형별로 풀이법/공식을 익혀야겠다는 강박을 내려놓자. 애초에 유형별 풀이법이라든지 공식이라든지 하는 것들은 다 학원에서 만들어 낸 것들이다.

5장　백과사전식 문제 유형 분류
- 생김새가 달라도 푸는 법은 같다

문법 공부를 해도 회화 실력은 늘지 않는다

　프롤로그에서 내게 PSAT 준비 안 할 거냐고 물었던 형을 기억하는
가? 하루는 그 형의 책상에서 이상한 자료를 목격했다. 어느 강사가 만
든 PSAT 문제 유형 관계도였다. 문제를 수십 가지 유형으로 나누어 각
각의 유사성과 관계를 분석한 자료였다. PSAT 도입 초기에 등장한 교
습법이 여전히 횡행(당시는 2016년경이었으니 이미 꽤 오래전이지만
지금도 달라진 건 없다)한다는 사실에 놀랐고, 마땅한 대안이 없어 강
의를 따라갈 수밖에 없는 수험생들의 현실이 안타까웠다.

　PSAT 문제 유형을 세분화하는 행태는 마치 영문법에서 문장 형식을
1형식부터 5형식으로 세분화하던 것과 유사하다. 문법을 중심으로 영어
를 익힌 사람들은 유독 스피킹 실력이 부족하다는 공통점이 있는데, 문
법상 오류가 있으면 안 된다는 강박으로 인해 문장을 완성해서 말하려
는 버릇이 있기 때문이다. 문법적으로 완성하고 말하려니 말이 입속에
서 맴돌다 그치기 일쑤다. 문법보다 회화의 중요성이 부각되기 시작한
것이 불과 십수 년 전의 일이다. 지금 PSAT 학습법도 마찬가지의 상황
이다. 오늘날 학원 강의는 『성문 종합영어』 수준을 벗어나지 못하고 있
다. PSAT 문제 유형을 세분화할수록 문제를 마주할 때마다 '무슨 유형
이지?' 생각하는 습관이 들어 풀이에 도움이 되지 않는다는 사실을, 강
사들은 알까?

문제 유형은 수십 가지에 이른다

인사혁신처에서 제공하는 출제지침을 보면 문제 유형은 과목별로 30가지 이상으로 구분되어 있다. 심지어 기존 유형 어디에도 속하지 않는 신유형 제작을 장려하기까지 하니, 과목별 문제 유형이 정확히 몇 가지라고 분류하기도 쉽지 않다. 인사혁신처가 문제 유형을 이렇게 나누는 이유는 다양한 형태의 문제를 제작해야 응시자의 역량을 다각적으로 파악할 수 있기 때문이다.

그러나 문제의 유형을 구분하는 일은 출제자의 몫이지 수험생의 몫이 아니다. 수험생 입장에서는 수십 가지 문제 유형을 구분할 실익이 없다. 풀이법은 불과 몇 가지로 국한되기 때문이다. 유형이 A~Z까지 나뉜다고 해도 풀이법이 서너 가지에 불과하다면, 무엇을 위해 A~Z를 구분해야 할까? 우린 학자가 아니라 수험생임을 잊지 말자.

'가르치기 위해 유형을 분류하는 것'과 '문제 유형마다 다르게 풀어야 한다고 가르치는 것'은 완전히 다르다. 전자는 체계적으로 가르치기 위한 수단이지만, 후자는 시험장에서 활용할 수 없는 전략을 그럴싸하게 전달하는 궤변에 불과하다. 누군가 문제를 수십 가지 유형으로 구분해 각각 다른 방식으로 풀어야 한다고 말한다면 그는 PSAT 실력이 부족하거나, 자신도 활용하지 못하는 방법을 설파하는 것일 뿐이다. 마치 장풍 쏘는 법을 가르쳐 주겠다는 도사님처럼 말이다.

풀이법은 몇 가지에 불과하다

세상에는 수만 가지의 음식이 있다. 양식, 중식, 일식, 한식, 동남아식은 물론이고, 최근에는 그리스 요리나 아프리카 요리 등 접하기 어려운 음식들도 조금만 발품을 팔면 먹을 수 있는 세상이 되었다. 나는 합격 후 여러 나라를 두루 여행했는데, 갈 때마다 난생처음 보는 음식을 접했다. 그러나 아무리 낯선 음식이라도 익숙한 도구를 사용해 먹었다. 서구권에서는 포크와 나이프를 사용했고, 아시아권에서는 수저를 사용했다.

뷔페를 생각해 보자. 뷔페에서는 여러 음식을 어떤 순서로 먹을지 (통상 식전 요리 → 단백질 → 탄수화물 → 디저트 순으로 먹는다) 생각하는 게 중요하다. 먹을 수 있는 양은 제한되어 있는데 맛있는 요리가 많으니, 최대한 효율적으로 섭취해야 한다. 첫 접시부터 욕심을 부리거나 너무 천천히 먹으면 뷔페를 제대로 즐길 수 없다.

PSAT은 뷔페와 유사하다. 정해진 시간에 최대한 많은 문제를 맞히는 사람이 승리하는 싸움이다. (물론 뷔페는 싸움이 아니다) 이때 우리가 신경 써야 할 부분은 단 두 가지로, 어떤 문제부터 풀 것인지(어떤 요리부터 먹을지)와 어떻게 풀 것인지(어떤 도구를 사용할지)다. 즉 어려운 문제(탄수화물)는 나중으로 미루고, 각 문제를 효율적으로 풀어야 한다. 눈앞의 요리가 프랑스 요리인지 이탈리아 요리인지 생각하지 않는 것처럼, 문제 유형을 세세히 파악할 필요는 없다. 어떤 도구(풀이법)를 사용해야 하는지 판단할 수만 있다면 충분하다.

유형이 다양해도 풀이법(도구)은 몇 가지면 충분하다

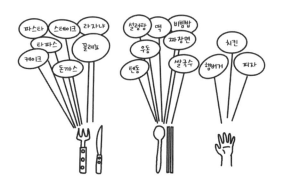

6장 PSAT 그룹 스터디
- 악화가 양화를 구축한다

PSAT 스터디란?

고시촌에는 삼삼오오 모여 공부하는 그룹 스터디(줄여서 스터디라고 말한다) 문화가 있다. 통상 스터디라고 하면 2차 시험이나 3차 면접을 준비하기 위한 것들이 일반적이지만, PSAT 스터디도 이에 못지않게 활성화되어 있다. 여럿이 모이면 문제를 풀어야 하는 강제성이 부여되기 때문이다.

PSAT 그룹 스터디

1. 다 같이 모여 정해진 시간 동안 PSAT 문제를 푼다. (최대한 실제 시험장처럼 엄숙한 분위기를 만든다)
2. 정해진 시간이 지나면 문제 풀기를 중단하고, 함께 채점한다.
3. 둘러앉아 문제를 맞힌 사람이 틀린 사람에게 풀이법을 설명한다. (또는 문제를 틀린 사람이 다른 사람들에게 질문한다)

그러나 나는 PSAT 스터디에 참여한 적이 없다. 혼자 하는 훈련이 훨씬 효과적이라고 느꼈기 때문이다. 이제 PSAT 스터디의 문제점을 알아보자.

PSAT 스터디의 문제점

PSAT 스터디는 일반적으로 같은 문제를 동시에 푼 후 풀이법을 공유하는 방식으로 진행된다. 그리고 그중 비교적 실력이 좋은 사람이나 문제를 수월하게 푼 사람, 또는 연차가 쌓인 사람의 풀이법을 '학습'한다. 얼핏 문제가 없는 것처럼 보이겠으나, PSAT 스터디에도 여러 문제가 내재해 있다.

첫째로, 결국 PSAT 성적이 좋지 않은 사람들만 스터디에 남는다. 악화가 양화를 구축하는 상황과 유사하다. PSAT 스터디에서 PSAT 고수(커트라인보다 평균 2~3점 이상 넉넉히 합격하는 사람)를 만나기는 쉽지 않다. 한 번도 합격하지 못했거나 턱걸이로 합격한 사람들이 대부분이다. 성적이 좋은 사람들은 스터디에 참여할 유인이 없다. 혼자 준비해도 충분하거니와, 타인의 풀이법을 들어도 별 도움이 되지 않음을 알기 때문이다. 최악의 경우에는 혼자 강의하듯 다른 스터디원들을 하드캐리해야 할 수도 있다. 결국 PSAT 스터디는 PSAT 접근법을 이해하지 못한 사람들끼리 모이는 장이 될 가능성이 농후하다.

둘째로, 진행 방식에 문제가 있다. 문제를 맞힌 사람이 틀린 사람에게 설명하는 스터디 구조상, 자연스럽게 문제를 맞힌 사람이 문제를 해설하게 된다. 서로 대면했다는 점이 다를 뿐, 문제 해설을 읽는 것과 동일한 문제를 낳는다. 앞서 해설을 읽을 필요가 없다고 말했는데, 우리는 풀이 방식을 익혀야지 문제의 해설을 들을 필요가 없다. 물론 '풀이 방식'을 전하는 스터디도 있겠지만, PSAT은 단 하나의 풀이법만 존재하는 시험이 아니므로 이 또한 그다지 효과적이지 않다. 다른 사람의 풀이법을 들어도 내게 익숙하지 않은 방식이라면 체화하기 어렵기 때문이다. 즉 들이는 시간 대비 얻는 것이 많지 않다. 틀린 원인은 내게 있으므로 남의 풀이를 들을 시간에 나의 실수를 직접 찾는 편이 효율적이다.

문제를 푼 직후가 자신의 실수를 정리하는 골든타임인데, 스터디를 하면 다른 사람의 풀이법을 듣느라 이 시간을 놓치게 된다.

마지막으로, 서로 친해지면서 공부에 지장을 초래할 가능성이 있다. 초시생 비중이 높을수록 상대적으로 일탈할 우려가 큰데, 여러 스터디 중에서도 PSAT 스터디에 초시생이 유독 많이 참여한다.

PSAT 스터디의 장점

PSAT 스터디의 유일한 장점은 정해진 시간에 문제를 푸는 강제성이 부여된다는 점이다. PSAT은 일정 시간 온전히 풀이에만 집중해야 하는데, 혼자서는 풀 의지를 발휘하기가 쉽지 않다. 특히 이제 막 공부를 시작한 경우, 공부 습관을 들이기부터 쉽지 않으므로 스터디의 힘을 빌려 공부 시간을 확보하는 전략은 나쁘지 않다. 그러니 스터디의 장점을 무시할 수만은 없다. PSAT 스터디의 단점은 줄이고 장점은 살리는 대안은 뒤에서 소개한다.

· Chapter III ·

올바른
PSAT 훈련법

1장 손보다 머리가 빠르다
– 계산 대신 어림산과 암산을 하자

난 왜 남들보다 멍청하지? 왜 손이 느리지? 왜 이렇게 실수를 많이 하지? 이런 자책은 그만하자. 우린 남들보다 멍청하지도, 손이 느리지도 않다. 그저 잘못된 방법으로 준비해서 헤맸을 뿐이다. 우리가 계산 연습에 매진한 이유는 문제풀이의 정확도와 속도를 높이기 위함이었다. 그런데 목표가 달성되었나? 그랬다면 PSAT 점수가 오르지 않아 고민하는 수험생도 없었을 테고, 이 책이 빛을 볼 일도 없었을 것이다.

거두절미하고 핵심부터 말하겠다. 문제풀이의 정확도와 속도를 높이는 데 필요한 능력은 계산이 아니라 어림산과 암산 능력이다. 통상 어림산하면 정확도가 떨어진다고 생각하고, 암산하면 속도가 떨어진다고 생각하지만 그렇지 않다. 기출문제 중 상당수가 어림하여 답을 도출할 수 있도록 설계되어 있고, 암산이 가능한 수준의 산수를 요구한다. 게다가 적절한 훈련을 거치면 필산보다 훨씬 빠른 암산이 가능하다. 손은 빨라지는 데 한계가 있어도 두뇌는 빨라지는 데 한계가 없다.

계산하지 않아도 풀 수 있었다

우리는 생각보다 어림산을 자주 활용한다. 약속 장소에 도착하는 시간을 예상할 때, 이번 달 지출할 식비 규모를 예상할 때, 여행 경비를 짐작할 때 등등 오히려 어림산을 하지 않는 날이 드물 정도다. 그러나 PSAT에서는 도통 활용하지 못한다. 그 이유는 두 가지다.

첫째로, 우리는 단 한 번도 어림산을 제대로 배워 본 적이 없다. 초등학생 때부터 대학생 때까지 항상 정확한 값을 도출하는 교육만을 받았고, 소수점 한 자리라도 다르면 '틀렸다'며 지적당했다. 이처럼 정확한 값을 도출하는 공부만 해 온 탓에 어림산 능력은 키울 기회가 없었고 그저 편법으로 여길 뿐이었다. 지금 이 순간에도 '어림산을 배운다고?'라며 경계심을 드러내는 수험생이 있으리라 생각한다. 그러나 어림산은 수학 분야에서 매우 중요한 개념이자 실용적인 수단으로, 학생들의 어림산 능력을 길러주는 것은 교육자들의 오랜 과제였다.『수학공부 이렇게 하는 거야(중)』(일본수학교육협의회, 2010)에도 1980년대 일본 정부가 학생들이 어림산 능력을 갖추지 못하는 문제를 심각히 바라보고 해결책을 모색하는 보고서를 발간했다는 내용이 나오는 것을 보면, 비단 우리만의 고민은 아닌 듯하다. 통상 계산만 익히면 어림산 능력도 자연히 배양된다고 생각하지만, 어림산은 따로 배양해야 하는 별개의 능력이다. 통상 계산만 익히면 어림산 능력도 자연히 배양된다고 생각하지만, 어림산은 따로 훈련으로 배양해야 하는 별개의 능력이다.

둘째로, 어림산에 대한 불신과 거부감이 크다. 가뜩이나 학창 시절 계산만 해 왔던 수험생들에게 PSAT 모의고사는 그릇된 인식을 심어 주기에 완벽했다. PSAT에서 어림산이 곧잘 쓰인다는 사실을 깨달을 새도 없이, 진입과 동시에 모의고사 문제에 물든 수험생들은 (그간 모든 시험에서 그랬듯) 계산만을 유일한 전략으로 삼았다. 어림산을 시도해 볼 생각조차 못하는 사람이 대다수고, 일부는 여전히 어림산을 '나쁜 방법'으로 기억하며 거부감을 보인다. 학원에서는 십의 자리, 일의 자리까지 정확하게 구해야 판가름이 나는 모의고사 문제를 내세워, 계산 연습을 반드시 해야 한다고 겁을 준다. 그리고는 사전만큼 두꺼운 계산 연습 책을 내밀며 열심히 풀면 나아질 수 있다고 말한다.

학원 모의고사를 푸는 게 득보다 실이 많다고 말하는 이유가 바로 여기에 있다. 학원 모의고사는 기출문제를 충분히 풀어 출제 경향을 익힌 후 좋은 문제와 나쁜 문제를 구분할 수 있을 때 풀어도 늦지 않는다. 문제를 접했을 때 '기출에는 안 나오는 문제야'라고 판단할 정도의 수준이 되어야 모의고사를 풀어도 선구안이 흔들리지 않는다.

지금껏 우리가 계산의 강박에 사로잡힌 이유는, 학원 모의고사들이 잔인한 계산을 지속해서 요구한 나머지 기출문제도 그럴 것이라는 모종의 착각에 빠졌기 때문이다. 실제로는 어떨까? 기출에서는 잔인한 계산을 요구하기는커녕 실제 통계수치를 단순화하여 어림산으로 접근할 수 있도록 아량을 베풀고 있다. 유사한 자료를 활용하여 만든 전혀 다른 두 문제를 비교해 보자.

다음 두 문제는 유사한 자료를 활용했으나 문제 구성은 판이하다. 입법고시 기출(좌측)은 학원 모의고사와 유사한 스타일로, 일일이 계산하지 않으면 결코 답을 구할 수 없다. 5급 공채 기출(우측)은 의도적으로 값을 단순화해 두어서 어림산으로도 답을 도출할 수 있다. 노년부양비, 노령화지수를 정의한 부분만 봐도 5급 공채 문제가 훨씬 단순하다. 이처럼 입법고시(≒ 학원 모의고사)와 5급 공채 기출은 생김새만 비슷할 뿐 서로 완전히 다른 시험이다. 인사혁신처 PSAT(5급 공채)이 원숭이 닮은 사람이라면 국회사무처 PSAT(입법고시)은 사람 닮은 원숭이랄까.

14. 다음 〈표〉는 노년부양비 및 노령화지수의 추이에 대한 자료이다. 이에 대한 〈보기〉의 설명 중 옳은 것만을 고르면?

〈표 1〉 노년부양비 및 노령화지수의 추이

연도	노년부양비	증감	노령화지수	증감	고령자 1명당 생산가능인구	증감
1990	7.4	1.3	20.0	8.8	13.5	-2.8
2000	( )	-	34.3	14.3	9.9	-3.6
2007	( )	-	-	-	-	-
2010	14.8	-	67.2	32.9	6.7	-3.2
2017	18.8	5.3	104.8	50.2	5.3	-2.1
2020	21.8	-	123.7	56.5	4.6	-2.1
2030	38.2	-	212.1	88.4	( )	-
2040	58.2	-	303.2	91.1	1.7	-
2050	72.6	-	399.0	95.8	1.4	-
2060	82.6	-	( )	-	1.2	-

※ 노년부양비 = $\dfrac{65세 \ 이상 \ 인구}{15세-64세 \ 인구} \times 100$

※ 노령화지수 = $\dfrac{65세 \ 이상 \ 인구}{0세-14세 \ 인구} \times 100$

※ 고령자 1명당 생산가능인구 = $\dfrac{15세-64세 \ 인구}{65세 \ 이상 \ 인구}$

※ 증감 = 해당 시점의 수치 - 10년 전 시점의 수치
※ 각 수치는 소수점 둘째 자리에서 반올림하여 계산한다.

〈표 2〉 연령대별 인구 수
(단위: 천명)

연령대\연도	1990	2000	2010	2017	2020	2030	2040	2050	2060
0세-14세	10,974	9,991	7,979	6,751	6,574	6,109	5,647	4,716	4,265
15세-64세	29,701	33,702	36,209	37,620	37,266	33,878	29,431	25,905	22,444
65세 이상	2,195	3,395	5,366	7,076	8,134	12,955	17,120	18,813	18,536

〈보기〉

ㄱ. 2000년의 노년부양비는 10.1이다.
ㄴ. 2007년의 노령화지수는 13.5이다.
ㄷ. 2060년의 노령화지수는 434.6이다.
ㄹ. 2030년의 고령자 1명당 생산가능인구는 3.6이다.

① ㄱ, ㄴ   ② ㄱ, ㄷ
③ ㄷ, ㄹ   ④ ㄱ, ㄴ, ㄷ
⑤ ㄴ, ㄷ, ㄹ

문 38. 다음 〈표〉는 '갑' 국의 인구 구조와 노령화에 대한 자료이다. 이에 대한 〈보기〉의 설명 중 옳은 것만을 고르면?

〈표 1〉 인구 구조 현황 및 전망
(단위: 천 명, %)

연도	총인구	유소년인구 (14세 이하) 인구수	구성비	생산가능인구 (15-64세) 인구수	구성비	노인인구 (65세 이상) 인구수	구성비
2000	47,008	9,911	21.1	33,702	71.7	3,395	7.2
2010	49,410	7,975	( )	35,983	72.8	5,452	11.0
2016	51,246	( )	( )	( )	( )	8,181	16.0
2020	51,974	( )	( )	( )	( )	9,219	17.7
2030	48,941	5,628	11.5	29,609	60.5	( )	28.0

※ 2020년, 2030년은 예상치임.

〈표 2〉 노년부양비 및 노령화지수
(단위: %)

구분\연도	2000	2010	2016	2020	2030
노년부양비	10.1	15.2	( )	25.6	46.3
노령화지수	34.3	68.4	119.3	135.6	243.5

※ 1) 노년부양비(%) = $\dfrac{노인인구}{생산가능인구} \times 100$

2) 노령화지수(%) = $\dfrac{노인인구}{유소년인구} \times 100$

〈보기〉

ㄱ. 2020년 대비 2030년의 노인인구 증가율은 55% 이상으로 예상된다.
ㄴ. 2016년에는 노인인구가 유소년인구보다 많다.
ㄷ. 2016년 노년부양비는 20% 이상이다.
ㄹ. 2020년 대비 2030년의 생산가능인구 감소폭은 600만 명 이상일 것으로 예상된다.

① ㄱ, ㄷ
② ㄴ, ㄷ
③ ㄴ, ㄹ
④ ㄱ, ㄴ, ㄷ
⑤ ㄴ, ㄷ, ㄹ

이제 막연한 두려움에서 벗어날 때가 되었다. PSAT에서 요구하는 계산(필산)은 두 자릿수 곱셈 수준으로, 학창 시절에 충분히 해결할 능력을 키웠다. 지금은 계산보다 어림산과 암산에 익숙해져야 한다. 왜 우린 어림산이나 암산의 존재를 알면서도 활용하지 못했을까? 여지껏 그 누구도 이게 중요하다고 말해 주지 않았기 때문이다.

어림산은 이렇게 하자

어림산은 자료해석의 주된 풀이법이고, 상황판단 퀴즈 문제에서도 심심찮게 쓰이는 풀이법이다. 자료해석은 과목명에서부터 '자료를 해석하라'라고 말하고 있다. 필산 능력이 아니라, 자료가 가진 경향성과 의미를 읽어 내는 능력을 평가하겠다는 뜻을 대놓고 드러낸 셈이다.

예시 문제를 통해 자신의 어림산 능력을 판단해 보자.

문제
40237×1812의 계산 값과 가장 가까운 어림값은?

선택지
① 7,236,000 ② 72,360,000 ③ 7,856,000 ④ 78,560,000

풀이
답은 ②번이다. 402×18×10,000으로 어림하면 나오는 값이다. 어림값은 어떻게 나오든 관계없이 답만 찾았다면 그것만으로 충분하다. 실제 계산 값 72,909,444다.

같은 산식에 대해서도 여러 방법으로 어림산이 가능하다. 예를 들어 아래의 어느 방법을 활용했든지 무방하다.

1. 40,200×1,800
2. 402×180
3. 40,000×1,800
4. 400×18×10,000
5. 4×18×1,000,000
6. 40×18×100,000

이렇게 큰 자릿수의 곱셈은 기출에 나오지도 않지만, 일부러 어려운 수치를 가져왔다. 위 어림산을 쉽게 하는 팁은 자릿수를 임의로 낮추는 것이다. 나는 위 식을 402.37×18.12×10,000으로 변형하여 자릿수를 낮춘 뒤, 402×18로 단순화했다. 미리 자릿수를 낮춰 두고 어림산 후 빼놓았던 0을 붙이면 결과 도출이 훨씬 수월해지기 때문이다.

어림산을 감으로 때려 맞히는 행위로 보고 평가절하하는 사람들이 있다. 이는 두 개념의 차이를 이해하지 못했기 때문에 생기는 오해다. 어림산은 엄연한 수학 계산법의 일종이며, 감으로 찍거나 때려 맞히는 것과 완전히 다르다. '때려 맞히는 것'이 정확한 값을 도출해야 하는 상황에서 대략적인 값만 구해 '찍듯이' 푸는 것을 의미한다면, 어림산은 애초에 정확한 값을 구하지 않아도 되는 상황에서 활용하는 전략이다. 질문부터가 '~이상/이하', '~중 가장 크다/작다' 추이만을 묻는 내용으로 구성된다. 이때는 굳이 정확한 값을 도출할 필요 없이 어림만 해도 질문에 충분히 답할 수 있다. 예를 들어, 선지가 공차수열 형태로 구성된 문제(①530, ②550, ③570, ④590, ⑤610)에서 어림산을 하는 건 '때려 맞히는 행위'와 다를 바가 없다. 그러나 추이를 묻는 문제는 어림산만으로도 정확하게 정오를 판단할 수 있으며, 이는 결코 꼼수가 아니다.

어림산은 시험장에서 무척 유용할 뿐 아니라 실무에서도 자주 쓰인다. 사업의 진행 추이를 판단할 때 100억 원의 예산을 5월까지 30% 집행했다면 12월까지는 몇 퍼센트가량 사용하게 될지, 코로나19로 인해 1~3월에 비해 4~5월의 월평균 예산 집행 규모가 절반이 되었고 코로나19가 연말까지 지속될 예정이라면 금년 예산의 집행률은 몇 퍼센트가 될지 등등 어림산으로 판단해야 하는 상황은 하루에도 수차례 발생한다. (직접 계산할 일은 없다. 엑셀 또는 계산기로 쉽게 해결 가능하기 때문이다) 이것이 PSAT에서 계산보다 어림산을 요구하는 이유다.

어림산은 계산보다 빠르다. 정확한 값 대신 대략적인 규모를 짐작하는 방식이므로 당연하다. 어림산이 가능한데도 계산하는 건 시간 낭비다. 어느 곳을 맞혀도 동일한 점수를 주는 다트판 앞에서 굳이 한가운데를 맞히고자 애쓰는 꼴이다. Chapter. V에서 더 자세히 살펴 보겠지만, 기출에는 계산 문제보다 어림산 문제가 훨씬 많이 출제된다. 되도록 어림산으로 문제를 푸는 습관을 들이자.

그리고 한 문제에서 계산이 필요한 선지와 어림산으로 풀 수 있는 선지가 혼재된 경우가 있다. 이때는 항상 어림산 선지를 먼저 해결해야 한다. 어림산 선지만 해결해도 답이 도출되는 경우가 적지 않기 때문이다. 이와 같은 풀이 전략만 갖고 있어도 불필요한 계산으로 낭비하는 시간을 현저히 줄일 수 있다. 다음 페이지의 예시를 보자.

2021년 5급 자료해석 1번, 2번

문 1. 다음 〈그림〉과 〈표〉는 지역별 고령인구 및 고령인구 비율에 대한 자료이다. 이에 대한 〈보기〉의 설명 중 옳은 것만을 고르면?

〈그림〉 2019년 지역별 고령인구 및 고령인구 비율 현황

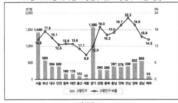

※ 고령인구 비율(%) = $\dfrac{\text{고령인구}}{\text{인구}}$ × 100

〈표〉 지역별 고령인구 및 고령인구 비율 전망
(단위: 천 명, %)

지역	2025 고령인구	2025 고령인구 비율	2035 고령인구	2035 고령인구 비율	2045 고령인구	2045 고령인구 비율
서울	1,862	19.9	2,540	28.4	2,980	35.3
부산	784	24.4	1,004	33.4	1,089	39.7
대구	494	21.1	691	31.2	784	39.4
인천	550	16.4	867	28.4	1,080	36.3
광주	261	18.0	377	27.3	452	35.2
대전	270	18.4	392	27.7	471	35.0
울산	193	17.3	302	28.2	352	35.6
세종	49	11.6	97	18.3	153	26.0
경기	2,379	17.0	3,792	26.2	4,783	33.8
강원	387	25.6	546	35.9	649	43.6
충북	357	21.6	529	31.4	646	39.1
충남	488	21.5	714	30.4	897	38.4
전북	441	25.2	587	34.7	683	42.5
전남	475	27.4	630	37.1	740	45.3
경북	673	25.7	922	36.1	1,064	43.9
경남	716	21.4	1,039	31.7	1,230	39.8
제주	132	18.5	208	26.9	275	34.9
전국	10,511	20.3	15,237	29.5	18,328	37.0

〈보기〉

ㄱ. 2019년 고령인구 비율이 가장 낮은 지역은 2025년 대비 2045년 고령인구 증가율도 가장 낮다.
ㄴ. 2045년 고령인구 비율이 40% 이상인 지역은 4곳이다.
ㄷ. 2025년, 2035년, 2045년 고령인구 상위 세 개 지역은 모두 동일하다.
ㄹ. 2045년 충북 인구는 전남 인구보다 많다.

① ㄱ, ㄴ ② ㄱ, ㄷ ③ ㄴ, ㄷ ④ ㄴ, ㄹ ⑤ ㄷ, ㄹ

문 2. 다음 〈표〉는 2020년 '갑' 국의 가구당 보험료 및 보험급여 현황에 대한 자료이다. 〈표〉와 〈보고서〉를 근거로 A, B, D에 해당하는 질환을 바르게 나열한 것은?

〈표〉 2020년 가구당 보험료 및 보험급여 현황
(단위: 원)

보험료 분위	보험료	전체질환 보험급여 (보험혜택 비율)	A 질환 (보험혜택 비율)	B 질환 (보험혜택 비율)	C 질환 (보험혜택 비율)	D 질환 (보험혜택 비율)
전체	99,934	168,725 (1.7)	337,505 (3.4)	750,101 (7.5)	729,544 (7.3)	390,637 (3.9)
1분위	25,366	128,431 (5.1)	327,223 (12.9)	726,724 (28.6)	729,830 (28.8)	424,764 (16.7)
5분위	231,293	248,741 (1.1)	322,072 (1.4)	750,167 (3.2)	713,160 (3.1)	377,568 (1.6)

※ 1) 보험혜택 비율 = $\dfrac{\text{보험급여}}{\text{보험료}}$
 2) 4대 질환은 뇌혈관, 심장, 암, 희귀 질환임.

〈보고서〉

　2020년 전체 가구당 보험료는 10만 원 이하였지만 전체질환의 가구당 보험급여는 16만 원 이상으로 전체질환 보험혜택 비율은 1.7로 나타났다.
　4대 질환 중 전체 보험혜택 비율이 가장 높은 질환은 심장 질환이었다. 뇌혈관, 심장, 암 질환의 1분위 보험혜택 비율은 각각 5분위의 10배에 미치지 못하였다. 또한, 뇌혈관, 심장, 희귀 질환의 1분위 가구당 보험급여는 각각 전체질환의 1분위 가구당 보험급여의 3배 이상이었다.

	A	B	D
①	뇌혈관	심장	희귀
②	뇌혈관	암	희귀
③	암	심장	희귀
④	암	희귀	심장
⑤	희귀	심장	암

1번 문제부터 보자. 1번 문제는 계산이 필요한 〈보기〉(ㄹ)이 있으나, (ㄹ)의 진위를 판단하지 않고도 답을 도출할 수 있게끔 선지가 구성되어 있어 계산이 필요 없다.

풀이

(ㄱ) 2019년 고령인구 비율이 가장 낮은 지역은 2025년 대비 2045년 고령인구 증가율도 가장 낮다. (X) → 세종시 이야기다. 세종시는 2025년 고령인구 비율 11.6%다. 이는 눈으로 찾기만 하면 된다. 그리고 2045년과 비교해 보면, 세종시는 고령인구가 45천 명에서 153천 명으로 늘어나는데, 어림산해 봐도 3배 이상이 늘었다. 그런데 당장 바로 위 칸의 울산시만 보더라도, 2025년 193천 명에서 2045년 352천 명으로 2배도 늘지 않았다. (ㄱ)은 틀렸다.

(ㄴ) 2045년 고령인구 비율이 40% 이상인 지역은 4곳이다. (O)
→ 눈 잘 뜨고 세면 된다.

(ㄷ) 2025년, 2035년, 2045년 고령인구 상위 3개 지역은 모두 동일하다. (X)
→ 함정이 있다. 고령인구 상위 3개 지역이지, 고령인구 비율 상위 3개 지역이 아니다. 만약 착각했다면 '수와 비율 중 무엇을 판단해야 하는지 헷갈리지 말자' 정도로 실수를 정리하면 된다. 귀찮기는 해도 부산과 경남의 순위가 역전된다는 사실은 어렵지 않게 찾을 수 있다.

(ㄹ) 2045년 충북 인구는 전남 인구보다 많다. (O)
→ 이 보기는 계산이 필요하다. 2045년 충북 고령인구는 646천 명(39.1%)이므로 1% 값은 646÷39 ≒ 16.56(천 명)이고, 따라서 총인구는 대략 1,656천 명임을 알 수 있다. 한편 전남 고령인구는 740천 명(45.3%)이므로, 1% 값은 740÷45 ≒ 16.44(천 명), 따라서 총인구는 1,644천 명이다.

답은 ④번 (ㄴ, ㄹ)이다.

〈보기〉(ㄹ) 때문에 계산이 필요한 문제라고 생각할 수 있다. 그러나 이 문제의 답을 찾는 과정에 계산은 필요 없다. 합답형 문제이므로 〈보기〉(ㄱ)부터 (ㄷ)까지만 판단해도 답을 찾을 수 있기 때문이다.

이는 철저히 의도된 결과다. 출제위원들은 (ㄹ)의 계산이 복잡하므로 이를 무난한 내용으로 바꿀지 말지 고민했을 것이다. 그러나 출제 검토 과정에서 〈보기〉나 선지를 교체하는 일은 쉽지 않다. 위 문제에서도 (ㄹ)을 대체할 〈보기〉를 만들기가 마땅치 않았을 것이다. 결국 선지 구성을 통해 (ㄹ)을 살리고 문제 난이도도 적정 수준으로 유지하는 해법을 찾은 것으로 보인다.

이처럼 기출에서는 복잡한 계산이 수반되는 〈보기〉를 던져주는 경우, 이를 회피할 수 있는 우회로도 함께 제공한다. 그러므로 이런 〈보기〉의 내용만 보고 계산 연습이 필요하다는 판단을 내려서는 곤란하다. 위와 같이 해당 〈보기〉를 건드리지 않고도 답을 도출할 수 있는 상황이 다반사기 때문이다. 이에 관한 내용은 7장에서 보다 자세히 다룬다.

다음으로 2번 문제를 보자.

2번 문제는 선지 구성상 답을 찾기 쉽다. 최근 5급 공채 PSAT에서는 이 같은 선지 구성이 줄어드는 추세기는 하나, 출제위원들은 문제 난이도를 조정하기 위해 종종 선지에 변화를 주곤 한다. 이 문제의 경우 표의 데이터가 복잡하다는 점을 감안해 선지를 활용해 난도를 낮춘 것으로 보인다.

이런 선지는 수험생에게 매우 큰 도움이 된다. 문제를 풀 때나 찍을 때나 여러 이점이 생긴다. 어림산에 대한 설명과 별개로 내가 시험장에서 답을 찍을 때 쓰는 방법을 잠깐 소개하자면, 선지 구성상 ⑤번, ②번, ④번은 지우고 ①번과 ③번 중 하나를 선택할 것이다. 그럼 문제를 풀지 못하고 찍더라도 50%의 정답률을 확보(①, ③번 중 하나가 답이라는 가정하에)할 수 있다. 실제 나는 이런 식으로 풀지 않고 넘긴 어려운 문제들을 찍어서 맞춘 경우가 많았다.

그럼 왜 ⑤, ②, ④번을 소거했는지 알아보자. A, B, D 각각의 선지 구성을 살펴보면 보인다. A의 경우 '희귀'가 ⑤번 선지에만 있다. 출제위원의 간이 배 밖으로 나오지 않은 이상 답이 될 리 없다. B의 경우 ②, ④번에 '암'과 '희귀'가 하나씩 들어 있으나, '심장'은 나머지 3개 선지에 들어가 있다. 그럼 '심장'이 답일 확률이 매우 높다. 그리고 D의 경우, '희귀'가 3개 선지에 들어가 있어 역시 답이 될 확률이 높다. 이렇게 다

소거하고 ①번과 ③번만을 남기면, 사실상 A만 판단하면 된다. 누군가 꼼수라고 말할 수도 있겠으나, 꼼수는 반칙이나 부정행위가 아니다. 빈틈을 활용하는 지혜에 가깝다. 꼼수를 써서라도 합격하는 게 말 그대로 상황판단 능력이 더 좋은 것이다. 알고 보면 누구나 어느 정도의 꼼수를 쓴다. 문제를 맞힐 수 있는 전략이라면 합법적인 선에서는 뭐든 시도하자.

딴 얘기가 길어졌다. 위의 방식은 뒤에서 더 자세히 소개하기로 하고 다시 하던 이야기로 돌아와서 어림산을 어떻게 하는지 살펴보자. 2번 문제는 A, B, D 순서가 아닌 〈보고서〉에 서술된 순서대로 답을 찾아야 한다.

풀이

1. '4대 질환 중 전체 보험혜택 비율이 가장 높은 질환은 심장 질환이었다.'
   → 표의 1행을 보면 B 질환이 보험혜택 비율 7.5%로 가장 높다. 눈으로도 판단 가능하다.
2. '뇌혈관, 심장, 암 질환의 1분위 보험혜택 비율은 각각 5분위의 10배에 미치지 못하였다.'
   → D 질환을 제외하곤 1분위 보험혜택 비율이 5분위의 10배에 미치지 못하므로 D는 뇌혈관, 심장, 암이 아닌 희귀 질환임을 알 수 있다. 역시 눈으로 자료를 '해석'하기만 하면 된다.
3. '또한, 뇌혈관, 심장, 희귀 질환의 1분위 가구당 보험급여는 각각 전체 질환의 1분위 가구당 보험급여의 3배 이상이었다.'
   → 전체 질환의 1분위 가구당 보험급여(128, 431)의 3배를 넘지 않는 건 딱 봐도 A분이다. 즉 B, C, D가 뇌혈관, 심장, 희귀 질환이므로 A는 암 질환임을 알 수 있다.

답은 ③번이다.

어림산이 얼마나 많이 쓰이는지 보기 위해 문제를 풀어 보았다. 일부러 특별한 경우가 아님을 보이기 위해 1번, 2번 문제를 예시로 들었다. 이처럼 기출은 복잡한 계산을 요하지 않는다. 계산이 필요한 〈보기〉가 섞이는 경우가 종종 있으나 실제로 그 〈보기〉를 직접 판단하지 않아도 문제가 해결되는 경우가 많다. 계산이 필요한 내용은 이후에 판단하면 된다. 지금까지 계산이 필요한 〈보기〉를 피하지 않고 문제를 풀어 왔다

면, PSAT에서는 계산이 핵심 역량이라고 오해하고 있을 가능성이 크다. 이제는 어림산으로 해결되는 〈보기〉를 먼저 판단하는 습관을 들여 불필요한 계산을 줄이자. 한 문제만 더 살펴보자.

2021년 5급 자료해석 5번

문 5. 다음 〈표〉는 '갑' 국의 2019년과 2020년의 대학 교원 유형별 강의 담당학점 현황에 대한 자료이다. 이에 대한 〈보기〉의 설명 중 옳은 것만을 모두 고르면?

〈표〉 교원 유형별 강의 담당학점 현황

(단위: 학점, %)

구분		연도	2020년			2019년		
		교원 유형	전임교원	비전임교원		전임교원	비전임교원	
					강사			강사
전체 (196개교)		담당학점	479,876	239,394	152,898	476,561	225,955	121,265
		비율	66.7	33.3	21.3	67.8	32.2	17.3
설립 주체	국공립 (40개교)	담당학점	108,237	62,934	47,504	107,793	59,980	42,824
		비율	63.2	36.8	27.8	64.2	35.8	25.5
	사립 (156개교)	담당학점	371,639	176,460	105,394	368,758	165,975	78,441
		비율	67.8	32.2	19.2	69.0	31.0	14.7
소재지	수도권 (73개교)	담당학점	173,383	106,403	64,019	171,439	101,864	50,696
		비율	62.0	38.0	22.9	62.7	37.3	18.5
	비수도권 (123개교)	담당학점	306,493	132,991	88,879	305,112	124,091	70,569
		비율	69.7	30.3	20.2	71.1	28.9	16.4

※ 비율(%) = $\dfrac{\text{교원 유형별 담당학점}}{\text{전임교원 담당학점} + \text{비전임교원 담당학점}} \times 100$

〈보기〉

ㄱ. 2020년 전체 대학의 전임교원 담당학점 비율은 비전임교원 담당학점 비율의 2배 이상이다.

ㄴ. 2020년 전체 대학의 전임교원 담당학점은 전년 대비 1.1% 줄어들었다.

ㄷ. 사립대학의 경우, 비전임교원 담당학점 중 강사 담당학점 비중의 2019년과 2020년간 차이는 10%p 미만이다.

ㄹ. 2019년 대비 2020년에 증가한 비전임교원 담당학점은 비수도권 대학이 수도권 대학의 2배 미만이다.

① ㄱ, ㄴ
② ㄱ, ㄹ
③ ㄷ, ㄹ
④ ㄱ, ㄴ, ㄷ
⑤ ㄴ, ㄷ, ㄹ

5번 문제는 얼핏 보면 꽤 복잡해 보이지만 전형적인 어림산 문제다.

풀이

(ㄱ) → 전임교원 담당학점 비율은 전체 66.7%이고, 비전임교원의 담당학점 비율은 33.3%이다. 어림산조차 필요 없는 '눈대중'용 〈보기〉다. (어림산도 가능하다. 전임교원 479, 비전임교원 239로 볼 때 239×2를 해도 478밖에 되지 않는다) (O)

(ㄴ) → 시력 테스트 수준의 보기다. 전체 대학의 전임교원 담당학점은 전년 대비 증가했다. 줄어든 것은 비율이며, 또한 1.1%가 아니라 1.1%p가 줄어들었다. (X)

(ㄷ) → 참 친절한 출제자다. 〈보기〉(ㄴ)에서 %와 %p의 차이를 인지하지 못하고 넘어왔을 가여운 수험생을 위해 %p를 한 번 더 보여준다. 〈보기〉(ㄷ)의 경우 어림산으로 판단 가능하나, 다른 보기에 비해 판단하는 시간이 오래 걸리므로 실전이라면 가장 나중에 판단하는 게 현명하다. ((ㄱ)부터 순서대로 판단해야 할 이유는 없다. (ㄷ)이 어렵다면 (ㄹ)을 먼저 판단하는 센스가 필요하다) 사립대학 비전임교원 담당학점 중 강사 담당학점 비중을 각각 살펴보면 2019년에는 165,975 중 78,441이고 2020년에는 176,460 중 105,394이다. 2019년 값은 얼핏 봐도 50% 미만이다. 조금 더 자세히 들어가면 165,975의 50% 값은 대략 83,0000이고, 여기서 4,500 정도가 적으

므로 약 47.xx%임을 알 수 있다.

이제 2020년의 강사 담당학점 비중이 60%를 넘는지 알아보자. 60%를 기준으로 잡은 이유는 어림이 쉬울 뿐 아니라, <보기> (ㄷ)의 진위를 쉽게 판단할 수 있기 때문이다.

176,460의 60% 값을 파악하기 위해 값을 단순화하여 17.5×6을 구해 보면 (더 단순화하면 35 ×3이다) 105임을 알 수 있다. 즉 2020년도의 강사학점은 비전임교원 학점 중 약 60%를 차지함을 알 수 있다. 따라서 <보기> (ㄷ)은 틀렸다. (10%p 이상 차이 난다) (X)

(ㄹ) → 전형적인 어림산 <보기>다. 2020년과 2019년 수도권/비수도권의 비전임교원 담당학점을 비교해 보자. 우선 비수도권 대학의 비전임교원 담당학점은 1년간 9,000 미만(8,900)으로 증가했다. 그리고 수도권 대학의 경우 대략 4,540 정도 증가했다. 어림산 해 보면 4,500의 2배는 9,000이므로 비수도권 대학 비전임교원 담당학점의 증가폭(8,900)이 수도권 대학 증가폭 (4,540)의 2배 미만임을 알 수 있다. (O)

앞서 내가 '전형적인 어림산 문제'라고 말했는데, 어림산 문제인지는 어떻게 알았을까? <보기> (ㄱ~ㄹ)를 다시 보자. 가만 보면 모두 어림하여 판단 가능한 내용이다. '2배 이상이다'(ㄱ), '1.1% 줄어들었다'(ㄴ) (얼핏 계산해야 할 것처럼 보이지만 착시다), '10%p 미만이다'(ㄷ), '2배 미만이다'(ㄹ) 등 정확한 값을 묻는 <보기>는 하나도 없다. '이상, 이하, 미만, 초과, 이내' 등 모든 선지가 대략적인 판단만을 요구하고 있다.

이와 같은 기출의 취지를 읽지 못한 학원은 모의고사에 정확한 값을 구해야 하는 문제를 가득 채워 수험생들에게 불필요한 계산을 시킨다. 기출문제의 형태만 흉내 낸 '유사(사이비) PSAT'인 셈이다. 그런 모의고사들에 익숙해져 기출을 풀 때 불필요한 계산을 하는 수험생이 너무도 많다. 어림산은 때려 맞추는 게 아니다. 판단에 지장을 주지 않는 적당한 오차는 무시하고 판단 속도를 높이는 현명한 방식이다.

마지막으로, 어림산을 훈련하는 방법은 매우 간단하다. 손이 묶여 있다고 생각하고 의도적으로 계산을 자제하며 풀면 된다. 정말 손을 쓰지 않고는 답을 도출할 수 없는 문제 앞에서만 필산을 하자. 처음에는 기출문제 한 해 분량(40문제)을 풀어 어림산 문제의 출제 비중을 체감해 보기를 권한다. 이후에는 10문제, 20문제씩 풀어 템포를 조절하자.

간혹 어림산으로 해결이 안 되는 문제가 있다. 문제의 선지 자체가 구체적인 값을 도출하도록 구성된 경우(예를 들어 문두 자체가 'A 커피의 가격은?'과 같이 정확한 값을 요구하는 경우로, 선지가 3,200원, 3,500원, 3,800원과 같이 구성되었다면 꼼짝없다), 또는 매우 세밀한 판단이 필요한 경우(위에서 예로 들었던 2021년 자료해석 1번의 〈보기〉 (ㄹ))가 대표적이다.

이 경우에도 곧바로 계산에 돌입해야 하는 건 아니다. 우리에게는 때론 계산을 보완하고, 때론 대체하는 암산이라는 도구가 존재한다. 계산이 필요하다고 느낀 문제 중 상당수는 암산으로 대응할 수 있다. 이제 언제 어떻게 암산해야 하는지 알아보자.

계산에 익숙해질 시간에 암산을 단련하자

어림산으로 많은 문제를 처리해도 여전히 자료해석의 일부 계산 문제와 상황판단의 퀴즈는 골칫거리로 남는다. 이때 계산의 대체재이자 보완재인 암산 능력이 필요하다. 암산을 천재들이나 활용할 만한 방법으로 생각하는 사람이 많은데, TV에 나오는 달인들의 수준을 생각해서는 곤란하다. 우리에게 필요한 암산은 구구단 수준을 크게 벗어나지 않는다. 지금은 의심으로 가득해도 막상 훈련을 시작하면 '이게 되네?'라고 생각할 것이다. 우리 두뇌는 생각보다 똑똑해서 손으로 계산하는 속도 이상으로 연산할 능력이 있다. 두뇌의 잠들어 있던 영역을 깨우느라 처음에는 버벅댈 수 있으나 훈련을 거듭하면 속도가 붙는다. 필산하는 경우 손은 움직이는 속도에 한계가 있어 남들보다 유의미하게 빨라질 수 없지만, 암산은 훈련에 따라 얼마든지 빨라질 수 있다.

PSAT 기출에는 복잡한 계산이 잘 등장하지 않는데, 나오더라도 대부분 두 자릿수 곱셈을 벗어나지 않는다. 따라서 암산 능력도 (두 자릿수 ×두 자릿수) 곱셈과 (두 자릿수÷한 자릿수) 나눗셈을 해낼 정도면 충분하다. 그 이상을 요구하는 문제는 암산으로도 대응이 어려우니, 필산하거나 버리는 전략을 택해야 한다.

우리가 암산을 어려워하는 이유는 ① 암산은 머리 좋은 사람들이나 한다는 선입견이 있고, ② 머릿속에 어떻게 연산 과정을 그려 내야 하는지 감이 오지 않으며, ③ 곱셈이나 나눗셈 암산이 어려워서다. 이제 암산을 쉽고 빠르게 하는 방법을 알아보자.

세로연산법과 암산법 비교

〈기존 세로연산법〉

①
$$
\begin{array}{r}
37 \\
\times\ 7 \\
\hline
9 \\
25 \\
\hline
259
\end{array}
$$

②
$$
\begin{array}{r}
95 \\
7\overline{)665} \\
63 \\
\hline
35 \\
35 \\
\hline
0
\end{array}
$$

〈암산법 (feat. 구구단)〉

① $37 \times 7 = (40 \times 7) - (3 \times 7)$
$= 280 - 21$
$= 280 - 20 - 1$
$= 259$

② $665 \div 7 = (7 \times 100) - X = 665$ 또는
$(7 \times 90) + X = 665$ 로 변환
$= (7 \times 100) - (7 \times 5) = 665$
$= (7 \times 90) + (7 \times 5) = 665$

우리는 통상 왼쪽의 세로연산법을 활용한다. (받아올림, 받아내림이라는 명칭이 있지만, 편의상 세로연산법이라고 통칭하겠다) 필산할 때는 더할 나위 없이 효율적인 도구다. 수학 공부할 때 항상 친숙히 다루었던 연산법이기도 하다. 그러나 암산은 세로연산법으로는 잘되지 않는다. 세로 연산법은 계산 중간에 도출되는 값을 머리로 기억하는 대신 손으로 적는, 즉 필산에 특화된 연산법이기 때문이다.

암산에 적합한 연산법은 따로 있다. 바로 구구단을 기반으로 하는 암

산법이다. 우리는 초등학교 2학년, 어쩌면 그보다 더 어릴 때 구구단을 외웠다. 암산에 자신 없는 사람도 구구단만큼은 완벽하게 왼다. 암산을 빠르게 하려면 산식을 구구단과 덧·뺄셈의 조합으로 바꾸면 된다. 구구단이 나타나는 순간 우리 머리는 놀랍도록 빠르게 값을 도출해 낼 뿐만 아니라, 중간에 도출된 값도 더 쉽게 저장(기억)한다. 구구단에는 거의 시간이 소요되지 않기 때문에, 사실상 덧셈·뺄셈만 하면 연산이 끝나는 수준이다.

구구단을 활용한 암산법의 원칙은 다음과 같다.

> 1. 나눗셈은 곱셈으로, 곱셈은 덧·뺄셈으로 분해한다.
> 2. 큰 자릿수를 먼저 계산하고, 작은 자릿수를 나중에 계산한다.
> 3. 핵심은 구구단, 구구단으로 값을 도출한 뒤 덧·뺄셈으로 마무리한다.
> 4. 5 또는 10의 단위로 분해하여 암산한다.

위 원칙을 참고하여 예시 우측의 암산 과정을 들여다보자. 먼저 37×7은 복잡하니, $(40 \times 7)-(3 \times 7)$로 해체한다. 이 순간 '사칠이십팔', '삼칠이십일'이 생각나면서 이 산식은 순식간에 280-21로 변한다. 여기부터는 쉽다. 280-21을 한 번에 계산하거나, 뺄셈에 익숙하지 않다면 280-20-1로 다시 해체해도 된다.

다음으로 $665 \div 7$을 풀어 보자. 나눗셈은 원래 암산이 쉽지 않다. 대신 곱셈으로 바꾸면 쉬워진다. 뒤집어 생각해 보자. 7에 몇을 곱해야 665가 나올까? 감도 안 온다고? 어렵게 생각할 것 없다. 구구단을 통해 가장 가까운 값을 찾으면 된다. 여기서 '칠구육십삼' 또는 7×10을 생각해 내면 된다. 세 자릿수여도 결국 두 자릿수 뒤에 0이 하나 더 붙었을 뿐이라서 칠구육십삼이면 $7 \times 90 = 630$도 쉽게 도출할 수 있다. 이렇게 665와 가까운 값을 찾은 후, 남은 값을 다시 구구단을 활용해 채우면 된다.

위 방식에 더해 암산할 때 중요하게 활용되는 스킬(?)이 하나 더 있다. 『수학공부 이렇게 하는 거야(중)』(일본수학교육협의회, 2010)에도 소개되는 내용인데, 바로 5를 활용하는 방법이다. 십진법 체계에서 10을 유용하게 활용하는 사람은 많지만, 생각보다 5를 능숙하게 활용하는 사람은 많지 않다. 십진법에서 5는 모든 숫자의 중앙에 위치한다. 1부터 9까지의 숫자는 모두 5를 기준으로 ± 4 이내의 관계로 표현할 수 있다. 그리고 십진법 체계에서 5의 배수는 10의 배수만큼이나 직관적으로 이해할 수 있는 값이다. 따라서 암산할 때 5를 기준으로 삼으면 연산이 매우 간편해진다. 7×4 = 28이라는 단순한 곱셈도 5의 단위로 바꾸어 생각하면 훨씬 암산하기 쉽다.

5의 배수를 활용하면 훨씬 쉽다

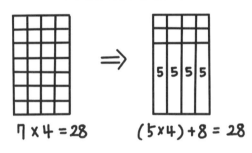

우리는 이미 암산을 위한 모든 도구를 갖추고 있다. 이제껏 활용할 일이 거의 없어 먼지 쌓여 있을 뿐이다. 구구단을 외울 수 있다면 PSAT에서 요구하는 수준의 계산은 암산으로 대부분 해결할 수 있다. 다만 성실하게 암산 훈련을 하여 닦고 기름칠해야 한다. 하루 5분, 10개의 산식만 꾸준히 암산해도 불과 2~3주면 실력이 괄목할 정도로 늘어난다. 이미 구매한 계산 연습 교재가 있다면 이참에 암산용으로 활용해도 좋겠다.

실생활에서 별도의 시간을 들이지 않고도 암산 훈련을 할 수 있는 아주 효과적인 방법이 있다. 바로 스마트폰 알람 어플을 활용하는 방법이다. 요즘 알람 어플은 사용자를 깨우기 위한 여러 기능을 제공하는데, 그중 사칙연산 문제를 풀어야 알람이 꺼지는 옵션이 있다. 난이도와 문제 수도 설정할 수 있으니 두 자릿수 곱셈 수준으로 5문제 정도 설정하면 아침마다 암산 훈련을 할 수 있다. 우습게 들릴 수도 있지만 내가 암산에 대해 나름의 노하우를 갖게 된 데에는 어플의 공이 컸다. 알람은 얼른 꺼야겠는데 침대에는 펜도 노트도 없으니 자연스럽게 암산을 빠르게 하는 법을 찾게 되었다. 이 방법은 정말 강력히 추천한다. 잠도 깨고 암산 실력도 늘고 일석이조다.

한 가지 덧붙일 이야기가 있다. 어림산과 암산은 모두 '풀어야 하는 문제'에 적용하는 방법이다. PSAT은 100점을 목표로 하는 시험이 아니기에 몇 문제는 버리는 편이 현명하며 같은 맥락에서 '버려야 하는 문제'가 존재한다. 만일 어떤 문제가 어림산, 암산으로도 해결되지 않고 너무 복잡한 계산이 필요해서 시간을 많이 투입해야 한다면, 버리거나 맨 나중으로 미뤄서 남는 시간에 푸는 게 좋다. 혹여라도 이런 어려운 문제들을 보며 '역시 계산이 필요해!'라고 생각하지 않기를 바란다. 우린 상위 5%의 고난도 문제를 제외한 나머지 95%의 문제를 풀기 위해 훈련하고 있음을 기억하자.

2장　문제풀이는 양보다 질
– 양치기로부터의 해방

　지금까지 불안과 강박 속에 대식가처럼 문제를 먹어 치웠다면 이제는 미식가처럼 음미할 시간이다. 문제풀이는 양보다 질이라는 사실을 깨닫는 순간 PSAT 공부에 투자하는 시간은 줄어들고 점수는 오르는 신기한 경험을 할 수 있다.

나쁜 문제를 거르는 선구안을 갖추자

　PSAT 문제는 풀 문제와 버릴 문제로 나뉜다. 풀 문제는 빠르고 정확하게 답을 도출하고, 버릴 문제는 빠르게 버리고 잘 찍어야 한다. 이때 필요한 능력이 선구안과 몰입력인데, 이는 적은 수의 문제를 극도로 집중해서 푸는 훈련을 통해 기를 수 있다.

어떤 문제를 버릴지 파악하는 게 더 중요하다

훈련법 설명에 앞서 선구안에 대해 알아보자. 선구안은 야구 용어로, '볼과 스트라이크를 가려내는 타자의 능력'을 뜻한다. 가릴 선(選), 공구(球), 눈 안(眼)의 의미 그대로 '공을 가려내는 눈'이다.

투수가 던진 공 중에 타자가 치기 좋은 가운데 구역(스트라이크 존)으로 들어오는 공은 스트라이크(Strike), 그 밖으로 벗어난 모든 공은 볼(Ball)이라고 부른다. 스트라이크가 3개 쌓이면 타자는 삼진 아웃을 당하고, 반대로 볼이 4개 쌓이면(볼넷, Four Ball) 1루로 출루한다.

즉 투수는 스트라이크 존에 공을 던져 타자를 아웃시켜야 하고, 타자는 스트라이크 존에 들어오는 공을 쳐서 안타나 홈런을 만들거나, 볼넷을 얻어 내 출루해야 한다. 타자를 평가하는 지표 중 하나로 '출루율'이 자주 활용되는데, 타자가 1루로 살아 나가는 비율을 의미한다. 실제 공식은 더 복잡하지만, (출루 횟수÷전체 타석 수)로 이해하면 쉽다. 즉 안타를 치든 볼넷을 얻어 내든 출루만 잘하면 훌륭한 선수로 인정받는다는 이야기다. 메이저리그 추신수 선수도 높은 출루율을 인정받아 7년간 1억 3천만 달러(한화 약 1,730억 원)의 계약을 맺은 바 있다.

뜬금없이 이런 이야기를 하는 이유는 야구가 주는 통찰이 있기 때문이다. 야구와 PSAT은 꽤 유사한 성격을 띤다. 여타 스포츠와 달리, 야구는 때로는 힘을 참아야 이기는 스포츠다. 좋은 공은 치되, 나쁜 공에는 배트를 휘두르고 싶은 욕구를 억제해야 한다. 풀어야 할 문제를 좋은 공(Strike)으로, 버려야 할 문제를 나쁜 공(Ball)으로 생각하면 PSAT도 비슷하다. 문제를 푸는 행위는 타자가 배트를 휘두르는 것으로, 버려야 할 문제에 시간을 쏟는 행위는 헛스윙하는 것으로 볼 수 있다.

이뿐만이 아니다. 득점 과정도 꼭 시험에 합격하는 과정과 비슷하다. 야구에서는 1루 → 2루 → 3루를 차례로 밟은 뒤 홈에 들어와야 득점이 인정되는데, 공무원 시험 역시 1차 시험 → 2차 시험 → 3차 면접을 통과해야 합격의 기쁨을 맛볼 수 있다.

야구가 주는 교훈은 안타(푼 문제를 맞히기)만이 능사는 아니라는 사실이다. 때론 볼넷을 얻는 것(나쁜 문제 버리기)이 더 중요한 전략이 될 수도 있다. 투수가 던진 나쁜 공에 배트를 휘두르지 않을 수 있다면, 체력도 아끼고 허무하게 아웃 되는 일도 막을 수 있으며, 결과적으로 출루 가능성을 높일 수 있다. PSAT도 마찬가지다. 풀지 말아야 할 문제를 골라내는 선구안을 기르면 시간을 절약하면서 정답률도 높일 수 있다.

기출문제로 선구안을 기르자

모의고사는 기출문제와 문제 유형도 난이도도 다르다. 정제되지 않은 지문이 많고 치졸한 계산 등 기출에서 잘 활용하지 않는 함정도 많다. 기출이 좋은 변화구를 던져 타자를 현혹하는 투수라면, 모의고사는 폭투(타자 몸을 향하거나 포수가 잡을 수 없는 곳으로 날아가는 공)를 던지는 투수와 같다. 모의고사만 풀면 어떤 문제를 버릴지 판단하기 어려워 좋은 선구안을 가질 수 없다.

모의고사와 기출의 스트라이크 존은 다르다

PSAT 스트라이크존 비교

그러므로 PSAT 훈련은 반드시 기출문제로 해야 한다. 기출문제 중 어려운 문제나 시간을 허비하게끔 설계된 문제(막힘없이 풀어도 5분 이상 걸리는 문제)는 버려야 하는데, 문제를 꾸준히 풀다 보면 어떤 문제를 버릴지 판단이 서기 시작한다. 선구안이 확립되면 어려운 문제나 복잡한 문제에 낚여 시간을 낭비하는 일이 줄어들고, 그만큼 나머지 문제를 푸는 데에 시간을 더 쏟을 수 있다. 또한, 모의고사에서도 기출문제와 다른 성향을 띠는 '유사 PSAT' 문제를 걸러 낼 수 있게 된다. 한 번 확립된 선구안은 간간이 기출문제를 풀어 보는 것만으로도 유지할 수 있다. 간혹 과거 기출문제를 평가절하하는 이들이 있다. 그러나 기출문제는 매해 철저한 검토를 통해 출제되었고, 출제 경향도 크게 바뀌지 않았기에 훈련용으로 가장 적합하다.

훈련을 통해 플로 상태에 도달하자

PSAT 훈련법은 생각보다 단순하다. '푼 문제는 다 맞힌다'라는 마음가짐으로 극도로 집중하는 게 전부다. 극도로 집중하는 상태란, 옆 사람이 다리를 떨든 재채기를 하든 펜을 딸깍거리든 그 어떤 것도 신경쓰이지 않을 정도의 집중 수준을 의미한다. 흔히 소음에 민감한 사람들은 자신의 '성격이 예민해서'라고 말하지만, 소음에 신경 쓰는 건 예민해서가 아니라 시험에 더 깊이 집중하지 못해서다.

이처럼 주변 소리가 들리지 않을 정도로 집중하는 상태를 이케다 요시히로의 『뇌에 맡기는 공부법』에서는 '플로(Flow) 상태'라고 말한다. 플로 상태란 다른 것은 생각하지 않고 눈앞의 것에만 집중해 높은 성과를 발휘하는 심리상태를 의미한다. 귀에 꽂은 이어폰에서 나오는 음악이 전혀 들리지 않을 정도로 집중하는 순간이 있다. 그게 플로 상태다.

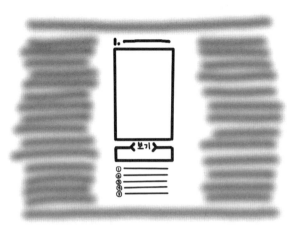

플로 상태에 다다르면 오직 내가 집중하고자 하는 것에 모든 신경이 모여 특별히 생각지 않고도 어떻게 하면 좋을지가 머릿속에 떠오른다. 컨디션이 좋은 야구선수들이 "공이 수박만 하게 보여요"라고 말하곤 하는데, 플로 상태를 설명하는 좋은 사례다.

나는 PSAT을 볼 때마다 '플로 상태'에 도달했다. 주변에서 어떤 소음이 들려도 집중력이 흐트러지지 않았고, 심지어 2016년에는 시험장 근처의 공사 소음이 극심했는데 되레 자신감이 붙었다. 흔들리지 않을 자신이 있었기 때문이다. 이 모든 건 꾸준히 해 온 훈련 덕분이었다.

몰입력은 훈련을 통해 발달시킬 수 있는 가장 강력한 무기이자 성적을 지키는 가장 확실한 방패다. 성실히 운동하면 근육이 생기는 것처럼 극도로 집중하여 문제를 푸는 훈련을 반복하면 점차 더 깊이 몰입할 수 있다. 문제를 풀며 실수가 이어지고 여전히 주위 상황이 신경 쓰인다면 훈련을 더 하면 된다. 매일 문제에 몰입하는 훈련을 반복하면 비로소 플로 상태에 도달할 수 있다.

PSAT 몰입력 훈련법

몰입력 훈련 원칙

1. 5문제부터 시작해서 10문제, 20문제로 한 번에 푸는 문제 수를 늘려 갈 것
2. PSAT 기출문제(인사혁신처)로 훈련할 것
3. (문제 수×2분)으로 시간을 정해 두고 풀 것
4. 실수 없이 푸는 것을 목표로 문제에 최대한 집중할 것
5. 문제풀이 후 채점 및 틀린 이유 확인까지 한 번에 마칠 것
6. 쉬운 문제 먼저, 어려운 문제는 나중에 풀 것
7. 시간 내에 풀지 못한 문제는 나중의 훈련을 위해 남겨 둘 것

깊이 몰입하는 일은 생각보다 쉽지 않다. 평소 집중하는 수준을 넘어 문제에 몰두하면 정신력이 빠르게 소진된다. 그러므로 처음에는 한 호흡에 푸는 문제 수를 적게 잡는 편이 좋다. 근력운동을 할 때도 정확하지 않은 자세로 여러 번 하는 것보다 적은 횟수라도 정확한 자세로 하는 게 좋은 것처럼, 한 번에 많은 문제를 정신없이 푸는 것보다 작은 묶음으로 끊어서 다 맞힌다는 마음가짐으로 집중하는 게 훨씬 효과적이다.

한 번에 풀 문제 수는 자신의 수준에 따라 결정하면 된다. 실력이 부족하다면 과목당 5문제부터 시작하기를 권한다. 조금 촉박하게 느껴지더라도 총 10분 동안만 풀자. 이때 실제 시험장에서와 마찬가지로 쉬운 문제를 먼저 풀고 어려운 문제를 나중에 풀어야 한다. 어려운 문제에 현혹되지 않고 재빠르게 넘기는 것 또한 훈련의 일환이다.

정해진 시간이 지나면 풀기를 중단하고 채점 후 틀린 문제를 리뷰(오답 대신 실수를 정리해야 한다. 다음 장에서 소개한다)해야 한다. 집중해서 피곤할 테지만 리뷰까지는 마치고 쉬자. 어떤 사고 흐름으로 풀었고 어디서 실수했는지 알기 위해서는 풀자마자 확인해야 한다. 참고로 어떤 이유든 풀지 못한 문제를 억지로 찍을 필요는 없다. 한두 개쯤 못

푼 문제가 있더라도 실수 없이 풀이를 마치는 게 훈련의 목표기 때문이다. 시간이 없어 아예 건드리지 못한 문제는 굳이 풀어 볼 필요 없이 다음 훈련을 위해 남겨 두자. (문제와 친해져 봐야 좋을 일이 없다) 다만 나름의 선구안으로 버린 문제는 리뷰할 때 편하게 풀어 보자. 내 선구안이 정확했는지 파악할 필요가 있다.

개인차가 존재하지만 대체로 훈련을 2~3주 지속하면 점차 실수가 줄어든다. 5문제 정도는 실수 없이 풀 수 있는 수준이 되면 10문제로 호흡을 늘리자. 5문제를 다 맞힐 때까지 훈련량을 유지할 필요는 없다. 어차피 PSAT에는 버릴 문제가 존재하기 때문이다.

더 익숙해지면 한 호흡에 20문제까지 늘리자. 나도 2년 차에는 하루에 과목당 20문제씩 총 60문제를 푸는 훈련을 하고 시험장에 들어갔다. 간혹 문제 수를 더 늘려서 하루 한 세트(40문제씩 3과목)를 풀면 어떤지 묻는 수험생들이 있는데, 뭐든 과유불급이다. 앞서 말했듯이 양치기를 하면 안 된다. 과한 운동이 부작용을 가져오듯 한 세트씩 풀면 빠르게 기출문제를 소진하는 데에 비해 얻을 수 있는 효용은 크지 않다. (그날 푼 문제를 그날 분석할 수 없다면 하루에 푸는 양을 줄여야 한다) 시험이 한 달 앞으로 다가오면, 마킹 후 자투리 시간을 활용하는 훈련도 해야 하고 잘 찍는 훈련도 해야 하니 하루에 한 과목(40문제)씩 풀자. 월요일엔 언어논리 40문제, 화요일엔 자료해석 40문제, 수요일엔 상황판단 40문제, 이런 식이다. (최근 7급 PSAT은 언어논리와 상황판단을 쉬는 시간 없이 한 번에 푸는 방식으로 변경되었으니, 7급 수험생이라면 두 과목을 한 호흡에 푸는 훈련을 하면 좋겠다)

이 훈련은 언어논리, 자료해석, 상황판단 세 과목 모두 동일하게 적용할 수 있다. 집중력이 높아지는 수준에 따라 5문제 → 10문제 → 20문제 → (시험 임박 시) 40문제로 훈련량을 늘리자. 이 훈련의 핵심은 '몇 문제나 푸느냐'가 아니라 '얼마나 집중해서 푸느냐'에 있다. 따라서 문제를 푸는 순간만큼은 누가 불러도 모를 만큼 집중해야 한다. 그렇게 훈련을 거듭하면 운동 후 몸에 근육이 붙듯 점차 몰입력이 높아지는 효과를 볼 수 있다.

기출문제를 외웠어도 괜찮다

"이미 기출문제를 다 외워 버렸어요. 이제 어떤 문제로 훈련하죠?"

애석하게도 이미 외워 버린 기출문제를 다시 낯설게 만들 방법은 없다. 그래도 괜찮다. 더 이상 몰입력 훈련은 어렵지만, 기출 경향을 파악하는 데에는 문제가 없다. 외운 문제라도 음미(?)하면 된다. 이미 외워서 답은 바로 보이겠지만, 답을 찾기보다는 보기와 선지의 구성을 확인한다는 생각으로 낯선 문제를 풀 때처럼 풀자. 지문도 다 읽고, 표도, 그래프도 다 읽는 식이다. 이를 통해 계산이 필요한지, 얼마나 어려운 문제가 나오는지 살펴보자. 기출문제의 경향을 읽어야 선구안이 생긴다.

기출로 감을 잡았다면 인사혁신처에서 만든 다른 PSAT 기출문제를 활용(5급 수험생이라면 7급, 7급 수험생이라면 5급 문제 활용)해서 몰입력 훈련을 하자. 난이도 차는 있겠지만 모의고사를 푸는 것보다는 낫다. 만일 인사혁신처에서 만든 PSAT 기출을 모조리 외워 버렸다면? 그다음엔 입법고시 기출문제(난도가 높았던 2014년과 2021년은 제외)를 활용하는 수밖에 없다. 그리고 마지막 순간에 학원 모의고사를 활용하자. 앞서 말한 것처럼 모의고사 문제는 '유사 PSAT'일 뿐 PSAT은 아니다. 따라서 출제 경향을 확실히 알고 모의고사로 넘어가야 부작용이 적다.

학원 모의고사는 기출에 비해 완성도가 떨어지고 기출에 등장하지 않는 치졸한 계산이 많다. 폭투를 많이 던지니 정확한 선구안을 갖기 어렵다. 그럼에도 풀 수밖에 없는 상황이라면 개중에 그나마 완성도가 높은 모의고사를 풀자. 학원 모의고사에도 분명히 수준 차가 존재한다. ① 응시생 수가 많은 학원(강사)의 문제가 좋고, ② 같은 모의고사라도 각 연도의 앞 회차가 그나마 문제의 완성도가 높다. 단, 아무리 수강생이 많더라도 계산 연습이나 양치기 등 앞서 지적한 그릇된 공부법을 소개하는 강사라면 모의고사도 걸러야 한다. 기출문제 경향을 따르지 않고 자신의 강의 스타일에 맞추어 문제를 만들 가능성이 농후하기 때문이다. (내게도 그런 식으로 문제 제작을 요청한 강사가 있었다. 단칼에 거절했다) 겉은 비슷하지만 속은 완전히 다른 것을 우리는 '사이비(似而非)'라 칭한다. 사이비에 속지 말자.

응시생 수가 많은 모의고사를 추천한 이유는 통상 응시생 수와 문제에 투자한 비용이 비례하기 때문이다. 문제 출제 수당이 높거나 많은 인원을 투입했을 확률이 높다. 다음으로 앞 회차 모의고사를 추천한 이유는 학원가의 관행(?) 때문이다. 1회 모의고사는 그 모의고사의 인상을 결정한다. 일부 수험생은 모의고사의 1~2회차를 풀어 보고 이후 회차도 풀지, 아니면 다른 모의고사 문제로 넘어갈지 고민하기도 한다. 이 때문에 강사들은 모의고사 앞 회차에 전력투구한다. 좋은 문제를 앞 회차에 집중적으로 싣는 것이다. 또한, 대부분의 강사와 학원은 모의고사 문제를 구하는 데에 난항을 겪는다. 1~2회차 모의고사를 공개했을 때에도 후반부 모의고사는 여전히 제작 중인 경우가 많다. 이렇게 쫓기며 문제를 만드는 경우 출제자(아르바이트)도 참신한 아이디어가 나오지 않아 만들기 쉬운 문제만 쏟아 낸다. 문제 수를 채워야 하는 학원(강사)은 울며 겨자 먹기로 그저 그런 문제까지 모의고사에 포함한다. 따라서 특정 학원의 한 해 모의고사 전체를 푸는 것보다, 각 해 모의고사의 첫 번째, 두 번째 회차만 푸는 편이 낫다.

문제의 완성도와 경향을 떠나 전반의 난이도만 두고 비교하면 입법고시 〉 학원 모의고사 〉 PSAT 기출(5급) 〉 PSAT 기출(7급·민경채) 순이다. (입법고시가 가장 어렵고 7급·민경채 PSAT이 가장 쉽다) 같은 시험도 해마다 난이도가 다르므로, 상대적 난이도를 대강 비교하기 위한 용도로만 참고하자.

덧붙여 LEET는 언어이해, 추리논증 두 과목(무의미한 논술까지 포함하면 세 과목)으로 구성되는데, LEET 언어이해는 PSAT 언어논리와 매우 유사하나 한 지문당 세 문제가 출제되고, PSAT 언어논리에 비해 지문의 길이가 길고 난도가 높다. 한편 LEET 추리논증은 PSAT 상황판단에서 퀴즈를 제외하고 법조문 문제만으로 구성한 과목이라고 보면 되는데 역시 상황판단보다는 문제가 까다로운 편이다.

3장 실수는 합격의 어머니
– 오답 대신 실수를 정리하자

"아 또 실수했네." 채점할 때마다 나도 모르게 내뱉는 말이다. 문제를 틀리는 원인은 여러 가지지만, 그중 제일 먼저 박멸해야 하는 원인은 '실수'다. 실수의 사전적 의미는 '부주의로 잘못함'이다. 즉 문제를 잘 이해했음에도 삐끗해서 답을 놓치는 경우를 의미한다. 풀지 않은 문제를 틀리면 억울하지라도 않지, 실수하면 시간은 시간대로 쓰고 점수도 얻지 못하니 최악이다. 생각지도 않은 문제를 틀려 기분도 나쁘다. 지식을 평가하는 암기 시험에서는 무지(無知)가 오답의 주원인이지만, PSAT에서는 실수가 오답의 주원인이다. 출제위원들도 수험생들의 실수를 유도하기 위해 노력한다. 공직에서 원하는 인재는 실수하지 않는 사람, 즉 공익을 위해 정확한 판단을 내리는 사람이기 때문이다. 그러므로 우리는 반드시 실수를 줄여야 한다.

그간 어떤 실수를 자주 범했는지 돌이켜 보자. 문두를 잘못 읽었거나, 사소한 계산을 틀렸거나, 주어진 조건을 빠트렸거나, 그래프를 잘못 해석했거나. 이외에도 갖가지 실수를 저질렀을 것이다. 그렇다면 실수를 줄이기 위해 어떤 노력을 했는지도 떠올려 보자. 놀랍게도 실수를 줄이기 위한 직접적인 노력을 하는 사람은 생각보다 많지 않다.

앞서 언급한 바와 같이 오답 정리는 PSAT에서만큼은 유효하지 않다. 실수를 줄이려면 언제 어디서 착오를 일으켰는지 확인해야 한다. 즉 오답 대신 실수를 정리해야 한다.

실수를 유형화해 정리하자

2016년 5급 자료해석 22번

22. 다음 〈그림〉은 A국의 세계시장 수출점유율 상위 10개 산업에 관한 자료이다. 이에 대한 〈보기〉의 설명 중 옳은 것만을 모두 고르면?

〈그림 1〉 A국의 세계시장 수출점유율
상위 10개 산업(2008년)

〈그림 2〉 A국의 세계시장 수출점유율
상위 10개 산업(2013년)

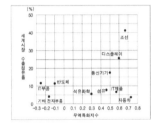
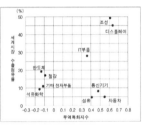

※ 1) 세계시장 수출점유율(%) = $\dfrac{\text{A국 해당산업 수출액}}{\text{세계 해당산업 수출액}} \times 100$

2) 무역특화지수 = $\dfrac{\text{A국 해당산업 수출액} - \text{A국 해당산업 수입액}}{\text{A국 해당산업 수출액} + \text{A국 해당산업 수입액}}$

〈보기〉

ㄱ. 2008년 세계시장 수출점유율 상위 10개 산업 중에서 2013년 세계시장 수출점유율이 2008년에 비해 하락한 산업은 모두 3개이다.

ㄴ. 세계시장 수출점유율 상위 10개 산업 중에서 세계시장 수출점유율이 10% 이상이면서 무역특화지수가 0.3 이하인 산업은 2008년과 2013년 각각 3개이다.

ㄷ. 세계시장 수출점유율 상위 10개 산업 중에서 A국 수출액보다 A국 수입액이 큰 산업은 2008년에 3개, 2013년에 4개이다.

ㄹ. 2008년 세계시장 수출점유율 상위 5개 산업 중에서 2013년 무역특화지수가 2008년에 비해 증가한 산업은 모두 2개이다.

① ㄱ, ㄴ ② ㄱ, ㄷ ③ ㄴ, ㄹ ④ ㄱ, ㄷ, ㄹ ⑤ ㄴ, ㄷ, ㄹ

오답 정리

(ㄱ) → 2008년 IT 제품이 2013년 상위 10에서 사라졌다. 2013년이 아닌 2018년 그래프를 기준으로 체크하자. IT 제품, 통신기기, 섬유까지 총 3개다. (O)

(ㄴ) → 〈그림 1〉과 〈그림 2〉에 보조선을 그리면 2008년에는 IT부품, 반도체 2개이고, 2013년에는 반도체, 철강, 기타전자부품으로 총 3개다. (X)

(ㄷ) → A국 수출액보다 A국 수입액이 크므로 무역특화지수는 음수다. 2008년에는 IT부품, 반도체, 기타 전자부품 3개, 2013년에는 반도체, 철강, 기타전자부품, 석유화학 4개다. (O)

(ㄹ) → 2008년 세계시장 수출 점유율 상위 5개 중 무역특화지수가 증가한 산업은 디스플레이, IT부품 2개다. (O)

오답 정리와 실수 정리를 비교해 보자. 오답 정리에서는 주의할 부분만 짚고 '어디서 잘못 판단했는지'는 분석하지 않았는데, 실수 정리법에서는 어디서 실수를 범했는지 적었다. 이처럼 오답 정리와 실수 정리의 가장 큰 차이는 '다른 문제를 풀 때 도움이 되는지' 여부다. 실수를 잘 정리하면 다른 문제에서의 같은 실수를 막을 수 있다. '다시는 같은 실수를 범하지 말자'는 심리적 각인이 되는 건 덤이다.

이렇게 실수하기 쉬운 부분을 정리하다 보면 '이상/이하를 헷갈리는 경우가 많구나' '유사한 용어가 등장했을 때 잘못 읽는 경우가 많구나' 등 자신의 실수를 점차 유형화할 수 있다. 꾸준히 정리하다 보면 다른 문제에서도 비슷한 함정이 보이기 시작한다. 실수 정리법을 활용하는 방법은 다음과 같다.

실수 정리법 활용하기

1. 실수가 발생할 수 있는 함정 요소를 체크하자
2. 틀린 문제만 분석하자
3. 풀 문제인지 버릴 문제인지 판단하자
4. 문제 해설집은 문제 오류가 있다고 생각될 때만 참고하자

눈치챘겠지만 실수 정리법은 정말 '실수만' 정리하는 방법은 아니다. 실수가 발생할 수 있는 함정을 찾고, 내가 실수한 부분을 정리하며, 이

에 더해 문제를 버리는 기준도 확립하는 방법이다. 즉, 몰입력과 선구안을 동시에 높이는 전략이다.

어떤 문제를 어떻게 분석해야 할까

실수로 틀린 문제는 내가 어디서 무슨 실수를 했는지 정리하면 끝이다. 간단하다. 그러나 실수하지 않았음에도 틀리는 문제들이 있다. ① 시간이 없어 풀지 못했거나, ② 어려워 보여서 풀지 않았거나, ③ 풀다가 어려워서 중도 포기했거나, ④ 풀었으나 문제를 이해하지 못해 틀린 경우 등이 있다. 이런 문제들은 어떻게 분석해야 할까? 분석만 잘해도 좋은 선구안을 가질 수 있다.

첫째로, 시간이 없어 풀지 못한 문제는 분석의 대상은 아니다. 몇 개나 못 풀었는지 파악 후 풀지 못한 문제 개수당 2분씩 시간을 정해 마저 풀자. 물론 푼 뒤에는 분석해야 한다.

둘째로, 어려워 보여서 풀지 않은 문제도 채점 후 다시 풀어 보자. 내 선구안이 정확했는지 확인할 필요가 있다. PSAT은 시간이 부족하므로 몇 문제를 찍을 수밖에 없는데, 이왕 찍을 거라면 되도록 어려운 문제를 찍어야 한다. 어려운 문제를 푸느라 시간을 허비하면 정작 쉬운 문제를 찍는 참사가 발생할 수 있다. 이런 사태를 방지하기 위해서는 어려운 문제를 식별하는 선구안을 날카롭게 가다듬어야 한다. 버렸던 문제를 다시 풀어 보면 생각보다 쉬운 문제도 제법 있을 것이다. 어떤 부분을 보고 어렵다고 느꼈는지, 왜 그 판단이 엇나갔는지 감을 익혀야 한다.

취약한 유형이나 소재(나는 언어논리의 논리 문제를 어려워했다)에 해당하는 문제를 보면 포기하고 싶은 욕구가 들 수 있다. 그래도 풀어 보고 판단해야 한다. 똥처럼 생겼다고 도망치지 말고 한 입 먹어 보고 판단하자. 적어도 PSAT에서는 똥인지 된장인지 먹어 봐야 안다.

똥인지 된장인지 먹어 봐야 안다

외양을 보고 난이도를 예측할 시간에 조금이라도 건드려 보자. 외양만 보고 문제를 버리면 쉬운 문제를 놓칠 수 있고 너무 많은 문제를 버리게 될 우려도 있다. (너무 많은 문제를 버리면 시간 관리가 무척 어려워진다) 다만 풀어서 난이도를 판단하는 전략은 필연적으로 시간을 조금 더 소모하게 되는데, 대신 다 풀지는 못하더라도 선지 한두 개라도 지우고 넘어가면 된다. 그럼 찍을 때 맞힐 확률이 올라간다. 즉, '어려워 보여서 버리는' 일은 지양하는 게 좋다.

셋째로, 풀다가 포기한 문제는 어느 지점에서 어려움을 느꼈는지 확인하고 넘어가면 된다. PSAT 기출이 '얼마나 어렵게 나오는지'에 대한 느낌을 기억해야 한다. 그래야 어려운 문제를 더 빠르게 버릴 수 있다. 어렵다는 기준은 굉장히 주관적이라 감이 오지 않을 수 있는데, 나의 경우에는 '5분 내로 풀 수 없다고 느껴질 때' 버려야 한다고 판단했다.

어려운 문제임을 깨닫고도 오기를 부려 문제와 드잡이하는 행위만큼 바보 같은 짓이 없다. 나도 괜한 오기로 어려운 문제와 끝까지 승부를 내려다가 7~8분씩 소모해 버린 경험이 적지 않다. 그때마다 통렬히 반성했다. 난이도와 관계없이 문제당 배점은 동일하다. 출제자의 의도에 당하지 말고 쿨하게 넘어가야 한다. 물론 마음가짐만으로는 쿨해질 수 없다. 오기를 부리지 않으려면 어려운 문제를 어렵다고 인정할 수 있는 명확한 기준(선구안)과 내려놓는 훈련이 되어 있어야 한다. '빨리 도망치는 전략'이 이기는 전략'임을 마음에 새기고 다음에는 더 빨리 도망갈 수 있도록 어려움에 대한 나만의 판단 기준을 세우자. 주식 시장에서 매수는 기술, 매도는 예술이라는 말이 있다. PSAT도 마찬가지다. 잘 푸는 게 기술이라면 잘 버리는 건 예술이다.

'내려놓는 훈련'은 문제를 버리기까지 걸리는 시간을 체크하는 데서 시작한다. 시간을 체크하는 방법은 아주 단순한데, 스톱워치를 켜 놓고 각 문항을 풀 때 문두 옆에 풀기 시작한 시각을 적으면 된다. 이렇게 하면 풀이 속도를 체크할 수 있고, 어떤 문제에서 시간을 낭비했는지도 알 수 있다.

채점을 마친 뒤, 풀거나 버리는 데에 5분을 넘긴 문제는 다시 살펴보자. 풀이 중간에 막혔음에도 멍때리고 있었다거나 오기를 부리지 않았는지 되짚어 보고, 이런 행동 패턴을 적극적으로 고쳐 나가야 한다. 내려놓는 훈련에 숙달되면 점점 낭비되는 시간을 줄일 수 있다. 어려운 문제라면 대략 2~3분 내에만 넘겨도 성공이다.

마지막으로, 풀었으나 문제를 이해하지 못해 틀렸다면 내가 문제의 어느 부분을 이해하지 못했는지 확인해야 한다. 그래프 형태가 생소했을 수도 있고, 내가 잘 알지 못하는 배경지식이 등장했을 수도 있다. 이런 경우에는 관련 배경지식(시차 계산 등)을 가볍게 쌓을 필요가 있다. 단, 순간 착각으로 이해하지 못한 경우라면 실수의 일종으로 봐야 한다.

문제를 풀고 즉시 리뷰하자

　문제를 푼 과정을 기억해야 실수도 기억할 수 있다. 문제를 풀 때의 느낌과 기억은 불과 몇 시간만 지나도 휘발되기 때문에 문제를 푼 뒤 지체 없이 리뷰해야 한다. 애초에 문제를 푸는 이유는 실수를 찾기 위함임을 명심하자. 푼 문제를 분석하지 않는 행위는 힘들게 요리한 음식을 한 입도 먹지 않고 버리는 것과 마찬가지다. 음식은 식기 전에 먹어야 맛있듯이, 문제도 풀자마자 리뷰해야 의미가 있다.

　문제를 분석할 때는 풀 때 못지않게 시간이 소요되므로 소화할 수 있는 분량만 풀어야 한다. 양치기는 이 측면에서도 문제가 된다. 마치 돌아올 때의 시간과 거리, 체력은 안배하지 않고 자전거를 타고 무작정 멀리 떠나는 것과 비슷하며 먹을 수 없을 정도로 많은 양의 요리를 하는 데에 하루를 허비하는 것과 같다. 양치기를 하면 문제를 리뷰할 시간과 체력이 남지 않는다. 결국 실수를 정리하지 못한 채 다음 날이 되기 일쑤고, 이런 일이 반복되면 아까운 기출문제만 소모할 뿐 훈련은 이루어지지 않는다. 하루에 감당할 수 있는 만큼의 문제만 집중해서 풀고, 실수의 근원을 찾는 과정까지 마쳐야 훈련이 완성된다.

　나는 문제를 풀고 아주 짧게(2~3분 이내) 쉰 뒤 바로 리뷰를 진행했다. 무슨 일이 있어도 그날 푼 문제는 그날 리뷰를 끝냈다. 앞서 집중력 훈련을 할 때 문제 개수를 5개 → 10개 → 20개로 차츰 늘리면 좋다고 말했는데, 만일 하루에 푼 문제를 그날 정리하지 못하겠다면 푸는 문제 수를 줄여야 한다.

　평소에 문제를 리뷰하는 습관을 들이면 시험 전날에는 과목별로 저질렀던 실수를 어렵지 않게 정리할 수 있다. (푼 문제지와 시험지를 버리지 말고 모아 두자) 알고도 저지르는 게 실수라지만 시험 직전에 각인해 두면 잠깐은 나를 통제할 수 있다. 후술하겠지만 성실하게 정리해

온 실수들은 시험 당일 자신을 다잡는 각성제이자 코치가 된다.

해설을 참고하는 습관 버리기

앞서 해설은 설계도와 같다고 말했다. 당연한 이야기지만 실수를 정리할 때 습관처럼 해설을 참고해서는 곤란하다. 해설집은 풀이집이 아니다. 해설을 작성하는 출제위원도 결코 해설대로 풀지 않는다.

심지어 기출문제는 공식 해설이 제공되지 않는 만큼, 출제에 관여하지 않은 제삼자의 해설만이 존재할 뿐이다. 제삼자의 해설은 더더욱 참고할 가치가 없다. 출제 의도를 알지 못한 채 작성한 해설이기 때문이다. 해설은 문제오류라는 판단이 들거나 문제의 접근법 자체를 알 수 없을 때만 보도록 하자.

만일 해설과 별도로 풀이법까지 제시하는 기출문제집이 있다면, 문제를 어떻게 풀어야 할지 감이 오지 않는 경우에만 참고용으로 살펴보자. 그 풀이법이 유일한 해법이자 진리라고 생각할 필요는 없다. 이해되는 풀이만 체득하고 도무지 이해되지 않는 풀이는 가볍게 흘려버려도 좋다.

4장 풀이법을 기준으로 문제를 유형화하자
- 풀이법은 몇 가지에 불과하다

출제자는 다양한 형태의 문제를 고르게 출제해야 한다는 이유로, 학원에서는 문제를 해설해야 한다는 이유로 문제 유형을 세분화할 수밖에 없다. 그러나 문제를 푸는 입장에서는 문제 유형을 세분화할 필요가 없다. 오히려 너무 자세히 분류하면 혼란만 가중될 뿐이다. 우리는 여러 유형에 적용되는 몇 가지 풀이 전략과 어떤 문제를 먼저 (또는 나중에) 풀지 결정하는 선구안만 갖추면 된다.

사람마다 다른 음식에 알레르기를 일으키듯이 PSAT에 있어서도 제각기 취약한 문제가 다르다. 지금까지 외형을 중심으로 문제를 분류해왔다면 이제 풀이법에 따라 분류할 차례다.

풀이법에 따라 문제를 구분하자

출제위원이나 학원은 외형 또는 문두의 질문 형식에 따라 문제를 분류한다. 언어논리만 해도 추론, 빈칸 채우기, 논리퀴즈, 진위파악, 결론도출, 일치부합 등등 인사혁신처가 분류하는 유형만 해도 수십 가지다. 이를 나만의 기준으로 재분류해야 한다. 가장 먼저 내가 어떤 형태의 문제를 어려워하는지 파악하자. PSAT은 100점을 목표로 하는 시험이 아니므로 안 풀리는 문제를 억지로 붙잡고 있을 이유가 없다. 붙잡고 있으면 출제자의 의도대로 개미지옥에 빠진다. 이는 기출을 푸는 과정에서 자연스럽게 알게 된다. 알레르기가 올라오듯 본능적 거부감이 드는 문제를 기억해 둘 필요가 있다.

다음으로 풀이법에 맞춰 문제를 구분해야 한다. 생김새가 다르더라도 풀이법은 동일한 문제들이 있다. 불과 대여섯 가지 풀이법만으로도 대다수 문제를 풀 수 있으며 이런 접근이 수십 가지 낯선 스킬을 외우는 것보다 쉽고, 간단하고, 효율적이다. 음식마다 가장 적합한 도구를 찾겠다고 가방을 뒤적거릴 시간에, 손에 쥔 도구(익숙한 풀이법)를 활용해 음식을 먹는 편이 낫다.

나는 과목별로 3~4개 풀이법을 활용했다. 예를 들어 언어논리는 통독(순서대로 읽기)할지, 도식화할지, 반례를 찾을지(논리퀴즈) 정도로 구분했다. 뒤에서 과목별 풀이법을 자세히 소개하겠지만, 내 방식을 강요할 생각은 없다. 다만 학원의 수십 가지 공식보다는 익히기 쉬울 것임을 장담한다.

나만의 도구에 익숙해지자

도구(풀이법)를 갖춘 후에는 각각의 도구를 사용하는 법을 익혀야 한다. 이는 수저, 포크, 나이프를 다루는 법을 배우는 과정과 동일하다. 젓가락질을 잘하려면 시간을 두고 훈련해야 하듯 PSAT 풀이법에 대해서도 훈련이 필요하다. 젓가락질을 이상하게 해도 음식을 먹을 수는 있지만 제대로 배운 사람만큼 빠르고 깔끔하게 먹기는 힘들다. 음식을 흘리면 옷 한 벌 버릴 뿐이지만 PSAT에서 실수하면 1년이 허무하게 날아갈 수 있다. 따라서 철저하게 풀이법을 체화해야 한다. 고민 없이 풀이를 시작할 정도로 손에 익으면 시간도 단축되고 실수도 줄어든다.

초시생은 자신만의 풀이법을 확립하는 데에 막막함을 느낄 수 있다. 어렵게 생각할 필요 없이 기출문제를 풀어 보자. 강의를 듣거나 교재를 참고하기 전, 아무것도 모르는 상황에서 풀어 볼수록 좋다. 자연스럽게 본인에게 편한 풀이 방식을 찾을 수 있기 때문이다. 강의 수강을 권하지는 않지만, 굳이 듣겠다면 이 책을 다 읽고 기출문제를 한 번이라도 전부 풀어 최소한의 기준을 세운 후 듣자.

나는 이런 풀이법을 활용했다

뜬구름 잡듯 풀이 전략을 세워야 한다고 말하면서 어떤 풀이법을 활용했는지는 이야기하지 않아 답답했으리라 생각한다. 그래서 간략하게나마 과목별 풀이법을 어떻게 구분했는지 소개한다.

먼저 언어논리의 경우 ① 통독, ② 도식화, ③ 반례 찾기 이렇게 세 가지 풀이 전략으로 나누어 접근했다.

자료해석은 더 단순하게 ① 비계산 문제, ② 계산(필산) 문제로 나누었다. 비계산 문제는 다시 눈대중 문제와 어림산·암산 문제로 나누어 접근했다.

상황판단은 ① 통독, ② 조건분석 및 경우의 수 따지기, ③ 계산으로 나누었다. 줄글·법조문의 경우 언어논리와 비슷하게 통독했고, 퀴즈는 주어진 조건을 바탕으로 신속하게 표를 그려 경우를 따졌다. 일부 표를 그려도 해결이 안 되는 문제들이 있는데 이때는 선지를 답으로 가정하고 역으로 대입해서 풀었다. 마지막으로 퀴즈 중 계산을 요구하는 문제들은 암산과 필산을 활용해 답을 구했다. 그리고 모든 과목에서 어려운 문제는 미련 없이 버렸다. 이게 내 풀이법의 전부다. 더욱 상세한 내용은 과목별 훈련 전략 Chapter에서 알아보자.

5장 PSAT 훈련도 크로스핏처럼

- 서로의 실수를 공유하자

그룹 스터디는 외로운 수험생들끼리 서로 의지하며 공부할 수 있는 좋은 문화다. 나도 2차 과목은 한 과목도 빼놓지 않고 그룹을 꾸려 공부했다. 그러나 PSAT 스터디는 해 본 적이 없다. 필요도 없었지만 진행 방식이 별로 좋지 않았기 때문이다. 이제 기존 스터디 방식을 대체할 새로운 그룹 스터디 방법을 소개한다. 혼동을 방지하기 위해 그룹 스터디라는 말 대신 '단체 훈련'이라는 용어를 사용하겠다. 혼자 하는 훈련이 헬스와 유사하다면, 단체 훈련은 크로스핏 같은 느낌이다.

그룹 스터디와 단체 훈련의 차이

PSAT 그룹 스터디

1. 다 같이 모여 정해진 시간 동안 PSAT 문제를 푼다. (최대한 실제 시험장처럼 엄숙한 분위기를 만든다)
2. 정해진 시간이 지나면 문제 풀기를 중단하고, 함께 채점한다.
3. 둘러앉아 문제를 맞힌 사람이 틀린 사람에게 풀이법을 설명한다. (또는 문제를 틀린 사람이 다른 사람들에게 질문한다)

위의 내용은 앞서 보았던 PSAT 그룹 스터디 방식이다. 경험자들은 알겠지만 위 방식은 PSAT을 같이 푸는 의미가 있을 뿐 성적 향상에는 별 효과가 없다. 문제를 설명해 주는 사람과 듣는 사람, 그 누구도 효과를 보기 어려운 구조다. 지식을 평가하는 암기 시험에서나 통할 법한 방식이기 때문이다.

PSAT 단체 훈련은 지금까지 설명한 PSAT 훈련을 여럿이 하는 방법으로, 여러 사람이 모여 문제를 푼다는 점 외에는 그룹 스터디와 완전히 다르다.

PSAT 단체 훈련법

1. 다 같이 모여 정해진 시간 동안 PSAT 문제를 푼다.
2. 정해진 시간이 지나면 문제 풀기를 그만둔다. 단, 이때 채점하지 않는다.
3. 둘러앉아 1번 문제부터 서로의 답을 비교한다. 모두가 답이 일치하는 문제는 논의 없이 넘어간다. 만일 한 명이라도 다른 선지를 고른 경우 각자가 왜 해당 선지를 선택했는지 설명하고 상대를 설득한다.
4. 한쪽이 납득하면 다음 문제로 넘어간다. (시간에 쫓겨 생각을 교환하는 시간을 아끼지 말자. '내가 왜 이 선지를 택했는지'를 설명하고 상대를 설득하는 것이 훈련의 핵심이다)
5. 모든 문제를 비교한 뒤 채점한다.
6. 채점 후, 이견이 있던 문제로 돌아간다. 답을 틀린 사람이 자신이 어떤 '실수'를 했는지, 무엇을 '착각'했는지 이야기한다. 나머지 사람들은 '자신이 그 실수 또는 착각을 피할 수 있었던 노하우'를 이야기한다.

단체 훈련의 핵심은 정답을 알지 못하는 상황에서 의견을 교환함에 있다. 정답을 모르는 상황이라 누구든 당당하게 자신의 의견을 펼 수 있고, 이는 자신의 논리가 가진 결함을 자각하는 효과를 준다. 그러므로 한 명이라도 풀어 본 문제는 단체 훈련에 적합하지 않다. 대등한 의견 교환이 이루어질 수 없기 때문이다. 아무도 풀지 않은 기출문제를 함께 푸는 게 가장 바람직하다. 누군가 풀어 본 기출문제를 다루느니, 모두가 처음 푸는 모의고사 문제를 활용하는 편이 낫다. 또한 최소 3명 이상 함께 훈련하기를 권한다. 그래야 이견이 있을 때 빠르게 결론이 나고 다툴 일도 생기지 않기 때문이다.

의견이 다를 때는 어느 한쪽이 납득할 때까지 충분히 논의하자. 시간에 쫓겨 말을 자르거나 논리를 펼칠 시간을 주지 않으면 곤란하다. 의견을 교환하는 과정에서 자신의 풀이 논리를 돌이켜 보는 게 단체 훈련의 핵심이기 때문이다.

소크라테스는 참된 지식을 직접 가르치기보다는 대화와 문답을 통해 상대가 스스로 무지와 편견을 자각하여 귀납적으로 진리를 발견하게 했다. 이를 '소크라테스 문답법'이라고 하는데, PSAT 단체 훈련도 이와 유사하다. 풀이 과정과 정답을 선택한 이유를 설명하는 과정에서 자신의 무지와 편견을 자각할 기회를 얻는 것이다.

PSAT 단체 훈련의 장점

PSAT 단체 훈련은 여러 장점이 있다. 첫째로, 타인에게 설명하는 과정에서 자신의 논리를 돌아볼 기회를 얻을 수 있다. 사람은 자신의 실수나 잘못을 인정할 때 비로소 성장할 수 있다. (성장은 그래서 어렵다. 남들 앞에서 내 실수를 밝히고 성찰할 기회는 좀처럼 주어지지 않기 때문이다) 특히 PSAT을 준비할 정도라면 어느 정도 공부에 자신감이 있는 편이라 실수를 쉽게 인정하지 못한다. 그러나 단체 훈련에서는 자신의 실수를 부끄럽지 않게 드러낼 기회가 생긴다. 채점 전이니 자기 논리를 자신 있게 주장하게 되고, 100점을 맞지 않은 이상 모두가 한 번 이상은 '결함 있는 논리'를 주장하게 되니 홀로 창피할 일도 없다. 이렇게 나의 논리를 설명해야 하는 과정을 만들면 혼자 훈련할 때와는 다른 차원으로 판단력이 정교해진다. 혼자 문제를 풀 때도 무의식중에 '이 선지를 택한 이유를 뭐라고 설명해야 하지?'라고 생각하게 된다. 이는 일종의 고성능 필터 역할을 해서, 실수를 줄이는 데에 도움이 된다.

둘째로, 단체 훈련을 하면 실력이 좋지 않은 사람들끼리 모여도 효과를 볼 수 있다. 기존의 PSAT 스터디는 기적적으로 피셋형 인간이 참여해 이끌어 주지 않는 한 효과를 보기 어려운 구조였다. 대개는 학원에서 주워 온 공식을 '초보가 더 초보에게 전달'하는 식으로 진행되었다. 그러나 단체 훈련을 하면 실력이 부족하거나 다소 차이 나는 사람들끼리 모여도 효과를 볼 수 있다. 상대의 논리를 배우는 구조가 아니라 나의 논리를 스스로 돌아보고 보완할 기회를 갖는 방식이기 때문이다. 즉, 단체 훈련은 악화가 양화를 구축하는 PSAT 스터디 시장의 구조적 한계를 극복할 수 있는 적절한 방법이다.

셋째로, 모의고사 문제로 인한 부작용을 줄일 수 있다. 앞서 모의고사 문제를 추천하지 않았기 때문에 단체 훈련에 모의고사 문제를 활용해도 되는지 의문이 드는 게 당연하다. 현실적으로 기출문제를 한 번도 풀지 않은 사람들끼리 단체 훈련을 하기란 쉽지 않으므로, 많은 경우에 모의고사 문제를 활용할 수밖에 없을 것이다. 다행히 다 같이 모의고사 문제를 풀면 선구안이 흐트러지는 문제를 방지할 수 있다. 논의 과정에서 "이 문제는 조금 이상하지 않나요? 기출에서는 이런 문제 못 본 것 같은데…"라는 평을 나눌 수도 있고, 서로 논리를 펼치는 과정에서 복수 정답 가능성을 확인하는 등 결함을 더 쉽게 발견할 수 있기 때문이다.

단체 훈련법은 문제를 틀렸을 때 빛을 발한다. 내 논리가 잘못되었음을 오롯이 받아들이는 과정에서 내 판단의 결함과 실수의 원인을 직면할 기회가 생긴다. 이때 우리는 한층 더 성장한다.

친한 사람이랑 함께해도 될까?

일반적인 스터디는 친한 사람들이랑 했을 때 역효과가 나지만, 단체 훈련은 조금 다르다. 친한 사람들과 함께할 때 얻는 이점이 단점을 상쇄한다. 친분이 있다면 자신의 의견을 더욱 자유롭게 개진할 수 있기 때문이다. 어색한 사이에는 하고 싶은 말을 하기가 어렵다. 뻔뻔하고 자신감 넘치게 자신의 논리를 주장해야 틀렸을 때 깨닫는 바도 많다.

단체 훈련을 반드시 해야 하는 건 아니다. 다만 혼자서 문제 풀 의욕이 생기지 않거나, 이미 구성된 PSAT 스터디가 있다면 이 방식을 활용하기를 권한다. PSAT 전 과목에 적용할 수 있으니 주 1~2회라도 취약 과목을 중심으로 시도해 보면 좋겠다. 나의 논리를 개진함으로써 부족함을 깨닫는 기회를 가질 수 있다.

6장   시간 관리와 찍기도 훈련이다
– 손쉽게 평균 2.5점 높이기

PSAT은 마라톤, 페이스 조절은 필수다

한 문제당 2분씩 잡고 풀어야 한다는 이야기에 일부 수험생들은 이런 질문을 한다.

"2분이 지나면 다음 문제로 넘어가야 하나요?"
"2분 지났는데 1분만 더 풀면 답이 나올 것 같아요, 어떡하죠?"

답하기에 앞서 마라톤 이야기를 잠깐 하겠다. 올림픽 마라톤 경기는 중계 시간만 2시간이 훌쩍 넘는다. 긴 중계방송을 정주행(?)한 사람은 거의 없겠지만, 마라톤은 쭉 지켜봐야 그 묘미를 느낄 수 있다. 단거리 달리기가 선수들의 경이로운 스피드를 보는 재미라면, 마라톤은 선수들의 치밀한 페이스 조절을 관찰하는 재미다. 시작할 때 선두에 섰던 선수가 페이스 조절을 하지 못해 뒤로 처지거나, 초반에 눈에 띄지 않던 선수가 한 명씩 한 명씩 제치면서 어느새 선두권으로 치고 나오는 모습을 볼 때 비로소 마라톤의 재미를 느낄 수 있다. 나보다 앞에 뛰는 선수들로 인한 불안을 억누르며 막판 스퍼트를 위한 체력을 비축해 둔다는 점에서 '페이스 조절'은 체력과 정신력을 겸비해야 발휘할 수 있는 절정의 기술이다. 세계적인 수준의 마라톤 선수들의 페이스 조절 실력은 가히 경이로운 수준이다.

PSAT도 마라톤과 유사하다. PSAT은 쉬운 문제와 어려운 문제 사이에서 강약 조절을 통해 시간을 안배해야 하는 시험이다. 마라톤만큼이나 페이스 조절이 중요하다. 이때 '문제당 2분'이라는 기준은 페이스 조절을 위해 문제풀이 속도를 가늠하는 '평균 풀이시간'으로서의 기준일 뿐, 문제마다 지켜야 하는 시간이 아니다. 오히려 2분을 지켜야 한다는 강박에 시달리면 페이스를 놓칠 수 있다. PSAT은 문제 간 난이도 편차가 크기 때문에 어떤 문제는 1분 만에 풀리기도 하고 또 어떤 문제는 3분 넘게 걸리기도 한다. 그러니 2분이 지났다는 이유만으로 정상적으로 풀던 문제를 버려서는 곤란하다. (지금까지 푼 문제 수×2분)을 기준으로 자신의 속도를 체크하고 상황에 맞게 유연하게 대처해야 한다.

나는 시험 시작과 동시에 스톱워치를 켰고, 매 문제를 풀기 시작할 때마다 (푼 문제 수×2분)과 실제 흐른 시간을 비교했다. (참고로 나는 손목시계를 사용했다. 탁상용 시계보다 시간을 확인하기 편리했기 때문이다) 풀이 속도가 빨라 몇 분의 여유가 있을 때는 어려운 문제에도 시간을 투자했고, 뒤처졌다면 어려운 문제를 더 빠르게 버리고 조금 더 고삐를 조였다.

예를 들어 10번까지 풀었을 때는 20분 00초가 기준이 된다. 이때 18분 30초를 지나고 있다면 1분 30초의 여유가 있으니 이후 어려운 문제를 만나도 1~2분은 더 쓴다는 마음으로 임했다. 반대로 이미 20분보다 시간이 더 흘렀다면 어려운 문제와 싸우기보다는 우선 회피하고 템포를 맞추는 데에 집중했다.

그렇게 나는 건너뛴 문제 수와 관계없이 80분이 되었을 때 마지막 문제(40번)까지 도달하고자 했다. 80분 이후에는 남은 10분을 유동적으로 활용했는데, 만일 40번까지 도달하는 데 실패했다면 5분(85분이 될 때까지) 동안 남은 문제를 더 풀었고, 40번에 도달했다면 5분 동안 앞서 건너뛴 문제를 하나라도 더 풀고자 노력했다.

85분이 되면 마킹을 빠르게 하고 남은 시간은 문제를 찍는 데 활용했다. 찍을 때도 단 몇 십초라도 투자해 선지 하나라도 판단하려 했다. 선지 하나만 지워도 답을 맞힐 확률이 유의미하게 높아짐을 알았기 때문이다.

80분을 기준으로 판단하자

풀자!

다음문제

몰입몰입

어..어려워 → 버리기

풀었다!

NO ← 85분이 지났는가?

YES

OMR 마킹 1~2분 내

버린 문제 찍기

요약하면 다음과 같다.

1. (푼 문제×2분)으로 내 풀이 속도를 확인한다.
2. 80분 00초가 될 때까지 문제를 푼다.
   - 만일 40번까지 보았다면, 85분이 될 때까지 중간에 건너뛴 문제를 푼다.
   - 40번까지 못 보았다면, 85분이 될 때까지 계속 푼다.
3. 85분 00초가 되면 마킹을 시작한다. (답을 고르지 못한 문제는 마킹하지 않고 건너뛴다)
4. 마킹을 2분 내 끝낸 후, 남은 3분간 답을 구하지 못한 문제들을 풀거나 찍는다.

한 가지 유의할 점은, 시간을 체크하려면 번호 순서대로 문제를 풀어야 한다는 사실이다. 앞뒤를 오가며 풀면 몇 문제나 풀었는지 가늠할 수 없어 페이스 조절이 어렵다.

한편, 개인마다 과목별로 체감하는 난이도가 다를 수 있으므로 시간 관리 전략도 스스로가 느끼는 난이도에 따라 조금씩 달라져야 한다. 나는 과목별로 아래와 같은 태도로 임했다. 내 전략을 참고하여 과목별로 자신만의 시간 관리 전략을 세우자.

① 언어논리

언어논리의 경우 상대적으로 시간의 압박이 덜했다. 언어논리는 내 전략 과목은 아니었지만, 컨디션이 좋으면 80분 이내에 40번까지 도달할 수 있었고 위 풀이 전략대로 시간을 관리하는 데에도 별 지장이 없었다. 여유가 있었기에 중간에 다소 오래 걸리는 문제가 있어도 넘기기보다는 되도록 풀었다.

② 자료해석

자료해석은 언어논리에 비해 훨씬 주의를 기울였다. 문제를 정상적인 속도로 풀어도 2분을 넘기기 일쑤였고 실수할 가능성도 큰 과목이었기 때문이다. 자칫 넘겨야 할 문제에서 시간을 낭비했다가 뒤에 있는 쉬운 문제를 놓칠 위험이 있었다. 3분 넘게 붙잡고 있었음에도 해결될 기미가 보이지 않거나, 스텝이 꼬여 사고가 정지하는 느낌이 들면 미련 없이 버렸다. 이렇게 풀면 80분이 됐을 때 컨디션에 따라 36~40번 정도까지 도달했다. 40번까지 가지 못한 경우가 대부분이었기에 80분부터 85분까지의 5분이 무척 소중했다. 한 문제라도 더 풀기 위해 힘썼다.

③ 상황판단

최근 차량에는 대부분 여러 가지 주행 모드가 탑재된다. 에코·노멀·스포츠 모드 등 상황에 맞게 다양한 기능이 제공된다. PSAT도 과목마다 다른 모드로 주행(?)해야 하는데, 언어논리·자료해석은 에코 모드로 주행했다면 상황판단은 스포츠 모드로 풀었다. 조금이라도 집중력을 높이기 위해 시험 시작 전 에너지드링크 1/3 캔을 마시고, 쌀쌀해도 반드시 맑은 공기를 쐬고 들어왔다. 다른 과목과 달리 문제를 풀다 시간상 여유가 생겨도 긴장을 풀지 않았다.

마라톤 선수가 막판 스퍼트를 하듯 최대한의 집중력을 발휘하려 했고, 시간을 낭비하지 않기 위한 공격적인 전략을 택했다. 문제를 풀다가 (문두가 '옳은 것은?' 또는 '옳지 않은 것은?'으로 구성된 경우) 간혹 선지 한두 개만 분석했는데 답이 도출되는 경우, 바로 다음 문제로 넘어갔다. (같은 경우에도 언어논리에서는 나머지 선지까지 모두 판단했고, 자료해석에서는 시간 여유에 따라 다르게 대응했다) 남은 선지를 마저 분석하지 않음으로 인해 잃는 시간(기대점수)이 더 아깝다고 생각했기 때문이다. 기껏 얻은 시간을 새로운 문제가 아닌 남은 선지에 써 버리는 행동은 비효율적이라고 판단했다. 그보다 1문제라도 더 보고자 했다. 대신 문제번호에 세모 표시를 했다. 마킹할 때 다시 판단하기 위함이었다.

어렵게 느껴지는 문제도 더 과감히 버렸다. 상황판단은 잘못 걸리면 5분 이상 허비하는 경우도 허다해서, 괜히 문제와 드잡이하다가 80분이 지났을 때 30번도 통과하지 못하는 참사가 발생할 수 있기 때문이다. 중간에 버린 문제가 많더라도 우선 40번까지 도달하려 했다. 경험상 그래야 좋은 점수를 얻을 수 있었다.

시선 처리 훈련

누구나 문제를 처음 마주하면 어디부터 읽어야 할지 우왕좌왕한다. 보기부터 봐야 하는지, 선지부터 봐야 하는지, 문두를 읽어야 하는지, 아니면 표 아래에 있는 각주를 먼저 읽어야 하는지 혼란스러운 건 자연스러운 일이다. 다만 자연스럽다고 개선할 수 없는 건 아니다. 시선 처리 훈련만 잘해 두면 제법 시간을 아낄 수 있다.

문제를 효율적으로 읽지 못해 낭비하는 시간이 문제당 3초는 된다. 과목당 40문제이므로 문제마다 3초만 절감해도 120초를 얻는다. 족히 한 문제는 더 풀 시간이다. 과목당 1문제만 더 맞춰도 평균 2.5점이 오르니 이 훈련만으로도 운명을 바꿀 수 있다.

시선 처리 훈련법

1. 채점한 뒤 지체 없이 (내가 문제를 어떻게 풀었는지 잊기 전에) 훈련을 시작한다.
2. 맞힌 문제와 틀린 문제 모두 분석한다.
3. 문제를 가장 효율적으로 파악하기 위한 시선 처리 순서를 매긴다.
4. 읽지 않아도 지장 없는 부분은 삭제하고 반드시 읽어야 하는 부분만 체크한다.
   - 위 방식으로 최소 3개년 기출문제를 분석한다.

문제를 다 풀자마자 시선 처리 훈련을 시작하자. 실수 정리와 동시에 하면 된다. 내가 문제를 어떤 순서로 읽었는지 기억해야 무심코 문두를 전부 읽었다든지, 선지를 나중에 읽어 문제에 대한 이해가 늦었다든지 하는 문제점들을 짚어 낼 수 있다. 다음 예시를 보며 방식을 터득하자.

17. *옳은/옳지않은 체크*

<그림>의 A ~ D에 해당하는 산업을 바르게 연결한 것은?

축 확인

<표> 1934년과 1940년의 산업별 공장 수

(단위: 개소)

구분 / 산업	1934년 공장 수	1925년 대비 증가	1940년 공장 수	1934년 대비 증가
가스전기	52	2	( )	0
금속기계	524	14	( )	( )
목제품	206	13	( )	( )
방직	( )	128	( )	332
화학	( )	605	( )	( )

<그림> 1925년과 1940년 산업별 공장 수 변화 추이 *맹목적으로 빈칸을 채우지 말자*

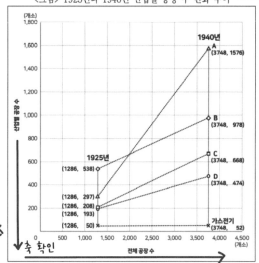

축 확인

※ A ~ D는 각각 금속기계, 목제품, 방직, 화학 산업 중 하나임.

선지 훑기

	A	B	C	D
①	금속기계	방직	화학	목제품
②	금속기계	화학	목제품	방직
③	목제품	금속기계	방직	화학
④	화학	금속기계	방직	목제품
⑤	화학	방직	금속기계	목제품

문제 곳곳에 그려진 기호는 눈이다. 속눈썹 개수가 적은 눈부터 차례로 시선을 이동하면 된다. ① 문두에서 '옳은/옳지 않은'을 체크하고, ② 선지 구조를 훑은 뒤, ③ 〈표〉와 〈그림〉의 가로세로 축을 확인하는 식이다. 모든 문제를 이런 순서로 읽을 필요는 없으며, 문제 구성에 따라 읽는 순서는 유연하게 적용하면 된다. 어떤 순서로 읽어야 문제를 가장 빠르게 풀 수 있을지 고민하며 직접 순서를 잡아 보자. 때론 선지 구성이 문제풀이에 전혀 도움되지 않는 경우도 있는데, 이때는 선지를 훑을 필요 없이 문두 확인 후 바로 지문 또는 표·그림으로 이동해야 한다.

한 가지 더, '읽지 않아도 풀이에 지장 없는 부분'을 삭제하자. 이렇게 지워 보면 반드시 문제의 모든 글자를 읽어야 하는 건 아님을 알 수 있고, 실전에서도 필요한 부분만 읽어 시간을 절약할 수 있다.

마지막으로, 문제를 파악하기 전에 표의 내용부터 읽는 습관을 고치자. 위 〈표〉 내용에 일부러 큰 엑스를 쳐 두었는데 〈표〉의 값은 문두, 선지, 〈표〉·〈그림〉의 축을 확인하기 전까지는 읽을 필요가 없다. 문제의 요구 사항을 파악한 뒤 읽을 수 있도록 자신을 통제해야 한다. 마음이 급하면 무엇을 판단해야 하는지 알기도 전에 〈표〉의 값부터 읽게 되는데, 어차피 선지 확인한 후 다시 읽어야 하니 비효율적이다. '무의식적으로 시선이 먼저 향할 우려가 있는 부분'은 X 표시를 해 보자. 이렇게 문제마다 시선 처리 순서를 체크하는 것만으로도 큰 효과가 있다.

시선 처리 훈련은 단순하고 쉽지만, 실수 정리와 마찬가지로 반드시 문제를 푼 직후에 해야 효과적이다. 문제를 풀 당시의 시선 경로를 잊기 전에 훈련해야 개선점이 보이기 때문이다. 문제를 푼 지 30분만 지나도 효과가 현저히 줄어든다. 맞은 문제, 틀린 문제 구분 없이 기출 2~3개년 분량만 분석해 보자. 시선 처리만 잘해도 합격에 한 발짝 다가갈 수 있다. (종합하면, 문제를 푼 직후에는 시선 처리 훈련, 실수 정리, 풀이 시간 체크를 동시에 해야 한다)

가끔은 문제의 허리를 노리자

대다수 사람들은 문제를 풀 때 무의식적으로 ①번 선지부터 해결하려 하고, 지문의 맨 윗부분부터 읽으려 한다. 시간이 부족하지 않았던, 지식을 평가하는 그간의 암기 시험에서는 전혀 문제되지 않는 습관이었다. 그러나 PSAT에서는 시간을 절약하기 위해 모든 군더더기를 없애야 한다. 지문을 읽거나 선지를 보는 시간도 예외는 아니다. 답이 될 확률이 낮은 선지는 거르고, 지문에서 중요하지 않은 부분은 건너뛸 수 있어야 한다.

PSAT 문제 중에 ①~②번 선지가 답이 되기 어려운 유형이 있다. 바꾸어 말하면 출제자가 의도적으로 ③~⑤번에 답을 배치하는 문제가 존재한다. 문두가 "~옳지 않은 것은?"으로 구성된 문제가 이에 해당한다. (참고로 PSAT 문제 대부분은 옳은 것을 찾게 한다) 이런 문제를 만나면 ③ → ④ → ⑤ → ① → ② 순으로 선지를 확인(⑤번부터 역순으로 봐도 좋다)하면 제법 쏠쏠하게 시간을 아낄 수 있다. 운이 좋으면 풀이 시간을 30초 넘게 단축할 수 있다.

이뿐만이 아니다. 지문 첫 부분을 건너뛰고 중간부터 읽는 게 좋은 문제도 있다. 유형 상 지문 전반부에서 답이 도출되기 어려운 문제들이 이에 해당하는데, 자료해석에서 어렵지 않게 찾아볼 수 있다. 당장 2024년 5급 기출문제만 보아도 자료해석(나형) 1번, 3번 문제가 이에 해당한다.

2024년 5급 PSAT 자료해석 1번 문제의 문두는 "제시된 〈표〉 이외에 〈보고서〉를 작성하기 위해 추가로 필요한 자료만을 〈보기〉에서 모두 고르면?"이다. 이런 문제에는 두세 단락 정도의 지문(대개 〈보고서〉라는 이름으로 등장한다)이 나오는데, 대체로 지문의 중반부부터 '추가로 필요한 자료'에 대한 내용이 나온다. 따라서 지문의 중간부터 읽으면 답을 더 빠르게 찾을 수 있다.

생각 없이 빈칸을 채우지 말자

자료해석 문제 중에 '빈칸'이 등장하는 문제가 종종 있다. 데이터 중 일부가 유실되었거나, 물에 젖어 알아볼 수 없게 되었다는 등의 슬픈 사연과 함께 말이다. 이런 문제를 풀 때도 시간을 절약하는 방법이 있다.

빈칸이 등장하면 우선 채우고 싶은 게 수험생의 심리다. 빈칸을 다 채우면 확실히 답을 찾을 수 있으리라 생각되기 때문이다. 물론 맞는 말인데, 문제는 모든 빈칸을 채우지 않아도 답을 구할 수 있는 경우가 적잖이 존재한다는 사실이다. (학원 모의고사에서는 이렇지 않았을 수도 있다. 바로 이런 부분이 기출과 모의고사의 차이다) 기출문제에서는 답을 도출할 때 필요치 않은 빈칸들을 어렵지 않게 찾아볼 수 있다.

다음 문제를 보자. 이 문제에는 꽤 많은 빈칸이 존재하는데, 답을 도출하는 데에 A의 영업이익지표, 평가점수, B의 평가점수는 필요 없다. B의 평가점수는 〈보기〉 ㄷ을 판단하기 위해 필요하다고 생각할 수도 있겠으나 이 문제는 〈보기〉 ㄱ과 ㄴ만 판단해도 답이 도출된다. 만일 빈칸부터 다 채우고 이 문제를 풀기 시작했다면 풀이 시간이 30초는 족히 길어졌을 것이다. 문제를 풀 때 아무 생각 없이 빈칸을 먼저 채우는 건 현명하지 못하다. 선지나 보기에서 묻는 빈칸만 그때그때 채우면서 푸는 편이 낫다.

10. 다음 〈표〉는 '갑'국 공공기관 A ~ C의 경영실적 및 평가점수에 관한 자료이다. 이에 대한 〈보기〉의 설명 중 옳은 것만을 모두 고르면?

〈표〉 공공기관 A ~ C의 경영실적 및 평가점수

(단위: 백만 원, 점)

구분 \ 공공기관	A	B	C
매출액	( )	4,000	( )
영업이익	400	( )	( )
평균총자산	2,000	( )	6,000
자산회전지표	0.50	0.80	( )
영업이익지표	( )	0.15	0.50
평가점수	( )	( )	1.50

※ 1) 자산회전지표 = $\dfrac{\text{매출액}}{\text{평균총자산}}$

2) 영업이익지표 = $\dfrac{\text{영업이익}}{\text{매출액}}$

3) 평가점수(점) = (자산회전지표 × 1점) + (영업이익지표 × 2점)

─────〈보 기〉─────
ㄱ. 매출액은 A가 가장 크다.
ㄴ. 영업이익은 C가 A의 4배 이상이다.
ㄷ. 평가점수는 B가 가장 낮다.

① ㄴ
② ㄷ
③ ㄱ, ㄴ
④ ㄱ, ㄷ
⑤ ㄱ, ㄴ, ㄷ

찍기도 실력이다

선지 중에 반드시 답이 포함되어 있다는 사실은 PSAT을 비롯한 모든 객관식 시험의 큰 장점이다. (행정고시 2차 시험은 논술형인데, 공부해 보면 객관식의 감사함을 알게 된다) 게다가 객관식 선지는 출제자가 직접 구성하므로, 무의식중에 출제자의 심리와 의도가 반영된다. 따라서 선지 구조만 잘 읽어도 답을 찾는 데 도움이 된다.

꼼수라는 편견 탓인지 경시하는 탓인지 찍기 전략은 시중 교재에 잘 등장하지 않지만, PSAT에서 '찍기'는 핵심 전략 중 하나다. 시간이 부족해서 찍기가 불가피할 뿐 아니라, 1~2문제 차로 당락이 결정되는 시험이니 찍기를 조금만 잘해도 엄청난 이득을 볼 수 있기 때문이다. 이제 몇 가지 잘 찍는 법을 알아보자. 나는 매해 잘 찍어서 이득을 보았다.

선지 구성에 따라 출제자의 심리를 역이용할 수 있는데, 이렇게 선지 구조를 바탕으로 답을 좁혀 가는 행위를 선지플레이라고 일컫는다. 예를 들어 2:2:1 또는 4:1의 구조가 관찰되는 경우나 선지의 결괏값이 수열 형태로 배치된 경우(예 : ① 7개, ② 8개, ③ 9개, ④ 10개, ⑤ 11개)가 대표적이다. 하나씩 살펴보자.

① 하나의 보기가 선지 4개에 포함된 경우(4:1)

PSAT에는 보기(ㄱ, ㄴ, ㄷ 등)를 활용한, 소위 합답형 문제(2개 이상의 보기를 조합해야 답이 되는 문제)가 자주 등장하는데, 이런 문제가 나오면 선지를 적극 활용해야 한다. 과거에는 특정 보기를 선지 4개에 배치하는 경우가 더러 있었는데 최근에는 출제지침 탓인지 균등 배치 방식이 대세로 자리 잡았다. 과거에 비해 답을 유추하기 어려워졌다고 생각할 수 있으나, 여전히 합답형 문제는 찍을 때 큰 장점이 있다. 어떤 보기든 하나만 판단해도 선지 1~2개를 지울 수 있어 답을 맞힐 확률이 33~50%로 높아지기 때문이다.

선지 구성의 변화

과거 : ① ㄱ ② ㄴ ③ ㄱ, ㄴ ④ ㄱ, ㄷ ⑤ ㄱ, ㄴ, ㄷ
최근 : ① ㄱ ② ㄴ ③ ㄱ, ㄷ ④ ㄴ, ㄷ ⑤ ㄱ, ㄴ, ㄷ

위 선지를 보자. (ㄱ, ㄴ, ㄷ) 중 가장 쉬워 보이는 보기 하나만 판단한 뒤 찍으면 된다. 보기 중 하나만 판단해도 답을 맞힐 확률이 최소 33%가 된다. 예를 들어, 최근 선지 구성에서 (ㄴ)을 판단한 뒤 찍는다고 하자. (ㄴ)이 옳다면 남은 선지는 ②, ④, ⑤번이 되고, (ㄴ)이 틀렸다면 선지는 ①, ③번만 남게 된다. 전자의 경우 33%의 확률로, 후자라면 무려 50% 확률로 답을 맞힐 수 있다.

② 3:2, 2:2:1식 선지 구조

앞에서 보았던 예시(자료해석 17번)를 다시 보자. 이 문제는 선지 구조에서 이미 답의 실루엣이 드러난다. 출제자의 심리가 반영된 덕분이다. 출제자는 애써 만든 문제가 허무하게 풀리느니, 힌트를 주더라도 수험생들이 더 고민하기를 바란다. 보기 하나만 판단하여 문제를 맞히는 상황을 출제자는 가장 기피한다. 우리는 이러한 출제자의 심리를 역이용해야 한다.

이 예시는 A, B, C, D 각각에 해당하는 산업을 연결하는 문제로 다음과 같이 선지를 판단할 수 있다.

선지 분석

A의 경우 금속기계, 목제품, 화학이 2:1:2 비율로 들어가 있다. 여기서 목제품이 답일 가능성은 희박하다. 다음으로 B를 보자. 방직, 화학, 금속기계가 마찬가지로 2:1:2로 배치되어 있다. 여기서도 화학이 답이 되긴 어렵다. 다음으로 C에서는 방직, 금속기계, 목제품, 화학이 각 2:1:1:1로 배치되어 있다. C에서는 선지만으로 정보를 얻기 어렵다. 마지막으로 D를 보자. 목제품, 방직, 화학이 3:1:1로 배치되어 있다. 목제품이 답일 가능성이 크다.

문제의 답은 ④번이다. 만일 시간이 부족해 문제를 풀지 못하더라도 최소 ②, ③번은 지우고 찍어야 한다. 선지만 잘 관찰해도 33%의 확률로 답을 맞힐 수 있다. A, B, C 중 하나라도 판단한다면 답을 찾을 확률은 더 높아진다.

③ 등차수열식 선지

2023년 5급 상황판단 8번

8. 다음 글을 근거로 판단할 때, ㉠에 해당하는 수는?

> 甲 : 〈자기를 위한 인생〉을 찍은 소다르 감독 작고 소식 들었어?
> 乙 : 응. 그 작품이 소다르 감독이 세 번째로 찍은 영화였지? 1962년 작품이었나?
> 甲 : 그렇지. 그해 마지막으로 찍은 작품이기도 하고, 1960년에 〈내 멋대로 하자〉로 데뷔하고 〈남자는 남자다〉 다음에 찍은 영화니까. 정작 우리나라에서 개봉은 늦어졌지만.
> 乙 : 우리나라에선 1983년에 찍은 〈미남 갱 카르멘〉이 주목받아서 그해 처음 개봉된 다음, 데뷔작부터 찍은 순서대로 개봉됐던 거지?
> 甲 : 전부 순서대로 개봉된 것은 아냐. 1963년 작품 중 2편은 우리나라에서 10편 넘는 작품이 개봉된 이후에야 극장에서 상영되었지.
> 乙 : 아, 그랬지. 1963년에는 총 3편, 그다음 해에는 총 2편을 찍었으니까….
> 甲 : 응. 그리고 1965년엔 첫 번째로 찍은 영화가 〈베타빌〉이야.
> 乙 : 그럼 〈베타빌〉은 소다르 감독 작품 중 우리나라에서 개봉된 순서로 ㉠번째구나.

① 6 ② 7 ③ 8 ④ 9 ⑤ 10

다음 문제를 보자. 이와 같은 등차수열식 선지(항상 '등차'수열은 아니지만 편의상 이렇게 통칭한다)는 상황판단에서 자주 등장한다. 이 문제를 찍는다면 몇 번을 찍는 게 좋을까? 확률상 ①번과 ⑤번을 제외한 나머지 중 하나를 택하길 권한다. 출제자 심리상 정답을 양극단에 배치하기란 쉽지 않다. 출제자에게는 정답을 숨겨야 한다는 방어본능(?)이 있기 때문이다. ①, ⑤번 선지는 양 끝에 있어 불안하다. 그보다는 ②~④번 중 한 곳에 배치하는 게 안전하게 느껴진다. 또한 출제자는 정답을 중심으로 사고하므로 정답의 앞뒤로 숫자를 배치하고 싶은 무의식적 욕구를 느낀다. 실제 최근 3개년 5급 상황판단 기출 중 등차수열식 선지로 구성된 문제는 총 25문제였고 이 중 ①번이나 ⑤번이 정답인 문제는 4개에 불과했다.

찍을 때 찍더라도 선지 하나쯤은 괜찮잖아?

첫인상부터 싸한 느낌이 드는 문제들이 있다. 문제 분량이 길거나 표가 복잡하거나 용어가 어렵거나, 당장이라도 도망쳐야 할 것 같은 문제들 말이다.

그러나 문제의 외양만 보고 튈 수는 없는 노릇이다. 어쨌든 상대는 해 봐야 한다. 다만 자칫하면 시간만 허비하고 아무 소득도 얻지 못할 수 있다. 이처럼 어려워 보이는 문제에 대해서는 찍기를 각오하고 맞서야 한다. 괴물을 당장 무찌르지는 못하더라도 후일을 기약하며 팔다리 하나라도 없애는 '반쯤 죽이는' 전략을 택하자.

일반적으로 어려운 문제를 맞닥뜨리면 우왕좌왕하다가 시간을 허비하게 된다. 그러나 PSAT에서 시간은 곧 점수다. 일분일초도 허투루 써서는 안 된다. 그러니 이렇게 느낌이 싸한 문제를 만났을 때는 선지 한두 개만 확실하게 제거(판단)하는 쪽으로 작전을 변경해야 한다. 욕심부리지 않고 찍기 확률을 높이는 수준으로 문제를 반만 푸는 것이다. 이렇게 하면 문제를 찍어서 맞힐 확률을 높일 수 있고 괜한 문제에 시간을 낭비하는 일도 막을 수 있다.

마킹 후 남은 자투리 시간에도 선지 하나라도 더 판단하는 기지를 발휘해야 한다. 시험 종료가 임박하면 마음만 앞서 문제가 잘 읽히지 않기 마련이다. 이때 10초라도 깊게 심호흡하고 마음을 다잡자. 단 1분이라도 선지 하나를 판단하는 데에는 충분한 시간이다.

물론, 실제 시험장에서 문제를 찍을 수 있는 여유는 거의 없다. 기껏

해야 한 문제, 운 좋으면 두 문제 정도 건드릴 수 있을 뿐이다. 그래도 찰나의 순간 한 문제라도 더 맞힐 수 있도록 기민하게 움직이자. 그렇게 풀어낸 한 문제가 합격선을 넘기 위한 캐스팅 보트(?)가 될 수도 있다.

나는 통상 과목당 2~6문제 정도는 찍었는데, 위와 같은 방법들을 활용해 그중 절반가량을 맞혔다. 찍기에는 운도 따르지만, 실력도 필요하다. 남들이 운에만 의존할 때 전략을 세워 한발 앞서 나가자. 성적의 마지막 한 조각은 찍기로 완성된다.

7장 난이도도 관리할 수 있다
- 쉬운 것만 골라 풀면 시험이 쉬워진다

머리가 나쁘면 몸이 고생한다

크기와 모양이 같으나 무게가 500g부터 20kg까지 천차만별인 박스들을 주어진 시간 내에 최대한 많이 옮겨야 하는 게임이 있다. 무게와 관계없이 옮긴 박스당 1점이며, 가장 높은 점수를 얻은 사람이 이기는 게임이다. 단, 박스 무게는 들기 전까지는 알 수 없다.

힘보다 머리를 써야 한다

운동이 취미인 힘 좋은 사람과 평범한 사람 중 누가 유리할까? 으레 힘 좋은 사람이 더 쉽게 게임을 풀어 갈 것 같지만, 결과는 알 수 없다. 이 게임은 힘 싸움처럼 보이지만 실은 머리싸움이다. 전략을 세우지 않고 박스를 분별없이 옮기다가는 힘이 좋은 사람도 금세 지친다. 반대로 가벼운 박스만 옮기는 지혜를 발휘하면 힘이 부족해도 높은 점수를 기록할 수 있다. 이때 재미있는 점은 머리를 쓸수록 게임을 쉽게 느낀다는 점이다. 무거운 박스를 잔뜩 옮긴 사람은 게임이 매우 어렵다고 평가하는 반면, 가벼운 박스만 옮긴 사람은 게임을 할 만했다고 평가한다.

PSAT은 이 게임과 매우 유사하다. 문제 간 배점은 동일하지만 난이도 편차는 크고 시간은 제한되어 있어 현명하게 풀이 전략을 짜야 한다. 당장은 어려운 문제를 푸는 사람이 멋져 보일 수 있지만, 종국에는 어려운 문제를 피한 사람이 승리하는 게임이다. 같은 시험에 대해서도 어려운 문제와 맞선 사람일수록 어려웠다고 평가한다. (동일한 문제도 어느 선지부터 푸느냐에 따라 체감 난이도가 달라진다) 당연하게도 시험을 어렵게 느낀 사람의 점수가 잘 나올 리 만무하다. 고생은 실컷 하고 점수는 얻지 못하는 셈이다. 머리가 나쁘면 몸이 고생한다는 옛말은 틀린 게 하나 없다.

쉬운 선지만 골라 먹자

경제·경영 분야에서 쓰이는 크림 스키밍(Cream skimming)이라는 용어가 있다. 기업들이 이윤이 많이 남거나 쉽게 돈을 벌 수 있는 시장에만 진출하려는 현상을 의미한다. (본래 원유 중 크림만 분리·채집하는 데서 붙여진 말이다)

맛있고 쉬운 문제만 골라 먹자

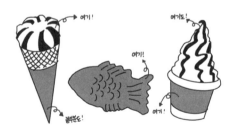

크림 스키밍 전략은 PSAT을 넘어 모든 인적성 평가에 적용되는 풀이의 대원칙이다. 쉬운 것들만 골라 먹겠다는 얼핏 단순해 보이는 이 전략만 능숙하게 활용해도, 시간 관리 능력이 한 차원 높아지며 그만큼 점수도 함께 상승한다. 어려운 문제는 당연히 피해야 하고, 한 문제 안에서도 어려운 선지와 보기에 대한 판단은 나중으로 미루는 지혜가 필요하다. 이 전략만으로도 가벼운 박스만 옮기고도 게임에서 이기는 사람처럼 같은 시험을 더 쉽게 상대할 수 있다.

모든 문제에 적용 가능한 건 아니다. 선지 간 난이도 편차가 없거나 문제를 통으로 해결해야 하는 경우(등차수열식 선지로 구성된 계산 문제 등)에는 해당하지 않는다. 자료해석이나 상황판단 중 선지 간 판단해야 하는 정보량(데이터)의 편차가 큰 문제들이 있는데, 이런 경우에 적용할 수 있다. 일례로 어떤 선지는 문제에 주어진 표 전체를 해석해야 하지만, 어떤 선지는 표 한 줄만 읽어도 정오를 판단할 수 있는 경우가 있다. 이때 후자를 먼저 판단해야 한다.

조삼모사라고 생각하는 사람이 있겠으나, 그렇지 않다. 어려운 보기나 선지를 나중으로 미뤘을 때 해당 보기와 선지를 판단하기 전에 답이 도출되는 경우가 정말 많다. 이는 우연이 아니라 출제자의 의도가 담긴 것이다. 정답 선지 하나만 어려워도 문제의 체감 난도가 수직 상승하기 때문에, 출제자는 적정 난이도를 유지하고자 가장 어려운 선지를 정답보다는 (나머지 선지만 판단해도 답을 찾을 수 있도록) 매력적인 오답으로 활용하는 경우가 많다. 그래야 타 위원들의 "이 문제 너무 어려운데요? 이번 시험에서는 빼시죠"라는 무서운 지적을 피할 수 있기 때문이다.

12. 다음 〈표〉는 2022년 '갑'시 6개 공공도서관 운영 현황에 관한 자료이다. 이에 대한 설명으로 옳은 것은?

〈표〉 2022년 '갑'시 6개 공공도서관 운영 현황

도서관명	설립년도	규모			이용 현황		직원(명)
		부지(㎡)	건물(㎡)	열람석(석)	이용건수(건)	보유서적(권)	
꿈밭	2006	18,082	10,553	1,528	50,863	17,304	11
들풀	1989	5,048	3,461	812	71,675	21,937	23
새벗	1973	2,306	1,306	263	16,475	4,182	11
샛별	2019	8,211	4,600	901	61,144	36,450	22
숲길	1995	10,260	9,181	1,798	115,908	39,499	49
한빛	1991	3,840	2,140	520	14,451	4,356	10

① 1990년대에 설립된 도서관 이용건수의 합은 2000년 이후 설립된 도서관 이용건수의 합보다 적다.

② 이용건수 대비 보유서적 수의 비율이 가장 낮은 도서관은 '새벗' 도서관이다.

③ 건물 규모가 부지 규모의 60% 이상인 도서관은 3개다.

④ 건물 1㎡당 열람석이 가장 많은 도서관은 직원 수가 두 번째로 많다.

⑤ 2000년 이전에 설립된 도서관은 설립년도가 이를수록 이용건수가 적다.

풀이

5개 선지 중 ③, ④, ⑤번의 정보량이 많은 편이다.

①번 → (숲길+한빛) 도서관과 (꿈밭+샛별) 도서관의 이용 건수를 비교하면 되니 확인해야 하는 정보량이 많지는 않다.

②번 → 역시 눈대중으로 체크할 수 있는 수준의 정보량이다.

③번 → 모든 건물의 (건물/부지) 규모를 체크해야 하고 최소한 어림산을 거쳐야 하므로 판단해야 하는 정보량이 꽤 많다.

④번 → (열람석/건물)을 판단해야 할 뿐 아니라 이에 따른 직원 수도 체크해야 하니 정보량이 많다.

⑤번 → 판단이 어렵지는 않으나 체크해야 할 정보량이 적지도 않다.

답은 ②번이다.

오답 선지가 정답 선지보다 훨씬 어렵다는 점에 주목하자. 이처럼 가장 복잡하고 어려운 선지는 좀처럼 답이 되지 않는다.

2023년 5급 자료해석 18번, 19번

[18-19] 다음 〈표〉는 '갑' 국의 2020년 6-11월 마스크 생산량 및 가격, 6월과 11월의 마스크 제조업체 수 및 품목별 허가제품 수에 관한 자료이다. 다음 물음에 답하시오.

〈표 1〉 마스크 생산량

(단위 : 만 개)

품목 월	보건용	비말차단용	수술용
6	10,653	1,369	351
7	9,369	8,181	519
8	15,169	10,229	1,970
9	19,490	5,274	1,590
10	13,279	3,079	1,023
11	10,566	2,530	950

※ '갑' 국의 마스크 품목은 보건용, 비말차단용, 수술용으로만 분류됨.

〈표 2〉 마스크 가격

(단위 : 원/개)

구분 월	보건용		비말차단용	
	오프라인	온라인	오프라인	온라인
6	1,685	2,170	1,085	1,037
7	1,758	1,540	725	856
8	1,645	1,306	712	675
9	1,561	1,027	714	608
10	1,476	871	696	572
11	1,454	798	686	546

〈표 3〉 마스크 제조업체 수 및 품목별 허가제품 수

(단위 : 개)

구분	월	6	11
마스크 제조업체		238	839
허가제품	보건용	1,525	2,098
	비말차단용	120	851
	수술용	72	300

18. 위 〈표〉에 대한 〈보기〉의 설명 중 옳은 것만을 모두 고르면?

───〈보기〉───

ㄱ. 전월 대비 보건용 마스크의 온라인 가격 감소율이 가장 큰 달과 전월 대비 비말차단용 마스크의 온라인 가격 감소율이 가장 큰 달은 같다.
ㄴ. 제조업체당 마스크 생산량은 11월이 6월의 40% 이상이다.
ㄷ. 월별 마스크 총생산량은 8월 이후 매월 감소하였다.
ㄹ. 6월에는 생산량이 많은 품목일수록 허가제품 수도 많다.

① ㄱ, ㄴ
② ㄱ, ㄷ
③ ㄴ, ㄹ
④ ㄷ, ㄹ
⑤ ㄴ, ㄷ, ㄹ

19. 위 〈표〉를 이용하여 작성한 자료로 옳지 않은 것은?

① 8-10월 품목별 마스크 생산량 비중

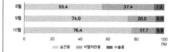

② 6-9월 보건용 마스크의 오프라인 가격 대비 온라인 가격 비율

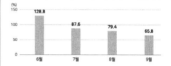

③ 6-9월 보건용 마스크와 비말차단용 마스크의 온라인 가격

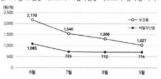

④ 품목별 마스크 허가제품 현황

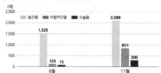

⑤ 6-10월 비말차단용 마스크의 온라인 및 오프라인 가격

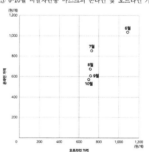

풀이

먼저 18번이다. 통상 위에서부터 읽게 되는데, <보기> (ㄱ)과 (ㄴ)의 정보량이 많고 어렵다. 눈대중만으로 풀 수 있는 <보기> (ㄷ)을 가장 먼저 풀어야 한다. 이때 (ㄷ)을 판단한 후 선지 ①, ③번을 소거((ㄷ)은 옳다)하고 <보기> (ㄹ)로 넘어간다. (ㄹ)은 시력테스트 수준이다. <표 1>과 <표 3>에 눈길 한번 주면 옳음을 알 수 있다.

<보기> (ㄷ)과 (ㄹ)에 대한 판단을 마치면 남는 선지는 ④, ⑤번이며, <보기> (ㄴ)만 판단하면 답을 찾을 수 있다. 이런 과정을 거치면 가장 난해한 <보기> (ㄱ)에 손대지 않고도 답을 구할 수 있다. 이게 바로 PSAT 풀이에서의 크림 스키밍 전략이다.

이어서 19번 문제를 보자. 자료해석에서는 표를 그래프로 변환하는 문제들이 심심찮게 출제되는데, 이러한 문제 역시 선지마다 파악해야 하는 정보량의 편차가 크다. 이 문제에서는 ①, ②번 선지의 경우 비중, 비율 등을 구하여 파악해야 하는 정보량이 많으나, ③~⑤번은 눈대중만으로 해결할 수 있는 시력테스트 선지다. 당장 ①번의 경우 8~10월까지 품목별 마스크 생산비율을 파악해야 하는데, 이를 알기 위해서는 매월 종류별 마스크 생산량을 모두 더해 총 생산량을 구한 뒤, 품목별 생산 비중을 따져야 한다. 그러나 ④번은 <표 3>의 품목별 허가제품 수가 그래프로 잘 변환되었는지만 확인하면 그만이다. 이렇게 선지 2개만 비교해도 선지 간 정보량의 차이를 알 수 있다.

이처럼 하나의 문제 안에도 쉬운 선지와 어려운 선지가 혼재되어 있다. 이때 쉬운 선지를 먼저 판단하면 더 쉽게 풀 수 있다. 어려운 상대를 적극적으로 피한 결과다. 박스 옮기기 게임에서와 마찬가지로 문제든 선지든 '쉬운 놈부터 상대한다'는 원칙만 지키면 비교적 힘들이지 않고도 좋은 점수를 얻을 수 있다. 지금까지 우리는 문제 난이도에 비례해 배점되는 시험에 익숙했기 때문에 어려운 문제를 무찔러야 할 대상으로 인식했다. (수능에서 고배점 문제를 피하라고 가르치는 사람은 없다) 그러나 PSAT은 난이도와 관계없이 모든 문제의 배점이 동일하다. 게다가 100점을 맞아야 하는 시험도, 맞을 수 있는 시험도 아니다. 그러므로 어려운 문제나 선지에 힘들여 싸울 필요가 없다. 아니, 싸워서는 안 된다.

과목별 훈련 전략
- 언어논리

1장 언어논리의 특징
- 어릴 때 책 안 읽었어도 괜찮아

언어논리의 특징

PSAT 첫 번째 과목, 언어논리에 대해 알아보자. 언어논리는 수능 국어영역과 유사해서 상대적으로 친숙한 과목이다. 다만 수능보다 지문 길이가 길고, 지문당 한 문제씩 구성되므로 읽어야 할 지문이 많으며, 내용도 훨씬 어렵다. 수능보다 늦게 태어난 시험이지만 난이도만큼은 수능의 형뻘이다.

언어논리 문제 대부분이 책에서 발췌한 긴 지문을 독해하는 문제이나, 일부 지문 없는 문제도 존재한다. 대체로 논리 문제로 전체의 10% 정도 비중을 차지하며 상황판단 퀴즈와 유사하다. (출제위원 사이에서도 둘을 구분하기 어렵다는 의견이 심심찮게 나온다) 문제 길이는 짧지만 난도는 높다. 그 밖에 7급 PSAT에는 5급 PSAT에는 나오지 않는 '실무형 문제'가 추가된다. 보고서 작성 요령, 민원 처리요령 등 실무 연관성이 높은 문제로 그다지 어렵지는 않다.

언어논리에서는 점수를 따야 한다. 수능과 비슷해 그나마 익숙하고, 자료해석, 상황판단보다 문제 구조도 단순하기 때문이기도 하지만, 무엇보다 1교시 과목이기 때문이다. 언어논리를 망치면 멘탈이 무너져 자료해석, 상황판단에도 부정적 영향을 미칠 수밖에 없다.

언어논리는 풀이 원리가 세 과목 중 가장 단순하지만, 역설적으로 그렇기 때문에 성적 향상에 오랜 시간이 걸린다. 자료해석, 상황판단은 문제 스타일에 적응함에 따라 점수가 오르고, 기교(선지 플레이 등)도 부릴 여지가 있는 데에 비해, 언어논리는 진득하게 읽어서 푸는 문제가 대다수라 기본기가 부족하면 안정적인 점수를 기대하기 어렵다.

어렸을 때 책 안 읽은 나, 이미 늦은 걸까?

언어논리에 어려움을 겪는 수험생에게 "어릴 때 책 안 읽어서 그래"라고 말하는 사람들이 있다. 독해력이 요구되는 과목이니 틀린 말은 아니지만, 혹여나 지금이라도 책을 읽겠다고 생각하면 곤란하다. 간혹 언어논리 실력을 높이겠다고 철학, 역사, 교양서적을 읽는 사람들이 존재하는데, 지름길을 두고 애써 돌아가지 말자.

책을 많이 읽어 독해력을 높이겠다는 건 출국을 일주일 앞두고 회화 실력을 높이겠다며 영단어장의 첫 페이지를 펼치는 행동과 같다. 나도 공부를 꽤 우직하게(어리석게) 하던 사람이라 '느리더라도 근본적 개선을 도모하겠다'라는 마음(이런 성격의 사람들은 내일 볼 시험의 문제들이 5단원에서 많이 출제된다는 사실을 알아도, 고집스레 1단원부터 읽다가 시험을 망친다)은 십분 이해하지만, 고쳐야 한다. 좋은 전략이 아니다. 공직에서는 효율적이고 효과적으로 일할 사람을 원한다.

'어릴 때 책을 읽었어야 한다'는 말이 이제 와 돌이킬 수 없다는 의미는 아니다. 지루한 과정이 되겠지만 독해력은 훈련을 통해 분명 향상시킬 수 있다.

언어논리 풀이법은 이렇게 나뉜다

2023~2024년 5급 공채 PSAT 언어논리 기출문제 분석

연도	문제유형	유형별 개수 (A)	고난도 문제 (B)	풀어야 할 문제 (A-B)	문제번호
2023	지문형	35	1	34개(97.1%)	1~14, 17~27, 29~32, 35~40
	논리퀴즈	5	4	1개(2.9%)	15, 16, 28, 33, 34
2024	지문형	36	3	33개(97.1%)	1~12, 15~32, 35~40
	논리퀴즈	4	3	1개(2.9%)	13, 14, 33, 34

언어논리는 지문(여러 단락으로 구성된 줄글)의 유무에 따라 풀이법을 구분할 수 있다. 지문이 있는 문제는 통독 풀이가 기본이다. (통독(通讀)은 글의 처음부터 끝까지 쭉 읽어 내려가는 방법이다) 아주 드물게 선지 구성에 따라 발췌독이 가능한 문제가 출제되지만, 출제 비중이 매우 낮고 그다지 효과적인 수단이 아니므로 따로 구분하지 않았다. (참고로 발췌독은 선지를 먼저 읽은 뒤 지문에서 필요한 부분만 선택적으로 읽는 방식이다)

그 외에 논리 문제(논리퀴즈)가 있다. 상황판단 퀴즈와 유사한데, 지문 대신 명제 형태의 몇 가지 조건이 등장한다. 간혹 긴 지문으로 구성(2023년 5급 언어논리 28번)되어 통독 문제와 외관상 구별이 어려운 경우도 있지만 풀어 보면 금방 구분할 수 있다. 통상 통독 문제보다 난도가 높다.

지문이 있는 모든 문제는 통독하자. 간혹 발췌독이 가능한 문제도 나오지만 비중이 매우 낮다. 발췌독의 목적이 시간을 아끼는 데에 있지만, 막상 문제마다 발췌독 가능성을 따지다 보면 더 많은 시간을 쓰게 되는 비효율이 발생한다. (문제당 3초만 고민해도 1문제를 풀 만큼의 시간을 잃는다)

간혹 독특한 형태의 문제(빈칸에 적합한 문장 넣기, 틀린 문장 바르게 수정하기 등)가 등장하지만 역시 풀이법은 같다. 통독으로 통일하자. 풀이법이 간명해야 실전에서 혼란이 없다.

나머지 10%의 논리 문제는 다르게 접근한다. 대부분이 '~가 참일 때 반드시 참인 것은?'의 형태다. 논리학 공식을 사용하거나 반례를 찾아 해결하면 되는데, 개인적으로 공식에 익숙하지 않아 반례를 찾고자 노력했다. 아래는 전형적인 논리 문제다.

2023년 5급 언어논리 33번

33. 다음 글의 내용이 참이라고는 할 수 없는 것은?

사무관 갑, 을, 병, 정, 무는 각 부처에 배치될 예정이다. 하나의 부처에 여러 명의 사무관이 배치될 수는 있지만, 한 명의 사무관이 여러 부처에 배치되는 일은 없다. 이들은 다음과 같이 예측하였다.

갑 : 내가 환경부에 배치되면, 을 또한 환경부에 배치된다.
을 : 내가 환경부에 배치되면, 병은 통일부에 배치된다.
병 : 갑이 환경부에 배치되지 않으면, 무와 내가 통일부에 배치된다.
정 : 병이 통일부에 배치되지 않고 갑은 환경부에 배치된다.
무 : 갑이 통일부에 배치되고 정은 교육부에 배치된다.

발표 결과 이들 중 네 명의 예측은 옳고 나머지 한 명의 예측은 그른 것으로 드러났다.

① 갑은 통일부에 배치된다.   ③ 병은 통일부에 배치된다.
② 을은 환경부에 배치된다.   ④ 정은 교육부에 배치된다.
⑤ 무는 통일부에 배치된다.

논리 문제 중에는 상황판단 퀴즈와 유사한 문제가 제법 있다. 그래서 이를 논리퀴즈라고도 부른다. 위 예시도 마찬가지다. 상황판단 문제와 차이가 있다면 숫자 대신 말로 장난을 친다는 정도이나, 주어진 조건(명제)을 바탕으로 경우를 따진다는 점에서 본질은 다르지 않다. 풀이 방식도 비슷하다. 대체로 표를 그려 경우의 수를 따진다.

2장 통독 제대로 하기
- 망망대해에 부표를 띄워라

통독 실력도 훈련하면 좋아진다

통독은 기본 중 기본이다. 통독 능력을 갖추지 않고는 언어논리에서 높은 점수를 획득할 수 없다. 게다가, 최근 시험이 어려워지면서 통독 실력은 더욱 중요해졌다. 지문도 그만큼 까다로워졌기 때문이다. 언어논리 점수만큼은 다른 수험생들보다 뒤처지면 안 되므로 통독은 반드시 잘해야 한다.

지문을 있는 그대로 읽을 뿐인데 무슨 훈련이 필요한가 생각할 수 있다. 그러나 글의 내용을 소화하는 역량은 개인차가 크다. 영어 독해 실력에 큰 차이가 있듯 국어도 마찬가지다. 수능 국어 때문에 고통받은 사람이라면 독해력의 개선 가능성에 대해 회의감을 가질 수 있다. 그러나 독해력은 분명히 훈련으로 향상시킬 수 있다.

언어논리 문제의 지문들은 모두 철저히 설계된 글이다. 대체로 시중 도서에서 원문을 따와 적절히 수정하고 축약한다. 정 마음에 드는 글이 없을 때는 출제위원이 직접 지문을 쓰기도 한다.

출제위원들은 선지 구성의 편의를 위해 지문에 의도적으로 많은 정보를 집약적으로 담는다. 동시에 배경지식이 없어도 풀 수 있도록 낯선 용어에 대한 정의를 반드시 포함한다. 복수정답 등 문제 오류를 방지하기 위해 문장 표현도 수차례 다듬는다. 그 결과, 모호한 표현이 없고 논리적으로 구조화된 글이 탄생한다. 따라서 긴장만 하지 않으면 그다지 독해하기 어려운 글은 아니다. 이제 통독법에 대해 제대로 알아보자.

3. 다음 글에서 알 수 있는 것은?

　독일에서 인쇄소를 운영하던 구텐베르크가 금속활자를 발명한 후 민간의 인쇄업자들은 그 기술을 적극 수용했다. 그리하여 구텐베르크의 금속활자가 발명된 이래 약 50년 동안 많게는 1,000개 가까운 인쇄소가 유럽에서 생겨났다. 구텐베르크의 금속활자 발명에는 상업적 동기가 작용했다. 당시 독일에는 라틴어 문법 서적 등 인쇄물에 대한 대중의 수요가 많았는데, 기존의 목판 인쇄는 생산 비용이 너무 높아서 그 수요를 감당하기 어려웠다. 구텐베르크가 금속활자를 발명함으로써 인쇄물의 생산 가격이 낮아지자 다수의 민간업자들은 이 새로운 기술을 활발하게 받아들였다. 그 결과 지식의 독점을 막고 독서 인구를 증가시키는 데 크게 기여했다.
　그러나 조선의 경우는 이와 달랐다. 조선 전기에 금속활자로 인쇄를 할 수 있었던 곳은 국가 기관인 주자소와 교서관에 불과했다. 조선 후기에도 사정은 크게 달라지지 않았는데, 민간에서 주조한 금속활자가 몇 종 있긴 했지만 극소수 양반가의 소유였을 뿐이었다. 구텐베르크의 금속활자와는 달리, 조선에서 금속활자는 민간에서 거의 수용되지 않았던 것이다. 그 까닭은 무엇인가?
　가장 본질적인 요인은 표의문자와 표음문자라는 문자 유형의 차이이다. 조선시대에 금속활자로 인쇄한 것은 대부분 한자로 쓰인 책이었는데, 이를 인쇄하자면 한자 수만큼이나 많은 활자가 필요했다. 실제 조선의 금속활자는 한 번에 주조할 때마다 10만 자를 넘기기 일쑤였다. 조선 전기에 주조된 계미자는 10만 자, 갑인자는 20만 자, 갑진자는 30만 자였으며, 조선 후기에 주조된 오주갑인자와 육주갑인자 역시 각각 15만 자씩이었다. 이에 비해 라틴 자모의 경우 대문자와 소문자를 모두 감안하더라도 수백 자를 넘지 않으므로, 필요한 활자의 수가 절대적으로 적었다. 따라서 민간에서 부담 없이 주조할 수 있었다.

① 조선시대 금속활자는 민간에서 주조되지 않았다.
② 구텐베르크의 금속활자는 조선의 금속활자보다 생산 비용이 더 높았다.
③ 조선시대 금속활자는 시대가 흐를수록 한 번에 주조하는 글자 수가 증가하였다.
④ 구텐베르크의 금속활자와 조선의 금속활자는 모두 지식의 독점을 막고 독서 인구를 증가시키는 결과를 낳았다.
⑤ 활자로 만들어야 할 문자의 유형 차이로 구텐베르크의 금속활자와 조선의 금속활자는 민간의 수용 정도에 있어 차이가 있었다.

4. 다음 글에서 알 수 있는 것은?

　서유럽에서 중세와 르네상스기에 가장 중요한 어휘적 원천이었던 언어는 라틴어이다. 그 당시에 라틴어는 더 이상 어느 나라에서도 모어로 사용하지 않았지만, 과거 영화로웠던 로마 문명의 후광 속에서 로마가톨릭교회의 행정 및 예배의 언어로서 위신을 전혀 잃지 않고 있었다. 어휘에서도 라틴어의 영향은 여전히 강력했다. 라틴어에서 발달한 로맨스어의 일종인 프랑스어는 이미 라틴어에서 온 어휘를 사용하고 있었는데, 학술적 어휘에서는 당시 사용하던 것보다 더 고형의 라틴어를 다시 차용하기도 하였다.
　막강한 제국이었던 로마의 언어가 차용되는 것을 보고, 어휘차용을 일으킨 원인이 꼭 정치적 힘 때문이라고 생각해서는 안 된다. 예를 들어 로마인들은 그리스를 군사적으로 몇 세기 동안 지배하다가 결국에는 합병했는데도 그리스의 문학, 음악, 미술에 계속 압도당해 이 분야의 많은 용어를 그리스어에서 차용하였다. 더 극적인 사례는 바이킹의 경우이다. 현재의 노르망디 지방을 911년에 무력으로 차지한 이 용맹한 전사들은 새 정착지에 매료되어 새로운 분야의 어휘 중 일부만 차용한 것이 아니라 언어 전체를 차용하고 말았다. 그래서 그로부터 155년 후에 그들의 후손이 잉글랜드 연안을 공격할 때에는 고대 노스어가 아닌 고대 프랑스어로 군가를 불렀다.

언어와 문화가 존중받아 어휘의 차용이 일어나기도 하지만 다른 경우도 있다. 새로운 개념이 등장했으나 해당 언어에서 이를 일컫는 어휘가 없을 경우, 즉 '어휘빈칸'이 생겼을 때 이를 보충하는 편리한 수단으로 차용이 일어나기도 한다. 이 경우에 차용되는 어휘는 해당 개념의 발명자의 언어에서가 아니라 그 개념을 소개한 집단의 언어에서 차용될 때가 많다. 예를 들어 기독교 교회의 신학과 예배 의식 관련 개념들은 애초에 아람어, 히브리어, 그리스어 사용자들이 발명한 것이다. 그런데 서유럽에 이 개념들을 소개하고 전파한 자들은 라틴어 사용자였으며, 기독교 교회와 관련된 아주 많은 서유럽어들의 어휘들이 라틴어에 기원을 두게 되었다.

① 그리스가 문화적으로 로마제국을 압도하여 결국 정치적으로 살아남았다.
② 차용하려는 언어에 대한 존중의 의미를 담기 위해 어휘빈칸을 채우게 된다.
③ 라틴어 사용자들이 기독교 교회의 신학과 예배 의식에 관련된 개념들을 서유럽에 퍼뜨렸다.
④ 바이킹이 프랑스 문화에 매료되어 특히 음악 분야의 어휘를 프랑스어에서 많이 차용하였다.
⑤ 프랑스가 르네상스기 이후에 새롭게 채택한 학술적 어휘들은 대부분 당시 유행하던 라틴어 어휘에 기반하였다.

통독은 글의 처음부터 맨 마지막까지 순서대로 읽는 방법이다. 우리가 단 한 번의 통독으로 글을 온전히 이해하려면, ① 글의 핵심문장(밑줄)과 ② 키워드(형광펜)를 잘 찾아야 한다. 이 두 가지만 잘 찾으면 선지를 어렵지 않게 판단할 수 있다.

지문을 별생각 없이 읽으면 끝까지 읽어도 놓치는 정보가 많고 다시 돌아와 잔디밭에 흘린 반지를 찾듯 키워드를 찾아 헤매야 한다. 대화에 집중하지 않으면 상대방이 방금 했던 말도 기억나지 않는 것처럼 지문도 집중해서 읽지 않으면 머리에 전혀 입력되지 않는다.

선지를 판단할 때 지문 어디에 관련 내용이 있는지 바로 찾지 못한다면 아직 통독 실력이 부족한 상태다. 통독을 잘하는 사람은 한 번만 읽어도 지문에 담긴 정보 대부분을 흡수하고 선지의 내용을 지문에서 곧바로 찾아낸다.

통독 훈련법

다음의 몇 가지 훈련만으로도 통독 실력을 늘릴 수 있다. 첫째, 문두-선지-지문의 시선 처리 순서를 몸에 익히자. 지문이 있는 문제는 언제나 선지가 이정표 역할을 한다. 문두를 읽어 문제의 취지를 파악한 뒤 곧바로 선지를 3~4초 훑어 키워드를 파악하고 지문으로 가자.

둘째, 문제를 풀 때 항상 핵심문장과 키워드를 찾아 체크하자. 머릿속이 아니라 시험지에 표시해야 한다. 손을 쉬게 하며 문제를 풀거나 모든 문장에 밑줄을 그으며 손을 혹사시켜서는 곤란하다. 전자는 아무것도 체크하지 않아서, 후자는 모든 부분에 체크한 바람에 글의 핵심을 파악하기 어렵다. 손을 바삐 움직여 키워드에는 동그라미를, 핵심문장에는 밑줄을 그어 흔적을 남기자. 대신 너무 많은 부분에 표시하면 효과가 없으니 중요한 내용만 엄선하자. 바다 위 부표처럼 글의 곳곳에 마크를 남겨 두면 지문 위에서 헤매지 않을 수 있다. 만일 핵심 문장과 키워드를 찾기 어렵다면 채점 이후에 문제를 거꾸로 분석해도 좋다. 선지에 등장한 키워드를 지문에서 찾아 체크하고, 선지에 언급된 내용이 설명된 지문 속 문장을 체크해 보자. 거슬러 올라가면 글의 핵심이 어디인지 보인다.

지문이라는 바다 위에 키워드라는 부표를 띄우자

셋째, 아직 지문을 한 호흡에 읽는 게 어렵다면 한 차례 끊어 읽자. 최근 문제가 어려워지면서 지문 길이는 길어지고 문단 구분은 적어지고 있다. 숨 쉴 틈을 주지 않는 노래처럼, 쉬지 않고 읽으면 호흡이 가빠진다. 이때는 적절히 끊어 읽어도 좋다. 지문의 2/3가량을 읽었을 때 한번 선지로 내려오자. 최소 2개 선지 정도는 판단 가능하다. 이후 나머지 지문을 읽자. 이렇게 끊어 읽으면 한 호흡에 읽었을 때 지문의 초반부를 망각하는 문제를 해소할 수 있고, 운 좋으면 답을 더 빠르게 찾을 수도 있다. (참고로 LEET 언어이해는 지문이 워낙 길기 때문에 한 번 정도 끊어읽는 편이 좋다)

통독 훈련은 기출을 풀 때 자연스럽게 이루어진다. 언어논리 문제를 풀 때 항상 핵심 문장과 키워드를 찾는 습관을 들이자. 모두 중요해 보여도 그중 더 핵심적인 부분을 선별해야 한다. (너무 많은 문장에 밑줄을 긋거나 너무 많은 단어에 체크하지 않도록 주의하자) 뒤에서 부연하겠지만, '핵심 문장'이란 한 문단을 한 문장으로 요약할 때 남는 문장이다.

발췌독하면 정말 안 되나요?

발췌독에 욕심을 내는 수험생들이 있다. 얼핏 풀이 시간을 크게 단축할 수 있을 것으로 보이기 때문이다. 정말 그럴까?

글 전체를 읽지 않아도 답을 찾을 수 있으니 이보다 달콤한 풀이법은 없다. 그러나 PSAT에는 발췌독할 문제가 많지 않다. PSAT은 도입 후 지금까지 경향이 거의 변하지 않았는데, 몇 안 되는 변화 중 하나가 바로 발췌독 문제의 감소다. 과거에는 한 해에 3~4문제는 출제되었는데,

요즘은 기껏해야 1~2개 남짓 출제될 뿐이다. (2023년 5급 언어논리에서도 11번 한 문제만 발췌독이 가능했다)

간혹 모든 문제에 발췌독을 시도하는 수험생들이 있는데, 아무 문제나 발췌독을 할 수 있는 게 아니다. 발췌독은 통독을 대체하는 수단이 아닌 보완하는 수단으로, 몇 가지 조건에 들어맞는 특수한 경우에만 적용이 가능하다.

첫째, 선지에 담긴 정보가 지문의 한 곳에 뭉쳐 있어야 한다. 지문에 서론, 결론과 같이 의미 없는 문단이 존재하여 가운데 문단 일부만 보아도 선지 대부분의 진위 판단이 되는 경우 발췌독으로 답을 고를 수 있다. 반대로 선지 하나를 판단하기 위해서 여러 문단을 살펴야 한다면 통독하는 편이 낫다. 예를 들어, 출제자가 지문 속 다섯 문장을 인용해 ①~⑤번 선지를 구성했다면 발췌독하기 좋은 문제가 될 것이다.

둘째, 선지에 눈에 띄는 키워드가 등장해야 한다. 그래야 지문에서도 키워드가 쓰인 중요 문장이 눈에 띄기 때문이다. 또한 선지마다 다른 키워드가 담겨야 한다. 해당 키워드가 등장하는 부분의 위아래 줄만 읽어도 선지 판단이 가능해야 하기 때문이다.

셋째, 눈에 띄는 키워드가 없다면 연도나 수치라도 등장해야 한다. 숫자는 지문 어디에 숨어 있더라도 눈에 띈다. 따라서 선지에 특정한 숫자가 등장하는 경우, 지문에서 읽어야 할 부분을 찾기가 매우 쉬워진다. 간혹 국학(역사) 지문에서 이런 선지가 등장하는데, 선지 2~3개에만 연도가 포함돼 있어도 문제의 난도가 현저히 낮아진다.

눈치챘겠지만 이런 문제는 극소수다. 게다가 발췌독하면 지문의 전체 내용을 알지 못하기 때문에 답에 확신을 갖기도 어렵다. 중요한 내용을 놓쳐 실수하는 경우도 발생한다. 따라서 지문이 있는 문제에서는 통독을 유일한 풀이법으로 삼는 게 우월 전략이다.

도식화로 정보 축약하기

– 뇌는 글보다 그림을 6만 배 빠르게 이해한다

도식화란 무엇일까?

지문에 낯선 개념이 여럿 등장하면 문제의 난도가 급격히 높아진다. 특히 3~4개 이상의 개념이 복잡한 관계로 얽힌 경우, 이를 단번에 이해하기란 쉽지 않다. 이때 도식화가 큰 도움이 된다. 우리의 뇌는 글보다 그림에 담긴 정보를 약 6만 배 빠르게 이해한다고 하는데, 지문에 담긴 정보를 시험지 여백에 정리하면 이해가 더 잘 되는 경험을 할 수 있다. 이때 도식화란 지문의 내용을 표나 관계도 형태로 축약하는 것을 의미한다. 지문에 등장하는 복잡한 관계를 간단히 도식화하면 답을 더 빨리 찾을 수 있고, 실수도 현저하게 줄일 수 있다.

지문에 도표나 관계도를 추가하여 문제의 난도를 낮추는 것은 출제자가 흔히 쓰는 난이도 조절 기법이다. 도식화는 출제자가 제공하지 않은 도표를 직접 그려 자체적으로 문제 난도를 낮추는 행위인 셈이다.

문제 풀며 도식화하기

일분일초가 아까운 상황에 도식화할 여력이 있을까 생각할 수 있다. 그러나 도식화는 지문을 읽음과 동시에 이루어지므로 그다지 많은 시간이 들지 않는다. 오히려 도식화를 하지 않으면 지문을 몇 차례 더 읽어야 할 수 있는데, 이로 인한 시간 소모가 더 크다.

지문을 읽을 때 개념 간 관계가 복잡하다고 느껴지면 도식화하자. 눈으로는 지문을 읽으면서 손으로는 시험지 여백에 관계를 정리하면 된다. 증감 관계는 위아래 화살표(증가 ↑, 감소 ↓)로, A와 B의 인과관계는 A → B 등으로 표시하면 된다. 때론 간단한 표를 그리는 게 적합할수도 있다. 도식화 방식에 정답은 없다. 본인이 이해할 수만 있다면 어떤 형태든 좋다. 괴발개발 정리해도 나만 알아볼 수 있다면 괜찮다.

노파심에 한 가지 짚고 가자면, 모든 문제에서 도식화를 하려 애쓸 필요는 없다. 도식화가 필요하다는 생각이 들 때만 하자. 판단 기준은 자신의 '감'이다. 문제를 푸는 훈련을 거듭하다 보면 자연스럽게 도식화가 필요한 순간을 느끼게 된다.

도식화 예시

도식화를 통해 더욱 쉽게 풀 수 있는 문제를 살펴보자. (귀찮더라도 아래 문제를 반드시 풀고 설명을 읽기를 권한다)

2023년 5급 언어논리 9번

9. 다음 글의 (가)~(라)에 들어갈 말을 적절하게 나열한 것은?

영화는 이미지와 사운드를 결합하여 의미와 감동을 만들어 낸다. 이미지와 사운드의 결합은 대개 다음과 같이 구분된다. 먼저, 사운드가 발생한 원천을 화면을 통해 확인할 수 있는 것을 '인(in) 음향'이라고 한다. 예를 들어, 화면에 배우가 보이면서 그의 대사가 동시에 들리거나 등장인물이 문을 여는 장면이 보이면서 그 문에서 발생한 소리가 동시에 들리는 것이다. 이때의 사운드는 화면에 보이는 피사체로부터 직접 발생하는 것이다.

두 번째는 사운드가 발생한 원천이 화면에 보이지 않는 경우이다. A와 B 두 명의 배우가 대화 중인데, 화면에는 A의 말을 듣고 있는 B만 보인다거나, 어떤 장면의 배경음악으로 기성의 음악이 깔리는 것을 예로 들 수 있다. 이 두 사례는 사운드가 발생한 원천이 화면에 보이지 않는다는 점에서는 동일하지만 그 원천까지 동일하지는 않다. 후자는 사운드의 원천이 화면에서 전개되는 시공간에 속하지 않는 경우로, 이를 '오프(off) 음향'이라고 한다. 전자는 사운드의 원천이 직접적으로 화면에 보이지는 않지만, 화면에 보이는 장면과 동일한 공간에 있다는 것을 앞뒤 맥락을 통해 알 수 있는 경우로, 이를 '화면 밖 음향'이라 한다. 다시 말해, (가)은 보이지 않는 사운드의 원천이 화면 속의 현실 공간 안에 동시에 존재한다고 추정할 수 있는 것이고, (나)은 배경음악이나 내레이션과 같이 화면에 보이는 장면과는 다른 시공간의 원천으로부터 나온 것이라고 할 수 있다.

세 종류의 음향을 적절히 활용함으로써 연출자는 자신이 재현하고자 하는 극적 효과를 달성할 수 있다. 화면 속의 어린아이가 피아노를 연주하고 있고 그 아이가 연주하는 어설픈 피아노 소리가 흘러나오다가 장면이 전환된다. 전환된 장면에는 어른이 된 주인공이 팔짱을 낀 채 말없이 피아노를 바라보고 있고, 유명한 피아니스트의 연주곡이 배경음악으로 깔린다. 여기서 음향은 (다)에서 (라)으로 바뀐 것인데, 이를 통해 연출자는 피아노와 관련된 주인공의 복잡한 내면을 효과적으로 그려낼 수 있다.

	(가)	(나)	(다)	(라)
①	오프 음향	화면 밖 음향	인 음향	오프 음향
②	오프 음향	화면 밖 음향	오프 음향	화면 밖 음향
③	화면 밖 음향	오프 음향	인 음향	화면 밖 음향
④	화면 밖 음향	오프 음향	인 음향	오프 음향
⑤	화면 밖 음향	오프 음향	오프 음향	인 음향

도식화

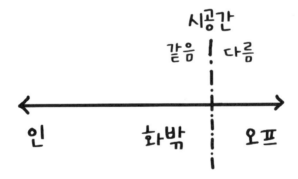

9번 문제는 인 음향, 화면 밖 음향, 오프 음향 세 가지 개념이 등장한다. 자칫 헷갈리기 쉬우므로 그림과 같이 도식화하면 실수를 막는 데에 큰 도움이 된다.

14. 다음 글에서 추론할 수 있는 것은?

수면은 휴식에 해당한다는 생각이 일반적이다. 하지만 연구 결과에 따르면, 잠을 잘 때 몸과 뇌는 비교적 활발하게 활동하며 편안히 누워서 책을 볼 때보다 더 많은 에너지를 사용한다고 한다. 그럼에도 불구하고 흔히 사람들은 수면이 피로에 지친 몸을 회복시킨다고 생각한다. 그러나 수면과 신체의 피로 사이의 관련성은 그렇게 밀접하지 않다. 오히려 뇌의 온도 상승이 수면에 영향을 미치는 것으로 보는 것이 옳다.

수면은 렘수면과 비(非)렘수면으로 나뉘는데 사람이 잠들면 비렘수면과 렘수면이 교대로 나타나기를 몇 차례 반복한다. 비렘수면 동안에는 뇌파 중 세타파와 델타파가 나오고 뇌의 활동이 느려지기 때문에 비렘수면을 '서파 수면'이라고도 한다. 반면에 눈동자가 활발하게 움직이는 렘수면 동안에는 뇌파 중 알파파와 베타파가 나오는데 이는 우리 뇌가 깨어 활발히 활동하고 있음을 보여준다. 이 때문에 렘수면을 '역설적 수면'이라고 한다. 렘수면의 목적은 하루 동안 뇌로 입력된 데이터들을 정리해서 데이터 처리 과정을 통해 기억과 사고 과정을 도와 이 정보들을 필요할 때 쉽게 찾도록 하는 것이다. 이런 과정은 뇌의 활동이 활발할 때만 일어난다.

어떤 원인에 의해 만약 뇌의 온도가 올라가면 렘수면 중 데이터 처리 효율이 떨어지면서 더 긴 렘수면 시간을 요구하게 되고, 그것을 채우지 못하면 정상적인 뇌의 활동에 지장이 생기게 된다. 그렇지만 렘수면의 시간을 늘림으로써 정상적인 뇌의 활동을 계속하기 위해서는 비렘수면의 시간도 함께 증가해야 하기 때문에 전체 수면 시간이 길어지게 된다.

① 뇌의 온도가 올라가면 비렘수면 시간이 감소한다.
② 뇌의 온도는 역설적 수면 동안보다 서파 수면 동안에 더 낮다.
③ 뇌에서 세타파와 델타파가 나오면 기억과 사고 과정을 돕는 수면이 이루어진다.
④ 피로를 높이는 신체 활동이 늘어나면 서파 수면 동안 뇌의 활동이 더 느려진다.
⑤ 알파파와 베타파가 나오는 수면 시간이 길어지면 정상적인 뇌의 활동을 계속하기 위해 전체 수면 시간이 늘어나야 한다.

도식화

비렘 - 세, 델 - 서파 - 뇌활동↓
렘 - 알, 베 - 역설 - 뇌활동↑
뇌온도↑ - 렘효율↓ - 수면시간(렘, 비렘)↑

다음 문제는 비렘수면과 렘수면을 비교하는 문제다. 각 개념에 따라 얽힌 정보가 많이 등장한다. 글로 풀어놓았기 때문에 복잡해 보일 뿐 표로 정리하면 아주 간단하게 차이를 비교할 수 있다. 물론 출제자는 결코 표를 그려 주지 않기 때문에 직접 도식화해야 한다.

2023년 5급 언어논리 36번

36. 다음 글의 〈실험〉의 결과를 가장 잘 설명하는 것은?

광센서는 입사한 빛에 의해 전자가 들뜬 상태로 전이하는 현상을 이용한다. 반도체 물질에서 전자가 빛에 의해 에너지를 얻으면 이동이 비교적 자유로운 상태인 '들뜬 상태'가 된다. 그러므로 들뜬 상태의 전자가 얼마나 많은지를 측정하여 빛의 세기를 잴 수 있다. 그런데 빛이 들어오지 않을 때도 전자가 들뜬 상태로 전이하는 경우가 있다. 이러한 전자는 빛에 의해 들뜬 상태가 된 전자와 섞이기 때문에 광센서로 빛의 세기를 정확하게 측정하지 못하게 한다. 이렇게 측정하려는 대상을 교란하는 요인을 '잡음'이라 한다.

빛이 들어오지 않을 때 광센서에서 전자가 들뜬 상태로 전이하는 이유는 크게 두 가지이다. 하나는 열적 현상으로, 광센서 내부의 원자 진동에 의해 원자에 속박된 전자 일부가 큰 에너지를 얻어 들뜬 상태로 전이하는 것이다. 이런 방식으로 들뜬 상태로 전이하는 전자의 수는 원자의 진동이 없는 절대 0도, 즉 -273°C에서는 0이었다가 광센서의 절대 온도에 정비례하여 증가한다. 다른 하나는 양자 현상이다. 불확정성 원리에 의하면 광센서 내부의 전자 중 일부는 확률적으로 매우 큰 에너지를 가지게 되어 들뜬 상태로 전이한다. 이러한 현상의 발생 정도는 광센서의 종류에 따라 달라질 뿐, 광센서의 온도에 관계없이 일정하다.

열적 현상에 의한 잡음을 '열적 잡음', 양자 현상에 의한 잡음을 '양자 잡음'이라 하며, 두 잡음의 합을 광센서의 전체 잡음이라고 한다. 광센서의 구조와 이를 구성하는 물질에 따라 열적 잡음의 크기와 양자 잡음의 크기는 달라진다.

광센서의 열적 잡음과 양자 잡음의 상대적인 크기를 구하기 위해 다음 실험을 수행하였다.

〈실험〉
실온에서 구조와 구성 물질이 다른 광센서 A와 B의 전체 잡음을 측정하고, 광센서의 온도를 높인 후 다시 두 광센서의 전체 잡음의 크기를 측정하였다. 실험 결과, 실온에서는 A와 B의 전체 잡음의 크기가 같았으나, 고온에서는 A의 전체 잡음의 크기가 B의 전체 잡음의 크기보다 컸다.

① 온도 증가분에 대한 열적 잡음 증가분은 A와 B가 같다.
② 온도 증가분에 대한 양자 잡음 증가분은 B가 A보다 크다.
③ 실온에서 열적 잡음은 A가 B보다 크고, 양자 잡음은 B가 A보다 크다.
④ 실온에서 열적 잡음은 B가 A보다 크고, 양자 잡음은 A가 B보다 크다.
⑤ 실온에서 A와 B는 열적 잡음의 크기가 서로 같고, 양자 잡음의 크기도 서로 같다.

열적 : 온도↑- 정비례↑
양자 : 센서종류 상이 (온도 무관)
전체 = 열적 + 양자

A :
열적	양자

B :
열적	양자

열적 잡음과 양적 잡음 등 낯선 개념이 등장하는 데다 관계도 복잡하지만, 위와 같이 도식화하면 착오를 방지할 수 있다. 도식화하는 데에 쏟는 몇 초가 아까워 맨눈(?)으로 풀다가는 실수하기 일쑤다.

이처럼 도식화는 복잡한 관계를 쉽게 이해시켜 준다는 점에서 유용하다. 또한 정리하는 과정에서 착각한 부분을 바로잡을 수 있고, 선지를 판단할 때 실수를 방지할 수 있다는 장점도 있다. 눈이 지문 속을 헤매고 있을 때, 손이 쉬지 않고 움직여 이해를 도울 수 있도록 훈련하자.

4장

기본기가 승부를 가른다, 독해력 훈련

- 독서보다 효과적으로 독해력 기르기

독해력의 중요성

남들보다 글 읽는 속도가 느려 고민하는 수험생들이 있다. 평소에는 글을 잘 읽다가도 시험장에만 가면 독해가 안 된다고 호소하는 경우도 많다. 모두 독해력이 부족해서 생기는 문제. 음식을 소화하는 능력이 다르듯 독해력에도 개인마다 차이가 있다. 어릴 때 책을 많이 안 읽어서 그렇다는 체념은 그만두자. 독해력이 부족하면 키우면 된다.

'독해력'이란 과연 뭘까? 먼저 독해의 사전적 의미는 '글을 읽어 뜻을 이해함'이다. 독해력은 독해할 수 있는 능력, 즉 '글을 읽어 뜻을 이해하는 능력'을 말한다. 결국 '글의 핵심을 간파하는' 역량이다.

독해력은 어떤 식으로 길러야 할까? 많은 글을 읽다 보면 자연스럽게 훈련이 될까? 평소 아무리 많이 걸어도 평생 마라톤 선수처럼 폐활량을 늘릴 수는 없듯이, 무작정 많은 글을 읽는다고 해서 독해력이 길러지는 건 아니다. 마라톤 선수가 되기 위해 체계적인 훈련을 거치듯, 독해력도 알맞은 훈련을 해야 키울 수 있다.

시험장에서 독해가 잘 안 되는 이유는 실력이 부족하거나 멘탈이 약해서다. 두 요인이 상호작용을 하면 일종의 연쇄 하강효과를 발휘해 독해력이 부족할수록 긴장하게 되고, 긴장을 하면 지문이 더 안 읽히는 악순환의 늪에 빠지게 된다. 실제로 시험장에서 머릿속이 하얘지면서 활자가 하나하나 분리되는 경험을 하는 수험생이 적지 않다. 이를 극복하려면 독해력 훈련으로 실력을 배양해 자신감을 형성하는 수밖에 없다.

멘탈이 흔들릴수록 독해는 어려워진다

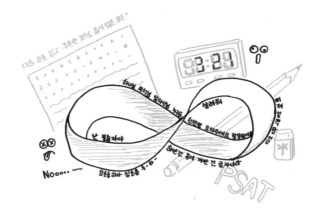

　앞서 언급한 통독도 독해력이 갖춰졌음을 전제로 이야기한 일종의 방법론에 불과하다. 독해력이 부족하면 어떤 방식을 활용하든 지문을 제대로 소화할 수 없다. 다시 한번 말하지만 독해력은 무작정 지문을 읽는다고 개선되지 않는다. 방대한 독서를 통해 독해력을 키울 만큼의 시간적 여유도 없다. 단기간에 독해력을 키우기 위한 특훈이 필요하다.

독해력 훈련 : 하루 10개 지문씩 매일매일

　독해력 훈련은 요약과 역접 체크, 개념 치환, 시간 배분 훈련으로 구성된다. 독해력 훈련은 여러 훈련 중에서도 가장 지루하지만, 인내심을 갖고 꾸준히 하면 반드시 효과가 나타난다. 원래 분야를 막론하고 기본기 훈련이 가장 지루한 법이다. 스포츠는 재미있지만 기초체력 훈련은 지루한 법이고, 피아노를 배울 때도 하농이나 체르니는 연주곡보다 연습하는 재미가 떨어진다. 무대 위 멋진 드럼 연주를 위해서도 평소에는 수도승처럼 고무패드를 하염없이 두들겨야 한다. 그러나 이런 기본기 연습은 결코 우리를 배신하지 않는다. 독해도 마찬가지다.

이하에서 소개하는 훈련법으로 하루에 지문 10개씩 한 달만 훈련해 보자. 전보다 핵심을 잘 찾아내는 자신을 발견할 것이다. 참고로 독해력 훈련에는 시중 모의고사 문제를 활용해도 좋다. 문제를 풀지 않고 지문 만 활용하기 때문이다.

요약 훈련 : 한 문단을 한 문장으로

여타 기본기 훈련이 그렇듯 독해력 훈련도 방식은 매우 간단하다. 지 문의 각 문단을 한 문장으로 요약하고, 마지막에는 전체 내용을 한 문장 으로 요약하면 끝이다. 단, 무조건 한 문장으로 요약해야 한다. 최근 한 문단의 길이가 늘어나는 추세인데, 아무리 긴 문단이라도 한 문장으로 요약하는 훈련을 하자. 한 문장으로 줄여야 한다는 극단적 제약이 있어 야 가장 중요한 내용을 선별해 내는 능력을 기를 수 있다.

주의할 점이 있다. '요약'과 '제목'을 혼동해선 안 된다. 요약의 사전적 의미는 '말이나 글의 요점을 잡아 간추림'이고, 제목은 '글을 대표하기 위해 붙이는 이름'이다. 따라서 좋은 요약문은 글을 직접 읽지 않고도 핵심을 파악할 수 있게 해주며, 좋은 제목은 글에 대한 호기심을 불러일 으킨다는 차이가 있다. 즉 스포일러 역할을 해야 좋은 요약문이다. 예를 들어 애니메이션 〈라이온 킹〉을 요약한다면 '아기 사자 심바가 아빠를 죽음에 몰아넣은 삼촌을 극적으로 물리치고 밀림의 평화를 되찾는 내 용'이 된다.

제목을 붙이면 훈련의 효과는 제로가 된다. 여러 수험생에게 시켜 본 결과 귀찮음을 이기지 못해 대충 제목을 붙이는 경우를 심심찮게 목격 했다. 펜으로 요약문 하나하나 적는 일이 무척 귀찮겠지만 진심으로 독해력을 기르고 싶다면 간절한 마음으로 성실하게 요약하자. 예시를 통해 바람직한 예시와 잘못된 예시(제목 붙이기)를 비교해 보자.

2021년 5급 언어논리 9번

문 9. 다음 글에서 추론할 수 없는 것은?

　조직 구성원의 발언은 조직과 구성원 양측에 긍정적 효과를 가져올 수 있다. 구성원들은 발언을 함으로써 스스로 통제할 수 있다는 느낌을 가지게 되어 직무 스트레스가 줄고 조직에 대해 긍정적 태도를 가질 수 있다. 동시에 발언은 발언자의 조직 내 이미지를 실추시키거나 다양한 보복을 불러올 우려가 없지 않다. 한편 침묵은 조직의 발전 기회를 놓치게 하거나 조직을 위기에 처하게 할 수 있을 뿐만 아니라, 구성원 자신들에게도 부정적 영향을 미칠 수 있다. 침묵은 구성원들로 하여금 스스로를 가치 없는 존재로 느끼게 만들고, 관련 상황을 통제하지 못한다는 인식을 갖게 함으로써, 구성원들의 정신건강과 신체에 악영향을 미칠 수 있다. 구성원들은 조직에서 우려되는 이슈들을 인지하였을 때, 이를 발언으로 표출할지 아니면 침묵으로 표출하지 않을지 선택할 수 있는데, 해당 조직의 문화 아래에서 보복과 관련한 안전도와 변화 가능성에 대한 실효성 등을 고려하여 판단한다.

[요약] 조직 및 구성원에게 발언은 긍정적 효과를, 침묵은 부정적 효과를 낳으며, 구성원은 안전과 실효성을 기준으로 발언 여부를 판단한다.
[제목] 조직구성원의 발언/침묵의 의미와 발언 여부의 판단 근거

　침묵의 유형들은 다음과 같다. 먼저, 묵종적 침묵은 조직의 부정적 이슈 등과 관련된 정보나 의견 등을 가지고 있지만 이를 알리거나 표출할 행동 유인이 없어 표출하지 않는 행위를 가리킨다. 이러한 침묵은 문제 있는 현실을 바꾸려는 의지를 상실한 체념의 의미를 내포하고 있어, 방관과 유사하다. 묵종적 침묵은 발언을 해도 소용이 없을 것이라는 조직에 대한 불신으로부터 나오는 행위이다.

[요약] 묵종적 침묵은 발언의 실효성이 없다는 체념에서 나오는 행위이다.
[제목] 묵종적 침묵의 의미

　방어적 침묵은 외부 위협으로부터 자신을 보호하거나 자신을 향한 보복을 당하지 않기 위해 조직과 관련된 부정적인 정보나 의견을 억누르는 적극적인 성격의 행위를 가리킨다. 기존에 가진 것을 지키기 위한 것뿐만 아니라, 침묵함으로써 추가적인 이익을 보고자 하는 것도 방어적 침묵의 행동 유인으로 포함하여 보기 때문에 자기보신적 행위라고 할 수 있다.

[요약] 방어적 침묵은 자신을 보호하고 추가적 이익을 보려는 자기보신적 행위이다.
[제목] 방어적 침묵의 의미

> 친사회적 침묵은 조직이나 다른 구성원의 이익을 보호하려는 목적에서 조직과 관련된 부정적 정보나 의견 등을 표출하지 않고 억제하는 행위로서, 다른 사람을 배려한 이타주의적인 침묵을 가리킨다. 이는 본인의 사회적 관계를 위한 경우에는 해당되지 않고, 철저하게 '나'를 배제한 판단 아래에서 이뤄지는 행위이다.
>
> **[요약]** 친사회적 침묵은 조직 및 구성원의 이익을 보호하기 위한 이타적 행위이다.
> **[제목]** 친사회적 침묵의 의미
>
> **[전체 요약]** 조직구성원은 안전/실효성을 기준으로 발언 여부를 결정하며, 실효성 부재로 인한 묵종적 침묵, 안전을 위한 방어적 침묵, 조직 이익을 보호하려는 친사회적 침묵으로 구분할 수 있다.
> **[전체 제목]** 조직구성원의 발언이 갖는 의미와 침묵 유형별 행위 근거

예시와 같이 요약문에는 지문의 키워드가 포함되어야 한다. 그래야 요약문만 읽고도 문단의 주요 내용을 놓치지 않고 따라갈 수 있고, 선지의 정오 판단이 가능하다. 하루에 최소 10개 지문을 요약하자. 체력이 된다면 10개보다 더 많이 훈련해도 좋다. 어떤 행위를 습관으로 만들기 위해서는 28일간 꾸준히 반복하면 된다고 하니, 매일 지킬 수 있는 분량을 정해서 4주만 꾹 참고 훈련하자. 어느새 요약 훈련은 습관이 될 것이다.

여러분이 앞으로 평생(?) 쓰게 될 보고서는 요약의 결정체다. 간담회, 연구 용역, 사업(우리가 흔히 말하는 정책을 실무에서는 '사업'이라고 부른다) 등의 계획 및 결과를 일목요연하게 요약해 상급자에게 보고함으로써 상급자가 실무자 수준으로 이해하도록 만드는 게 사무관의 역할이자 보고의 목적이다. 과장이 한 페이지만 읽고도 마치 업무를 직접 수행한 사무관처럼 국장에게 보고할 수 있어야 국장도 핵심을 장관에게 보고할 수 있고 그래야 장관이 소관 부처의 업무를 낱낱이 파악할 수 있다.

역접 체크하기

지문에는 중요한 내용이 등장함을 암시하는 표현이 있다. '그러나, 하지만, 한편, 다만, 그럼에도 불구하고' 등의 역접 접속사다. 역접을 체크하면 출제자가 강조하는 부분을 파악하는 데에 큰 도움이 된다.

지문을 읽을 때 역접 접속사가 등장하면 표시(나는 역접을 포함해 부정적 단어에 세모 표시를 했다)하자. 글의 어느 부분에서 반전이 일어나는지 표시하는 것만으로도 선지를 판단하기 위해 지문으로 돌아왔을 때 중요한 내용을 빠르게 찾는 데에 도움이 된다.

낯설고 어려운 개념 치환하기

언어논리를 풀다가 어렵고 생소한 개념이 줄지어 등장하면 개념의 명칭을 A, B, C와 같은 알파벳으로 바꾸어 생각해 보자. 어려운 용어를 단순한 표식으로 치환하는 것만으로도 낯선 개념에 대한 독해의 부담이 줄어든다. 실제 시험지에 단어를 바꾸어 쓰라는 말이 아니다. 낯선 용어를 하나의 고유명사나 의미 없는 기호 따위로 생각하는 순간 긴장을 크게 덜 수 있고 실제로 별로 어렵게 느껴지지 않는다는 이야기다.

[39~40] 다음 글을 읽고 물음에 답하시오.

표본에 의한 통계 가설의 평가로 가장 널리 알려진 방법은 '통계 가설이 틀리더라도 표본과 비슷한 자료를 얻게 될 확률'을 이용하는 것이다. 이 확률이 제법 높다면, 해당 통계 가설은 믿을 만한 근거가 없다고 판정된다. 왜냐하면 그런 확률을 가지는 표본은 해당 통계 가설이 거짓이라도 어렵지 않게 얻을 수 있는 것이기 때문이다. 하지만 그 확률이 제법 낮다면, 특히 어떤 정해진 문턱값보다 낮다면, 통계 가설이 참이라는 것에 대한 유의미한 증거가 있다고 결론 내린다. 왜냐하면 해당 통계 가설이 거짓이라면, 그런 표본은 쉽게 얻을 수 있는 것이 아니기 때문이다. 이 방법에서 연구자들이 평가하고자 하는 통계 가설은 '대립가설'이라고 불리고, 이 대립가설이 거짓이라는 가설은 '귀무가설'이라고 불린다. 귀무가설이 참일 때 표본과 비슷한 자료를 얻게 될 확률은 'p - 값'이라고 한다. 그리고 p - 값과 비교되어 대립가설이 참이라는 것에 대한 유의미한 증거의 존재 여부를 판단하는 기준이 되는 문턱값은 '유의수준'이라고 불리며, 일반적으로 0.05나 0.01이 많이 사용된다. 정리하면 p - 값이 유의수준보다 작을 때 대립가설이 참이라는 것에 대한 유의미한 증거가 있고, 그렇지 않을 때 대립가설이 참이라는 것에 대한 유의미한 증거가 있지 않다고 본다.

예를 들어 보자. 연구자 갑은 이번에 새로 개발된 신약 A가 콜레스테롤 수치를 낮추는 데 효과가 있는지 확인하고 싶어 한다. 그는 '신약 A는 콜레스테롤 수치를 낮춘다'는 대립가설을 세우고, 이를 평가하기 위해서 '신약 A는 콜레스테롤 수치를 낮추는 데 아무 효과가 없다'라는 귀무가설을 검증한다. 갑은 먼저 실험군과 대조군을 무작위로 나누었다. 그리고 실험군에는 신약 A를, 대조군에는 가짜약을 제공한 뒤, 두 집단의 콜레스테롤 수치 평균의 차이를 관찰하는 실험을 진행하였다. 그 결과, 갑은 p - 값이 0.04에 불과한 실험 결과를 획득하였다. 그는 이 실험 결과와 0.05라는 유의수준을 이용하여 '신약 A는 콜레스테롤 수치를 낮춘다'가 참이라는 것에 대한 유의미한 증거가 있다고 발표하였다.

위 사례는 p - 값을 이용해 통계 가설을 평가하는 전형적인 모습을 보여준다. 하지만 이 방법을 사용하거나 이 방법을 사용한 연구를 평가할 때는 언제나 조심해야 한다. 왜냐하면 갑이 다음과 같이 실험 결과를 내놓는 경우를 생각해 볼 수 있기 때문이다. 사실 신약 A는 콜레스테롤 수치와 아무 상관없는 것이었다. 그로 인해 갑은 30번 정도 반복된 실험에서 모두 0.05보다 큰 p - 값을 얻었다. 갑의 목표는 0.05보다 작은 p - 값을 가지는 실험 결과를 얻는 것이었다. 우연히 그다음 실험에서 원하던 대로 0.05보다 작은 p - 값을 얻었다. 정직한 과학자라면, 자신의 실험 결과를 모두 보고하고 이를 바탕으로 적절히 평가 받아야 할 것이다. 하지만 신약 A의 효과를 간절히 바랐던 갑은 그의 나머지 실험을 폐기하고 유의미한 증거가 나온 실험 결과만을 발표하였다. 이렇게 유의미한 p - 값을 가지는 실험 결과가 나올 때까지 실험을 반복하고, 그 결과 중 일부만 발표하는 연구 부정 행위를 'p - 해킹'이라고 부른다.

39. 위 글에서 알 수 있는 것은?

① p - 해킹이 일어났다는 것은 귀무가설이 거짓이라는 것에 대한 유의미한 증거이다.

② 실험군과 대조군의 분류가 완전히 무작위로 이루어졌다면 p - 해킹은 일어나지 않는다.

③ 귀무가설이 참일 때 표본과 비슷한 자료를 얻게 될 확률이 높다면, 유의수준은 커질 수밖에 없다.

④ 표본 자료의 p - 값이 0.05보다 크다면, 관련 대립가설이 참일 확률이 0.95보다 높다는 것에 대한 좋은 증거가 있다고 결론 내릴 수 있다.

⑤ 큰 값을 유의수준으로 사용했을 때에는 대립가설이 참이라는 것의 유의미한 증거가 되지만, 작은 값을 유의수준으로 삼았을 때에는 그런 증거가 되지 않는 표본 자료가 있을 수 있다.

40. 위 글을 토대로 할 때 다음 〈사례〉에 대한 분석으로 적절한 것만을 〈보기〉에서 모두 고르면?

―――――― 〈 사 례 〉――――――

을은 새로 개발된 신약 B와 콜레스테롤 수치 사이의 관계를 확인하고자 한다. 그런데 신약 B에 관심을 가지고 있는 연구자는 을만이 아니었다. 을 이외에도 약 30여 명이 그 약에 관심을 가지고 있었다. 을을 포함한 연구자 각각은 같은 실험 조건으로 연구를 진행하고 있다는 사실을 서로 모른 채 신약 B가 효과가 있다는 결과를 산출하려는 어떠한 의도도 없이 실험을 진행하였다. 그 결과 30여 명의 연구자들 중에서 을만이 0.05보다 작은 p - 값을 가지는 유의미한 실험 결과를 얻었다. 다른 연구자들은 신약과 콜레스테롤 수치 사이에 유의미한 결과를 산출하지 못하였기 때문에 자신의 실험 결과를 폐기하고 금방 잊어버렸다. 결국 유의미한 결과를 산출한 을의 연구만 발표되었고, 발표 결과를 들은 일부 사람들은 신약 B의 효과를 믿게 되었다.

―――――― 〈 보 기 〉――――――

ㄱ. 신약 B에 대한 연구 사례는 심각한 연구 부정을 의도하지 않았어도, 대립가설이 틀렸음에도 불구하고 유의미하다고 판단되는 결과를 우연히 얻을 수 있다는 것을 보여준다.

ㄴ. 신약 A에 대한 갑의 연구 속 0.05보다 작은 p - 값을 가진 실험 결과는 실제로 약효가 없음에도 불구하고 우연히 나온 결과이지만, 신약 B에 대한 을의 연구 속 0.05보다 작은 p - 값을 가진 실험 결과는 그렇지 않다.

ㄷ. 신약 A에 대한 연구 속 30여 개의 실험 결과의 p - 값들은 유의수준을 넘는 범위에 다양하게 분포되어 있지만, 신약 B에 대한 연구 속 30여 개의 실험 결과의 p - 값들은 유의수준을 넘는 특정한 값 주변에 밀집되어 있는 양상을 띨 것이다.

① ㄱ
② ㄴ
③ ㄱ, ㄷ
④ ㄴ, ㄷ
⑤ ㄱ, ㄴ, ㄷ

위 문제 지문의 첫 문단에 주목하자. 귀무가설부터 시작해 통계학 관련 전문용어가 대거 등장한다. 시험장에서 보면 숨이 턱 막힐 수 있는데, 이처럼 복잡한 한자어나 전문용어가 등장하면 생김새에 주눅들거나 한자어를 해석하려 들지 말고 용어에 대한 설명(지문에 반드시 등장한다)에만 집중해야 한다.

용어가 계속 발목을 잡는다면 이를 임의의 알파벳으로 치환해도 좋다. 예를 들어, 첫 문단의 'p-값이 유의수준보다 작을 때 대립가설이 참이라는 것에 대한 유의미한 증거가 있다'라는 문장을 보자. 용어가 생소해 한 번에 관계를 이해하기 어려운 문장이다. 이를 'A가 B보다 작을 때 C가 참이라는 것에 대한 유의미한 증거가 있다'라고 치환해 보자. 어떤가? 관계를 파악하기가 한결 수월해진다. 용어가 주는 부담에서 해방될 수 있기 때문이다.

만일 용어가 도저히 이해되지 않으면 용어간 관계라도 파악하자. 대강의 느낌만 파악해도 좋다. 위 문장에서도 'A가 B보다 큰' 경우가 좋은/나쁜 상황인지만 알아도 최소 선지 하나 정도는 지울 수 있다.

지문 읽는 비중 늘리기 : 급할수록 돌아가자

PSAT은 속도가 생명이다. 그러나 전략 없이 급하게만 풀면 더 위험하다. 흔히 문제를 빨리 풀려면 지문을 빨리 읽어야 한다고 생각하기 쉬운데, 하나만 알고 둘은 모르는 소리다. 음식도 빨리 먹으면 체하듯, 지문도 급하게 읽으면 내용을 제대로 소화할 수 없다. 지문만 잘 이해하면 선지 판단에는 그리 오랜 시간이 걸리지 않기 때문에 지문을 읽는 데에 충분한 시간을 투자하는 게 좋다.

느리게 읽으라는 말이 아니다. 문제를 풀 때 지문을 급하게 읽고 선지에서 오래 고민을 하는 것보다는 지문을 읽는 데 시간을 충분히 쓰고 선지에서 고민하는 시간을 줄이는 편이 효과적이라는 말이다. 지문에 답이 있음에도 의외로 지문보다 선지에 시간을 할애하는 수험생들이 많다. 마음이 급하니 지문은 후루룩 읽고, 선지를 판단하는 데에 더 많은 시간을 쓴다. 결과적으로 문제를 푸는 시간은 거의 단축되지 않거나 오히려 늘어난다.

지문을 읽고 나서도 내용이 잘 이해되지 않거나, 선지를 분석할 때 너무 오랜 시간이 걸린다면 지문을 지나치게 급히 읽고 있을 가능성이 크다. 여태까지 지문에 40%, 선지에 60%의 시간을 할애했다면, 이제는 지문에 60%를 쓰고 남은 40%를 선지 분석에 쓰자. 또한 정확한 상황 파악을 위해 통상 한 문제를 푸는 데에 몇 분이 걸리는지, 지문을 읽는 데에는 몇 초를 쓰는지 체크해 보자. 개인마다 실력이 다르고 문제마다 난이도도 천차만별이라 몇 초를 할애해야 한다고 단정할 수는 없지만 한 문제를 푸는 전체 시간 중 지문을 읽는 시간이 절반 이상이 되어야 한다. (물론 지문당 세 문제가 출제되는 LEET 언어이해의 경우, 지문 읽는 데에 절반이나 쏟으면 곤란하다) 지문을 급히 읽는 건 악습관이다. 급할수록 돌아가야 한다. 지문에 시간을 조금 더 투자해 보자. 생각 외로 문제를 푸는 시간은 크게 늘지 않고 정확도는 올라가는 경험을 할 수 있다.

독해력 훈련 종합 : 요약 훈련, 역접 표시, 시간 체크

위 소개한 훈련법들을 종합하면 다음과 같다.

1. 문단/지문에 대한 요약 훈련을 하자.
2. 중요 키워드, 핵심 문장, 역접 접속사에 표시하여 중요 정보를 체크하자.
3. 어려운 키워드는 쉬운 단어(A, B, C 등)로 치환하자.
4. 지문을 읽는 데 걸리는 시간을 기록하고, 선지보다 지문에 더 시간을 투자하자.

2021년 5급 언어논리 9번

문 9. 다음 글에서 추론할 수 없는 것은?   16:32

조직 구성원의 발언은 조직과 구성원 양측에 긍정적 효과를 가져올 수 있다. 구성원들은 발언을 함으로써 스스로 통제할 수 있다는 느낌을 가지게 되어 직무 스트레스가 줄고 조직에 대해 긍정적 태도를 가질 수 있다. 동시에 발언은 발언자의 조직 내 이미지를 실추시키거나 다양한 보복을 불러올 우려가 없지 않다. 한편 침묵은 조직의 발전 기회를 놓치게 하거나 조직을 위기에 처하게 할 수 있을 뿐만 아니라, 구성원 자신들에게도 부정적 영향을 미칠 수 있다. 침묵은 구성원들로 하여금 스스로를 가치 없는 존재로 느끼게 만들고, 관련 상황을 통제하지 못한다는 인식을 갖게 함으로써, 구성원들의 정신건강과 신체에 악영향을 미칠 수 있다. 구성원들은 조직에서 우려되는 이슈들을 인지하였을 때, 이를 발언으로 표출할지 아니면 침묵으로 표출하지 않을지 선택할 수 있는데, 해당 조직의 문화 아래에서 보복과 관련한 안전도와 변화 가능성에 대한 실효성 등을 고려하여 판단한다.

17:04

[요약] 조직 및 구성원에게 발언은 긍정적 효과를, 침묵은 부정적 효과를 낳으며, 구성원은 안전과 실효성을 기준으로 발언 여부를 판단한다.

　침묵의 유형들은 다음과 같다. 먼저, **묵종적 침묵**은 조직의 부정적 이슈 등과 관련된 정보나 의견 등을 가지고 있지만 이를 알리거나 표출할 행동 유인이 없어 표출하지 않는 행위를 가리킨다. 이러한 침묵은 문제 있는 현실을 바꾸려는 의지를 상실한 체념의 의미를 내포하고 있어, 방관과 유사하다. 묵종적 침묵은 발언을 해도 소용이 없을 것이라는 조직에 대한 불신으로부터 나오는 행위이다.

[요약] 묵종적 침묵은 발언의 실효성이 없다는 체념에서 나오는 행위이다.

　방어적 침묵은 외부 위협으로부터 자신을 보호하거나 자신을 향한 보복을 당하지 않기 위해 조직과 관련된 부정적인 정보나 의견을 억누르는 적극적인 성격의 행위를 가리킨다. 기존에 가진 것을 지키기 위한 것뿐만 아니라, 침묵함으로써 추가적인 이익을 보고자 하는 것도 방어적 침묵의 행동 유인으로 포함하여 보기 때문에 자기보신적 행위라고 할 수 있다.

[요약] 방어적 침묵은 자신을 보호하고 추가적 이익을 보려는 자기보신적 행위이다.

　친사회적 침묵은 조직이나 다른 구성원의 이익을 보호하려는 목적에서 조직과 관련된 부정적 정보나 의견 등을 표출하지 않고 억제하는 행위로서, 다른 사람을 배려한 이타주의적인 침묵을 가리킨다. 이는 본인의 사회적 관계를 위한 경우에는 해당되지 않고, 철저하게 '나'를 배제한 판단 아래에서 이뤄지는 행위이다.

17:40

[요약] 친사회적 침묵은 조직 및 구성원의 이익을 보호하기 위한 이타적 행위이다.

[전체 요약] 조직구성원은 안전/실효성을 기준으로 발언 여부를 결정하며, 실효성 부재로 인한 묵종적 침묵, 안전을 위한 방어적 침묵, 조직 이익을 보호하려는 친사회적 침묵으로 구분할 수 있다.

　독해력 훈련을 하고 나면 위와 같이 문단마다 요약이 되어 있어야 하고 키워드, 핵심 문장, 역접 접속사가 체크되어 있어야 하며, 풀기 전 시간도 기록되어 있어야 한다. (지문을 읽는 속도가 매우 느린 경우에는 위 예시처럼 중간중간 시간을 적자. 예시에 적힌 숫자는 16분 32초부터 읽기 시작해 17분 4초쯤에 중간 부분을 읽고, 17분 40초에 다 읽었다는 의미다. 지문 읽는 속도가 느리지 않다면 문제를 풀기 시작할 때의 시간만 적어도 충분하다) '언젠가 나아지겠지' 하고 부족한 독해력을 방치해서는 안 된다. 적극적으로 훈련하지 않으면 나아지지 않는다.

한마디 덧붙이자면, 독해력 훈련은 지문을 읽는 속도가 유독 느리거나 언어논리 과목에 취약한 수험생에게만 권한다. 문제 푸는 훈련 외에 별도의 시간을 투자해야 하고 꽤 지루해서다. 독해에 특별히 취약하지 않다면 이 시간을 다른 훈련에 투자하자.

5장 논리 문제 풀기
- 공식은 필수가 아니다

논리 문제의 출제 비중

앞서 말한 훈련법만으로도 언어논리에서 90점을 맞는 데 부족함은 없다. 그렇지만 위 방식들이 적용되지 않는 문제가 남아 있다. 바로 논리 문제다. 통상 '~가 참일 때 반드시 참인 것은?'과 같은 질문(문두)을 던지며 40문제 중 대략 5문제 내외 출제된다. 논리 문제는 난도가 높은 편이라 출제 비중에 비해 큰 부담이 된다.

나는 논리학 공식을 적용하는 풀이법이 어렵게 느껴졌다. 들을 때는 이해가 되어도 시험장에서 활용할 자신이 없었다. 빠르게 답을 찾는 방법인지도 확신이 들지 않았다. 상황판단 퀴즈 문제와 유사한 문제(예를 들면 2024년 언어논리 13번과 상황판단 32번은 선지구성이 다를 뿐 풀이법은 큰 차이가 없다)도 많아서, 굳이 논리학 공식을 적용하지 않아도 반례를 찾거나 경우를 따져 풀 수 있었고, 출제 빈도가 높지 않으므로 정 어려우면 버리자고 생각했다.

이 책에는 논리 문제를 풀기 위한 색다른 공식은 없다. 나는 공식을 익히지 않아도 합격에 지장이 없다는 입장으로, 공식은 속도보다는 정확도를 위한 수단이기에 시간이 부족한 시험장에서 활용하기 적합하지 않다고 생각했다. (물론 공식을 능숙하게 활용할 자신이 있다면 얼마든지 활용해도 좋다) 이 책에서는 논리학 공식 대신, 내가 활용했던 풀이법을 소개한다.

'실마리 조건'을 찾자

논리 문제의 문두는 대개 '다음 글의 내용이 참일 때…'와 같이 시작한다. 주어진 대여섯 가지의 조건(명제)을 모두 충족하는 경우를 찾아내는 유형이다. 이런 문제에는 대개 풀이의 실마리가 되는 '실마리 조건'이 등장하는데, 문제풀이의 첫 단추를 끼우기 위한 조건이다.

실마리를 찾자

* 실-마리
1. 감겨 있거나 헝클어진 실의 첫머리
2. 일이나 사건을 풀어나갈 수 있는 첫머리

예를 들어 5명을 원탁에 배치하는 문제에서 '갑은 12시 방향 의자에 앉는다'라는 식으로 확정된 정보를 전달해 경우의 수를 줄여 주는 조건이 있다. 문제와 맞닥뜨리면 이런 조건을 찾아 경우를 좁혀 나가야 한다. '실마리 조건'은 마치 퍼즐의 모서리 조각처럼 전체 퍼즐을 맞추는 시작점이 된다.

2021년 5급 언어논리 13번

문 13. 다음 글의 내용이 참일 때, 반드시 참인 것만을 <보기>에서 모두 고르면?

　도청에서는 올해 새로 온 수습사무관 7명 중 신청자를 대상으로 요가 교실을 운영할 계획이다. 규정상 신청자가 3명 이상일 때에만 요가 교실을 운영한다. 새로 온 수습사무관 A, B, C, D, E, F, G와 관련해 다음과 같은 사실이 알려져 있다.

○ F는 신청한다.

○ C가 신청하면 G가 신청한다.

○ D가 신청하면 F는 신청하지 않는다.

○ A나 C가 신청하면 E는 신청하지 않는다.

○ G나 B가 신청하면 A나 D 중 적어도 한 명이 신청한다.

―――――――――――〈보기〉―――――――――――

ㄱ. 요가 교실 신청자는 최대 5명이다.

ㄴ. G와 B 중 적어도 한 명이 신청하는 경우에만 요가 교실이 운영된다.

ㄷ. A가 신청하지 않으면 F를 제외한 어떤 수습사무관도 신청하지 않는다.

① ㄱ   ③ ㄱ, ㄴ
② ㄷ   ④ ㄴ, ㄷ
⑤ ㄱ, ㄴ, ㄷ

13번 문제에서는 첫 번째, 세 번째 조건이 실마리 조건이다. 두 조건 덕분에 D와 F의 경우가 확정된다.

2022년 5급 언어논리 30번

문 30. 다음 글의 내용이 참일 때 반드시 거짓인 것은?

갑, 을, 병 세 사람이 A, B, C, D, E, F, G, H의 총 8권의 고서를 나누어 소장하고 있다. 이와 관련해 다음과 같은 사실이 알려져 있다.

○ 갑이 가장 많은 고서를 소장하고 있으며, 그다음은 을이며, 병은 가장 적은 수의 고서를 소장하고 있다.

○ A, B, C, D, E는 서양서이며, F, G, H는 동양서이다.

○ B를 소장한 이는 D도 소장하고 있으나 C는 소장하고 있지 않다.

○ E를 소장한 이는 F도 소장하고 있으나 그 외 다른 동양서를 소장하고 있지는 않다.

○ G를 소장한 이는 서양서를 소장하고 있지 않다.

○ H는 갑이 소장하고 있다.

① 갑은 A와 D를 소장하고 있다.
② 을은 3권의 책을 소장하고 있다.
③ 병은 G를 소장하고 있다.
④ C를 소장한 이는 E도 소장하고 있다.
⑤ D를 소장한 이는 F도 소장하고 있다.

한 문제 더 살펴보자. 이 문제에서는 마지막 조건 'H는 갑이 소장하고 있다'가 실마리 조건이다. 실마리 조건을 바탕으로 아래와 같이 문제를 풀 수 있다.

풀이

1. 실마리 조건(H는 갑이 소장하고 있다)과 네 번째 조건(E를 소장한 이는 F도 소장하고 있으나 그 외 다른 동양서를 소장하고 있지는 않다), 다섯 번째 조건(G를 소장한 이는 서양서를 소장하고 있지 않다)을 엮어 F, G, H는 각기 다른 사람이 소장하고 있음을 알 수 있으며 을 또는 병이 E와 F를 소장하고 있음을 알고 있다.

2. 두 번째 조건(A, B, C, D, E는 서양서이며, F, G, H는 동양서이다)과 첫 번째 조건을 근거(갑이 가장 많은 고서를 소장하고 있으며…(중략)…병이 가장 적은 수의 고서를 소장하고 있다)로 G를 소장한 사람이 '병'임을 특정한다.

3. 세 번째 조건(B를 소장한 이는 D도 소장하고 있으나 C는 소장하고 있지 않다)과 다섯 번째 조건(G를 소장한 이는 서양서를 소장하고 있지 않다)에 따라 C는 을이 소장하고 있음을 알 수 있다.

→ 이 상황을 정리하면 다음과 같다.
갑 : B, D, H+α 소장
을 : C, E, F+α 소장
병 : G 소장

4. 이때 첫 번째 조건에 따라 갑이 가장 많은 고서를 소장하고 있어야 하므로, 고서 A는 갑이 소장하고 있음을 유추할 수 있다.

제반 상황을 토대로 반드시 거짓인 경우를 찾으면 답은 ⑤번이다.

표를 그려 경우 따지기

논리 문제의 상당수는 반례를 찾거나, 유일하게 가능한 경우를 찾는 게 목적이다. 이 중 경우를 따져야 할 때는 표로 상황을 정리하면 도움이 된다. 상황판단의 퀴즈 문제를 푸는 과정과 매우 흡사해서 논리퀴즈라고 부르기도 하는데, 상황판단과 다른 점은 '숫자' 대신 '명제'로 경우를 특정한다는 점이다. 다시 몇 가지 예시를 보자. 먼저 앞에서 보았던 언어논리 13번 예시는 다음과 같이 반례를 찾아 답을 구한다.

논리 문제 중에는 '~라면', '~했다면'이라며 가정하는 선지가 종종 나온다. (상황판단 퀴즈 중에도 있다) 이런 문제를 나는 '라면문제'라고 불렀다. 같은 논리명제 문제 중에서도 라면문제는 푸는 시간이 조금 더 걸리는 편이라 주의를 기울였다.

2021년 5급 언어논리 34번

문 34. 다음 글의 내용이 참일 때, 반드시 참인 것만을 〈보기〉에서 모두 고르면?

> A 아파트에는 이번 인구총조사 대상자들이 거주한다. A 아파트 관리소장은 거주민 수지, 우진, 미영, 양미, 가은이 그 대상이 되었는지 궁금했다. 수지에게 수지를 포함한 다른 친구들의 상황을 물어보았는데 수지는 다음과 같이 답변하였다.
> ○ 나와 양미 그리고 가은 중 적어도 한 명은 대상이다.
> ○ 나와 양미가 모두 대상인 것은 아니다.
> ○ 미영이 대상이 아니거나 내가 대상이다.
> ○ 우진이 대상인 경우에만 양미 또한 대상이다.
> ○ 가은이 대상이면, 미영도 대상이다.

―――――〈보기〉―――――

ㄱ. 수지가 대상이 아니라면, 우진은 대상이다.
ㄴ. 가은이 대상이면, 수지와 우진 그리고 미영이 대상이다.
ㄷ. 양미가 대상인 경우, 5명 중 2명만이 대상이다.

① ㄱ
② ㄴ
③ ㄱ, ㄷ
④ ㄴ, ㄷ
⑤ ㄱ, ㄴ, ㄷ

2021년 34번 문제는 〈보기〉(ㄱ~ㄷ)에서 각기 다른 상황을 제시하고 있는 라면문제다. 풀이법은 크게 다르지 않다. 각 상황에 대한 반례를 찾아 해결한다.

풀이
(ㄱ) → 수지가 대상이 아닌 경우(X)로 설정하고 나머지 경우를 판단하여 반례를 찾는다.
(ㄴ) → 가은이 대상인 경우(O)로 설정하고 나머지 경우를 판단하여 반례를 찾는다.
(ㄷ) → 양미가 대상인 경우(O)로 설정하고 나머지 경우를 판단하여 반례를 찾는다.

한 문제 더 살펴보자.

2022년 5급 언어논리 31번

문 31. 다음 글의 내용이 참일 때 반드시 참인 것은?

　　프랜차이즈 회사 갑은 올해 우수매장을 선정했는데 선정 과정에 본사 경영진이 개입했다는 주장이 있지만 이는 아직 불분명하다. 본사 경영진이 우수매장 선정에 개입했다면, A 매장이 선정되었을 것이다. 한편 B 매장이 선정되었다면, 우수매장 선정에 본사 경영진이 개입했다는 주장이 거짓임이 밝혀진 셈이다. 최종 선정된 우수매장 후보는 A와 B 매장 둘뿐이며 이 중 한 군데만이 선정될 상황이었다. 만약 A 매장이 우수매장으로 선정되었다면, 갑의 매장 대부분이 본사 직영점이라는 주장이 거짓이 밝혀졌을 것이다. 또한, B 매장이 우수매장으로 선정되었다면, 갑의 매장은 모두 방역 클린 매장이라는 주장과 모두 친환경 매장이라는 주장이 둘 다 거짓인 것은 아니다. 10년째 영업 중인 갑의 B 매장은 방역 클린 매장이지만 친환경 매장은 아니다.

① 갑의 올해 우수매장 선정에 본사 경영진의 개입이 없었다면, A 매장이 선정되었을 것이다.
② 갑의 매장 대부분이 본사 직영점이라면, 갑의 매장은 모두 방역 클린 매장이다.
③ 갑의 매장 중에는 본사 직영점도 아니고 친환경 매장도 아닌 곳이 있다.
④ 우수매장으로 선정된 곳은 방역 클린 매장이자 친환경 매장이다.
⑤ 갑의 매장 중 방역 클린 매장이 아닌 곳도 있다.

　　이 문제는 선지 ①, ②번에서 독립된 상황을 가정하고 있어 모든 선지를 판단해야 한다. 라면문제를 굳이 언급한 이유는, 시간이 오래 걸릴 수 있다는 각오를 하고 푸는 것과 아무 생각 없이 푸는 것은 다르기 때문이다. 앞서 Chapter. Ⅲ의 6장에서 '반만 푸는 전략'을 언급한 바 있다. 긴장하고 접근해야 아니다 싶을 때도 빠르게 빠져나올 수 있고 전략도 수정할 수 있다.

라면문제처럼 외양만으로 고난도임을 유추할 수 있는 문제가 있다. 아래 문제를 보자.

2024년 5급 언어논리 34번

34. 다음 글의 내용이 참이라고 할 때, 반드시 참인 것만을 <보기>에서 모두 고르면?

A지역 국립병원에서는 내과, 외과, 산부인과에 의사를 채용한다는 공고를 냈다. 채용 공고를 보고 가은, 나은은 내과에, 다연, 라연은 외과에, 마영, 바영은 산부인과에 지원하였다. 이후 과거 해당 병원에 인턴 경험이 있는 가은은 내과에 합격하였다. 한편 이 사실을 아직 모르는 직원들인 갑, 을, 병, 정은 다음과 같이 지원자들의 합격 여부를 예측하였다.

갑: 나은이 합격하지 않았거나 바영이 합격하지 않았다면, 가은 또한 합격하지 않았다.
을: 다연과 마영이 모두 합격하였다.
병: 나은과 바영이 모두 합격하였다면, 다연은 합격하지 않았다.
정: 라연이 합격하거나 마영이 합격하였다.

추후 나머지 지원자들의 합격 여부를 확인한 결과 이들 예측 중 세 명의 예측은 옳고 나머지 한 명의 예측은 그른 것으로 드러났다.

―――――――――――― <보기> ――――――――――――

ㄱ. 나은과 다연 중 적어도 한 명은 합격한다.
ㄴ. 내과, 외과, 산부인과 각각에 적어도 한 명씩은 합격한다.
ㄷ. 최소 세 명, 최대 여섯 명이 합격할 수 있다.

① ㄴ
② ㄷ
③ ㄱ, ㄴ
④ ㄱ, ㄷ
⑤ ㄱ, ㄴ, ㄷ

통상의 논리 문제는 '다음 글의 내용이 참일 때 반드시 참인 것은?' 과 같이 문두를 구성하는데, 간혹 위 문제와 같이 주어진 조건 중 일부는 거짓(위 문제에서는 네 명 중 한 명의 말이 거짓)인 문제가 있다. 이런 문제는 임의로 하나의 조건을 거짓으고 전제해야 하는데, 당연히 누가 거짓말을 했는지 알 수 없으므로 다른 문제에 비해 풀이 시간이 오래 걸릴 수밖에 없다. 역시 별다른 공식이 필요한 건 아니다. 푸는 순서를 마지막으로 미뤄 남는 시간에 승부를 보자.

이처럼 논리 문제는 공식을 사용하지 않아도 풀 수 있다. 물론 시간적 여유가 있다면 논리학 공식도 찾아 익혀 볼 수 있겠으나, 출제 비중이 높지 않으므로 복잡한 공식을 체화하느라 목숨 걸 필요는 없다. 그 시간에 다른 훈련을 하는 편이 더 낫다. 실마리 조건을 찾고 표만 그릴 줄 알아도 대부분 해결할 수 있다.

1. 독해훈련

> 요약훈련은 한 문단을 한 문장으로 줄이는 것이 핵심이다. 아래 기출 지문을 직접 요약해 보자. 핵심 문장에 밑줄, 키워드에 동그라미를 표시하고, 취향에 따라 역접에 세모를 붙여도 좋다. 최신 기출지문을 직접 요약해보자.
>
> * LEET 언어이해 기출지문은 저작권 문제로 넣지 못했으나 독해 훈련용으로 매우 유용하다. 잘 활용하자.

예제1) 2024년 5급 언어논리 11번

우주에 떠돌던 물질이 지구에 떨어져 어떤 물체가 만들어졌는데, 그것이 광화문 앞에 있는 이순신 장군상과 구별 불가능하다고 하자. 이 경우 우리는 새로운 것이 창조되었다고 생각하지 않는다. 이와 달리, 우리는 실제 이순신 장군상을 창조된 것이라고 생각한다. 이는 이순신 장군상을 만든 제작자가 있었기 때문이다.

문단1 요약	

이제 기이한 형태를 가진 콘크리트 덩어리를 상상해 보자. 이것과 관련하여 두 가지 생각을 할 수 있다. 첫 번째는 이것의 제작자가 의도를 갖고 만든 경우이다. 두 번째는 제작자가 아무런 의도 없이 우연히 첫 번째와 구별이 불가능한 것을 만든 경우이다. 첫 번째 경우에서 제작자는 새로운 것을 창조했지만, 두 번째 경우는 그렇지 않다. 왜냐하면 지구에 떨어져 우연히 만들어진 물체가 창조된 것이 아닌 것처럼, 무엇인가 창조하기 위해서는 그러한 것을 만들고자 하는 제작자의 의도가 있어야 하기 때문이다. 즉 새로운 것을 만들고자 하는 제작자의 창조 의도가 필요하다.

문단2 요약	

창조 의도만 있다고 해서 무엇인가가 창조되는 것은 아니다. 가령, 어떤 사람이 나뭇가지를 재료로 독창적인 와인 거치대를 만들 의도를 가졌다고 하자. 그런데 이 사람은 나뭇가지의 위치만 바꾸어 와인병 하나를 얹어 놓았다. 우리는 이 사람이 새로운 와인 거치대를 만들고 싶은 창조 의도가 있었음을 인정하지만, 새로운 것을 창조했다고 생각하지 않는다. 이 사람은 나뭇가지를 전혀 변형시키지 않았기 때문이다. 마찬가지로 누군가가 창조 의도를 가지고 변기를 예술 작품이라고 전시한다면, 그 변기가 예술 작품일 수는 있어도 창조된 것은 아니다.

문단3 요약	
전체 요약	

예제2) 2024년 5급 언어논리 22번

조선시대에는 부동산을 거래할 때 매도자와 매수자가 만나 함께 매매문기를 작성하는 것이 상례였다. 매매문기에는 부동산을 매도하려는 자가 매수하려는 자에게 그 소유권을 넘기겠다는 글귀와 함께 혹시라도 분쟁이 생기면 매수자가 매매문기를 증거로 소송을 제기해 구제받는 데 동의한다는 내용이 들어갔다. 당시 사람들은 매도자가 매매문기에 서명해 매수자에게 넘기면 부동산 거래가 완료되는 것으로 여겼다. 그런데 당사자가 아닌 엉뚱한 사람이 매매문기를 위조해 소유권을 주장할 수도 있었다. 조선 왕조는 이를 감안해 부동산 매수자가 원하는 경우 '입안'을 신청해 받을 수 있게 하는 제도를 도입했다.

문단1 요약	

『경국대전』에는 입안 발급 절차가 적혀 있다. 이에 따르면 입안을 받기 원하는 자는 매매가 완료된 날로부터 100일 이내에 일종의 신청서인 '소지'를 지방 관아에 내야 한다. 소지가 들어오면 지방관은 증인을 불러 해당 거래의 사실 여부를 따져 묻고, 관련 증거를 일목요연하게 정리한 '초사'라는 문서를 작성해야 한다. 또 신청자가 소유권을 획득한 것이 맞다고 판단되면 이를 공증한다는 내용의 '처분'을 적어 내주어야 한다. 이 처분과 소지, 초사를 묶은 문서 다발을 입안이라고 불렀다. 그런데 지방관은 입안 발급 사실을 따로 기록해 보관하지 않았다. 그러다 보니 입안을 받은 자가 화재, 도난 등으로 그 입안을 잃어버렸을 때는 곤란해질 수 있었다.

문단2 요약	

입안을 분실한 자는 분실 경위를 지방관에 아뢰고 '입지'를 받아 입안을 대신할 수 있었다. 입지란 부동산 취득 경위를 간략하게 적은 내용이 포함된 소지에 지방관이 "이 사실을 인정함."이라고 적어 넣고 서명한 것으로서, 초사 등이 첨부되지 않았다. 입지는 입안을 분실한 자에게 임시방편으로 내주는 것이었지만 임진왜란 이후에는 입안을 잃은 사람이 많아 입지 발급 건수가 폭증하게 되었고, 그 영향으로 어느덧 입지가 입안을 대신하게 되었다. 부동산을 매수한 후 소지를 내더라도 지방관이 입안이 아니라 입지를 내주는 일이 상례가 된 것이다. 입지를 내줄 때는 증인을 불러 사실 여부를 캐묻는 일이 없고, 지방관이 그저 소지 제출자의 주장만 들은 뒤 혼자 발급 여부를 결정해 내주게 되어 있었다. 그러다 보니 부동산을 매수했다고 거짓 주장을 하여 입지를 얻어내는 자가 날로 늘었고, 지방관이 제대로 확인하지 않은 채 같은 부동산에 여러 건의 입지를 내주는 일도 벌어졌다. 그 결과 임진왜란 후에는 부동산을 둘러싼 분쟁이 크게 늘었다.

문단3 요약	
전체 요약	

예제3) 2024년 5급 언어논리 19~20번

　일반적으로 윤리학자들은 도덕적 책임이 있는 존재, 즉 도덕적 행위자가 되기 위한 두 가지 조건을 제시한다. 하나는 통제 조건이다. 어떤 행위자가 통제 조건을 충족한다는 것은 그가 자신의 행위를 선택할 수 있고 상황에 따라 자신의 행위를 조절 및 통제할 수 있는 능력을 갖추고 있다는 것이다. 일반적으로 우리는 도덕적 판단이 요구되는 행위에 대해서 그 행위를 누가 결정하고 수행했는지에 따라 책임을 부과한다. 통제 조건을 충족하지 못한 행위자는 도덕적 책임을 질 수 있는 도덕적 행위자라고 부를 수 없다. AI 기술이 적용된 완전 자율 주행 자동차는 주변 상황을 스스로 인식하여 출발할지 정지해 있을지를 결정하고, 주변 환경에 맞춰 진행 방향과 속도를 조절할 수 있다. 이러한 측면에서 본다면 AI는 통제 조건을 충족했다고 볼 수 있다.

문단1 요약	

　하지만 통제 조건을 갖추었다고 해서 모두 도덕적 행위자가 되는 것은 아니다. 도덕적 행위자가 되기 위한 다른 조건은 인식 조건이다. 어떤 행위자가 인식 조건을 충족한다는 것은 그가 자신의 행동이 무엇인지, 그로 인해 어떤 결과가 나타날지 반성 및 숙고를 통해 판단할 수 있는 능력을 갖추고 있다는 것이다. 이런 능력이 없다면 도덕적 판단도 할 수 없다. 행위자가 이런 능력을 갖추었는지 여부는 그가 응답 책임을 다할 수 있는지 여부에 의해서 파악할 수 있다. 여기서 응답 책임이란 본인이 내린 결정이나 한 일의 결과에 대한 질문에 답하고 설명하는 의무를 말한다. 누군가 응답 책임을 다할 수 있다면 인식 조건을 충족한다고 간주된다. 우리가 석연치 않은 판결에 대해서 판사의 설명을 기대하고, 범죄자에게 범죄 행위 이유를 묻는 것이 바로 응답 책임을 요구하는 것이다.

문단2 요약	

　일반적으로 인간은 자신의 행위를 통제하고, 그 행위로 인해 어떤 결과가 발생할지 반성과 숙고를 통해 판단할 수 있는 능력이 있다고, 즉 통제 조건과 인식 조건을 충족한다고 인정된다. 하지만 모든 인간이 그런 것은 아니다. 통제 조건과 인식 조건 어느 것도 충족하지 못한 것으로 간주되는 어린아이의 경우, 이들의 행위에 대한 책임은 보호자와 피보호자의 관계에 의존하여 보호자에게 귀속된다. AI는 반성 및 숙고를 통해 자신의 행동 결과가 어떻게 나타날지 판단할 수 있는 능력을 결여하고 있다. 통제 조건을 충족하더라도 인식 조건은 갖추지 못한 것이다. 게다가 AI는 누군가의 피보호자로 보기도 어렵다. 그렇다면 AI의 행위로부터 발생하는 결과에 대한 도덕적 책임은 누구에게 귀속되어야 할까?

문단3 요약	

　우리 사회의 조직 체계로부터 이에 대한 답변을 얻을 수 있다. 어떤 조직이 특정 과제를 수행할 때 최종적 책임은 전체 프로젝트를 총괄하는 관리자에게 있고, 업무 대부분은 나머지 구성원들에게 위임된다. 왜냐하면 총괄 관리자만이 전체 프로젝트에 필요한 업무와 그 수행 방식을 선택·통제할 수 있는 능력, 그리고 관련된 결정이나 결과에 대해 답하고 설명할 능력을 온전히 갖추었기 때문이다. 이렇게 통제 조건과 인식 조건을 온전히 충족하고 있는 총괄 관리자는 프로젝트에 대한 최종적 책임을 지게 된다. 비슷한 방식으로 우리는 인간이 총괄 관리자의 역할을 수행하고, AI는 위임된 업무를 처리하는 조직의 구성원이라고 간주할 수 있다. 우리는 이러한 위임 관계에 의존하여 관리자인 인간에게 책임을 귀속시킬 수 있다. 따라서, AI의 행위로부터 발생한 결과에 대한 도덕적 책임은 그 일을 위임한 인간에게 있다.

문단4 요약	
전체 요약	

예제4) 2023년 5급 언어논리 4번

　서유럽에서 중세와 르네상스기에 가장 중요한 어휘적 원천이었던 언어는 라틴어이다. 그 당시에 라틴어는 더 이상 어느 나라에서도 모어로 사용하지 않았지만, 과거 영화로웠던 로마 문명의 후광 속에서 로마가톨릭교회의 행정 및 예배의 언어로서 위신을 전혀 잃지 않고 있었다. 어휘에서도 라틴어의 영향은 여전히 강력했다. 라틴어에서 발달한 로맨스어의 일종인 프랑스어는 이미 라틴어에서 온 어휘를 사용하고 있었는데, 학술적 어휘에서는 당시 사용하던 것보다 더 고형의 라틴어를 다시 차용하기도 하였다.

문단1 요약	

　막강한 제국이었던 로마의 언어가 차용되는 것을 보고, 어휘차용을 일으킨 원인이 꼭 정치적 힘 때문이라고 생각해서는 안 된다. 예를 들어 로마인들은 그리스를 군사적으로 몇 세기 동안 지배하다가 결국에는 합병했는데도 그리스의 문학, 음악, 미술에 계속 압도당해 이 분야의 많은 용어를 그리스어에서 차용하였다. 더 극적인 사례는 바이킹의 경우이다. 현재의 노르망디 지방을 911년에 무력으로 차지한 이 용맹한 전사들은 새 정착지에 매료되어 새로운 분야의 어휘 중 일부만 차용한 것이 아니라 언어 전체를 차용하고 말았다. 그래서 그로부터 155년 후에 그들의 후손이 잉글랜드 연안을 공격할 때에는 고대 노스어가 아닌 고대 프랑스어로 군가를 불렀다.

문단2 요약	

　언어와 문화가 존중받아 어휘의 차용이 일어나기도 하지만 다른 경우도 있다. 새로운 개념이 등장했으나 해당 언어에서 이를 일컫는 어휘가 없을 경우, 즉 '어휘빈칸'이 생겼을 때 이를 보충하는 편리한 수단으로 차용이 일어나기도 한다. 이 경우에 차용되는 어휘는 해당 개념의 발명자의 언어에서가 아니라 그 개념을 소개한 집단의 언어에서 차용될 때가 많다. 예를 들어 기독교 교회의 신학과 예배 의식 관련 개념들은 애초에 아람어, 히브리어, 그리스어 사용자들이 발명한 것이다. 그런데 서유럽에 이 개념들을 소개하고 전파한 자들은 라틴어 사용자였으며, 기독교 교회와 관련된 아주 많은 서유럽어들의 어휘들이 라틴어에 기원을 두게 되었다.

문단3 요약	
전체 요약	

2. 도식화 훈련

요약훈련을 했다면 이번에는 도식화 훈련을 해보자. 언어논리 문제 중에는, 지문의 내용을 관계도로 도식화해야 쉽게 풀리는 문제가 있다. 언어논리 과목에서는 독해를 잘하는 것이 첫째지만, 키워드 간의 복잡한 관계를 일목요연하게 정리하는 능력도 못지않게 중요하다. 아래 예제를 도식화를 통해 관계를 정리하며 풀어보자.

예제5) 2023년 5급 언어논리 9번

9. 다음 글의 (가)~(라)에 들어갈 말을 적절하게 나열한 것은?

영화는 이미지와 사운드를 결합하여 의미와 감동을 만들어 낸다. 이미지와 사운드의 결합은 대개 다음과 같이 구분된다. 먼저, 사운드가 발생한 원천을 화면을 통해 확인할 수 있는 것을 '인(in) 음향'이라고 한다. 예를 들어, 화면에 배우가 보이면서 그의 대사가 동시에 들리거나 등장인물이 문을 여는 장면이 보이면서 그 문에서 발생한 소리가 동시에 들리는 것이다. 이때의 사운드는 화면에 보이는 피사체로부터 직접 발생하는 것이다.

두 번째는 사운드가 발생한 원천이 화면에 보이지 않는 경우이다. A와 B 두 명의 배우가 대화 중인데, 화면에는 A의 말을 듣고 있는 B만 보인다거나, 어떤 장면의 배경음악으로 기성의 음악이 깔리는 것을 예로 들 수 있다. 이 두 사례는 사운드가 발생한 원천이 화면에 보이지 않는다는 점에서는 동일하지만 그 원천까지 동일하지는 않다. 후자는 사운드의 원천이 화면에서 전개되는 시공간에 속하지 않는 경우로, 이를 '오프(off) 음향'이라고 한다. 전자는 사운드의 원천이 직접적으로 화면에 보이지는 않지만, 화면에 보이는 장면과 동일한 공간에 있다는 것을 앞뒤 맥락을 통해 알 수 있는 경우로, 이를 '화면 밖 음향'이라 한다. 다시 말해, ⎡(가)⎤ 은 보이지 않는 사운드의 원천이 화면 속의 현실 공간 안에 동시에 존재한다고 추정할 수 있는 것이고, ⎡(나)⎤ 은 배경음악이나 내레이션과 같이 화면에 보이는 장면과는 다른 시공간의 원천으로부터 나온 것이라고 할 수 있다.

세 종류의 음향을 적절히 활용함으로써 연출자는 자신이 재현하고자 하는 극적 효과를 달성할 수 있다. 화면 속의 어린 아이가 피아노를 연주하고 있고 그 아이가 연주하는 어설픈 피아노 소리가 흘러나오다가 장면이 전환된다. 전환된 장면에는 어른이 된 주인공이 팔짱을 낀 채 말없이 피아노를 바라보고 있고, 유명한 피아니스트의 연주곡이 배경음악으로 깔린다. 여기서 음향은 ⎡(다)⎤ 에서 ⎡(라)⎤ 으로 바뀐 것인데, 이를 통해 연출자는 피아노와 관련된 주인공의 복잡한 내면을 효과적으로 그려낼 수 있다.

	(가)	(나)	(다)	(라)
①	오프 음향	화면 밖 음향	인 음향	오프 음향
②	오프 음향	화면 밖 음향	오프 음향	화면 밖 음향
③	화면 밖 음향	오프 음향	인 음향	화면 밖 음향
④	화면 밖 음향	오프 음향	인 음향	오프 음향
⑤	화면 밖 음향	오프 음향	오프 음향	인 음향

예제6) 2023년 5급 언어논리 26번

26. 다음 글에서 알 수 있는 것은?

　나이가 들면 시간이 흘러가는 것이 젊었을 때와 다르게 느껴진다. 나이가 든 사람과 젊은 사람은 물리적 시간의 경과를 다르게 느낀다고 하는데 그 이유는 무엇일까?

　연구자 A는 이 질문과 관련하여 새로운 설명을 제시하였다. A는 시간을 두 종류로 구분하였다. 하나는 객관적으로 측정할 수 있는 물리적 시간인 '시계 시간'이고 다른 하나는 마음으로 그 경과를 지각하는 '마음 시간'이다. 마음 시간은 뇌 속에서 일어나는 이미지 전환에 의해 지각된다. 이 이미지들은 감각기관의 자극을 통해 만들어지고 뇌 속에서 처리되어 저장된다. 그런데 나이가 들어 신경망의 크기와 복잡성이 커지면 신호를 전달하는 경로가 더 길어질 뿐 아니라 신호전달 경로도 활력이 떨어져 신호의 흐름이 둔해지게 된다. 결과적으로 신체가 노화하면 뇌가 이미지를 습득하고 처리하는 속도가 느려져 마음 시간도 느려진다. 따라서 똑같은 물리적 시간에 나이든 사람이 처리하는 이미지 수는 젊은 사람보다 적게 된다. 가령, 젊어서 1시간 동안 N개의 이미지를 처리하고 저장하는 사람은 N개의 이미지의 연쇄에 의해 저장된 사건들이 1시간 동안 일어난 것으로 인지하게 된다. 그런데 나이가 들어서 1시간 동안 N/2개의 이미지만을 처리할 수 있게 되면, 2시간 동안 벌어진 사건들을 N개의 이미지로 저장하게 되어, 이 N개의 이미지의 연쇄를 1시간의 경과로 인식하게 된다. 다시 말해서, 인간의 마음은 자신이 인지한 이미지가 바뀌는 것을 단위로 삼아 시간의 경과를 인식한다.

①　나이가 들면 젊었을 때보다 마음 시간이 더 빨리 간다.

②　시계 시간은 나이가 들어감에 따라 흐르는 속도가 빨라진다.

③　마음 시간과 시계 시간의 빠르기는 신체 노화에 따라 변한다.

④　뇌에서 이미지 처리 속도가 느려지면 시계 시간이 더 빠르게 흐르는 것으로 느끼게 된다.

⑤　신경망의 크기와 복잡성이 클수록 같은 시계 시간 동안 처리할 수 있는 이미지의 수는 많아진다.

3. 논리퀴즈 훈련

논리퀴즈 문제는 상황판단 퀴즈와 매우 유사하다. 문제에 주어지는 여러 조건 중에서 가장 먼저 적용할 수 있는 '실마리 조건'을 찾는 게 중요하다. 실마리 조건으로부터 하나씩 퀴즈를 풀다 보면 생각보다 쉽게 문제를 해결할 수 있다. 직접 실마리 조건을 찾아서 체크해 보자. 아래 문제들의 실마리 조건은 무엇일까? 어떤 조건부터 적용해야 수월하게 풀까?

예제7) 2023년 5급 언어논리 16번

16. 다음 글의 내용이 참일 때 반드시 참인 것은?

영어 회화가 가능한 갑순과 을돌, 중국어 회화가 가능한 병수와 정희를 다음 〈배치 원칙〉에 따라 총무부, 인사부, 영업부, 자재부에 각 한 명씩 모두 배치하기로 하였다. 네 명 중 병수를 제외한 나머지는 신입사원이고, 갑순만 공인노무사 자격증을 갖고 있다.

〈배치 원칙〉

○ 총무부와 인사부 중 한 곳에는 공인노무사 자격증을 갖고 있는 사원을 배치한다.
○ 영업부와 자재부 중 한 곳에만 중국어 회화 가능자를 배치한다.
○ 정희를 인사부에도 자재부에도 배치하지 않는다면, 영업부에 배치한다.
○ 영업부와 자재부 중 한 곳에만 신입사원을 배치한다.

이 원칙에 따라 부서를 배치한 결과 일부 사원의 부서만 결정되었다. 이에 다음의 원칙을 추가하였다.

〈추가 원칙〉

○ 인사부와 영업부에 같은 외국어 회화를 할 수 있는 사원들을 배치한다.
그 결과 〈배치 원칙〉을 어기지 않으면서 위 네 명의 배치를 다 결정할 수 있었다.

① 〈배치 원칙〉만으로 배치된 갑순의 부서는 영업부이다.
② 〈배치 원칙〉만으로 배치된 을돌의 부서는 자재부이다.
③ 〈배치 원칙〉과 〈추가 원칙〉에 따라 최종적으로 배치된 병수의 부서는 자재부이다.
④ 〈배치 원칙〉과 〈추가 원칙〉에 따라 최종적으로 배치된 정희의 부서는 인사부이다.
⑤ 〈배치 원칙〉과 〈추가 원칙〉에 따라 최종적으로 배치된 갑순의 부서도 을돌의 부서도 총무부가 아니다.

예제8) 2022년 5급 언어논리 30번

문 30. 다음 글의 내용이 참일 때 반드시 거짓인 것은?

갑, 을, 병 세 사람이 A, B, C, D, E, F, G, H의 총 8권의 고서를 나누어 소장하고 있다. 이와 관련해 다음과 같은 사실이 알려져 있다.
○갑이 가장 많은 고서를 소장하고 있으며, 그 다음은 을이며, 병은 가장 적은 수의 고서를 소장하고 있다.
○A, B, C, D, E는 서양서이며, F, G, H는 동양서이다.
○B를 소장한 이는 D도 소장하고 있으나 C는 소장하고 있지 않다.
○E를 소장한 이는 F도 소장하고 있으나 그 외 다른 동양서를 소장하고 있지는 않다.
○G를 소장한 이는 서양서를 소장하고 있지 않다.
○H는 갑이 소장하고 있다.

① 갑은 A와 D를 소장하고 있다.
② 을은 3권의 책을 소장하고 있다.
③ 병은 G를 소장하고 있다.
④ C를 소장한 이는 E도 소장하고 있다.
⑤ D를 소장한 이는 F도 소장하고 있다.

예제9) 2021년 5급 언어논리 13번

문 13. 다음 글의 내용이 참일 때, 반드시 참인 것만을 〈보기〉에서 모두 고르면?

도청에서는 올해 새로 온 수습사무관 7명 중 신청자를 대상으로 요가 교실을 운영할 계획이다. 규정상 신청자가 3명 이상일 때에만 요가 교실을 운영한다. 새로 온 수습사무관 A, B, C, D, E, F, G와 관련해 다음과 같은 사실이 알려져 있다.
○F는 신청한다.
○C가 신청하면 G가 신청한다.
○D가 신청하면 F는 신청하지 않는다.
○A나 C가 신청하면 E는 신청하지 않는다.
○G나 B가 신청하면 A나 D 중 적어도 한 명이 신청한다.

〈 보 기 〉

ㄱ. 요가 교실 신청자는 최대 5명이다.
ㄴ. G와 B 중 적어도 한 명이 신청하는 경우에만 요가 교실이 운영된다.
ㄷ. A가 신청하지 않으면 F를 제외한 어떤 수습사무관도 신청하지 않는다.

① ㄱ
② ㄷ
③ ㄱ, ㄴ
④ ㄴ, ㄷ
⑤ ㄱ, ㄴ, ㄷ

예제10) 2021년 5급 언어논리 14번

문 14. 다음 글의 내용이 참일 때 반드시 참인 것은?

A, B, C, D는 출산을 위해 산부인과에 입원하였다. 그리고 이 네 명은 이번 주 월, 화, 수, 목요일에 각각 한 명의 아이를 낳았다. 이 아이들의 이름은 각각 갑, 을, 병, 정이다. 이 아이들과 그 어머니, 출생일에 관한 정보는 다음과 같다.

○ 정은 C의 아이다.
○ 정은 갑보다 나중에 태어났다.
○ 목요일에 태어난 아이는 을이거나 C의 아이다.
○ B의 아이는 을보다 하루 먼저 태어났다.
○ 월요일에 태어난 아이는 A의 아이다.

① 을, 병 중 적어도 한 아이는 수요일에 태어났다.
② 병은 을보다 하루 일찍 태어났다.
③ 정은 을보다 먼저 태어났다.
④ A는 갑의 어머니이다.
⑤ B의 아이는 화요일에 태어났다.

※ 정답은 책의 맨 뒤에 수록되어 있습니다.

과목별 훈련 전략
- 자료해석

1장　자료해석의 특징
- 거대한 야바위판

"공무원은 새 업무를 첫날 50%, 둘째 날 90%, 셋째 날 99% 숙지해야 합니다."

신입 주무관에게 건넨 과장의 당부에 과원들은 자조 섞인 웃음을 터뜨렸다. 무리한 이야기임을 알지만, 모두가 말뜻에 공감했기 때문이다. 중앙부처 공무원은 보직 변경이 잦고 한 명이 한 분야를 전담하는 특성상 업무 대행이 불가능해서 새 업무를 빠르게 숙지해야만 한다. (새 업무를 맡은 이튿날 민간 전문가들이 참석하는 회의를 주재해야 하는 경우도 있다)

짧은 시간 내에 담당 사업의 내용과 예산 규모, 히스토리를 파악해야 함은 물론, 각종 실태조사 결과와 법령 개정 현황을 숙지하고, 민원이 발생하는 분야와 당장 처리해야 하는 현안을 우선순위에 따라 정리해야 한다. 업무 파악을 잘하기 위해서는 새로운 데이터를 정확하게 이해하고 해석하는 능력이 매우 중요하다. 이 능력을 평가하는 과목이 바로 자료해석이다.

자료해석, 거대한 야바위판

자료해석은 점수가 가장 드라마틱하게 변하는 과목이다. 개인별 실력 차도 심하고 온갖 잡기가 난무한다. 수험생들을 학원 강의의 늪에 빠뜨리고 계산 연습에 몰두하게 만드는 장본인(?)이기도 하다. 각종 수치 자료와 계산(이 필요해 보이는) 문제가 등장하니 수리적 센스가 중요하다는 오해를 곧잘 산다. 그러나 학창 시절 수학 성적과의 상관관계는 뚜렷하지 않은 이상한 과목이다. 대체 정체가 뭘까?

자료해석은 일종의 야바위다

자료해석은 '복잡한 수치 자료(대체로 통계자료다)에 담긴 정보를 얼마나 정확히 해석하느냐'가 핵심이다. 결코 계산(필산) 능력을 요구하는 시험이 아니기에, 중요한 건 수리적 센스보다 집중력이다. 계산이 필요 없는 문제가 대다수고 간혹 필요한 계산도 사칙연산 수준을 벗어나지 않는다.

풀이법은 겨우 세 가지다

앞서 말한 바와 같이 PSAT의 문제 유형은 외양으로 나누는 게 아니다. 풀이법을 기준으로 단순하게 구분해야 실전에서 활용할 수 있다. 자료해석 문제를 풀이법에 따라 구분하면 다음 세 가지로 나뉜다.

1. 눈대중 문제
2. 어림산(또는 암산) 문제
3. 계산(필산) 문제

문제가 어떻게 생겼든 간에 풀이법은 셋 중 하나로 귀결된다. 첫째로 '눈대중 문제'는 두 눈만 멀쩡히 뜨고 있으면 풀 수 있는 일종의 '틀린 그림 찾기' 같은 문제다. 계산이 필요 없음은 물론이고 암산이나 어림산도 필요하지 않다. 보기나 선지에서 표에 제시된 정보를 바르게 기술하고 있는지, 혹은 표의 정보가 그래프로 잘 변환되었는지 비교하는 문제들이 대표적이다. 때론 보고서를 작성하기 위해 추가로 필요한 자료를 고르는 등 특이한 형태의 문제도 있는데, 결국 틀린 그림 찾기(= 시력 테스트)라는 점은 같다. 자료해석 문제의 40% 내외가 이에 해당한다.

둘째로 '어림산(또는 암산) 문제'란, 근사치만 도출하거나 암산만으로도 정답을 알 수 있는 문제를 의미한다. 얼핏 보면 계산 문제로 착각하기 쉬우며, 모의고사에서 가장 흉내 내기 어려워하는 유형이다. '자료해석'이라는 과목의 취지를 그대로 담고 있는 유형이니, 어림산 문제의 중요성은 아무리 강조해도 지나치지 않다. 출제 비중은 전체 30~40%에 해당한다.

마지막으로, '계산 문제'란 답을 도출하기 위해 반드시 필산(筆算, 손으로 계산)해야 하는 문제를 의미한다. 대체로 사칙연산만 가능하다면 풀 수 있는 수준이며, 때로 고난도 문제가 등장하기도 한다. 그러나 어려운 계산 문제는 버리면 그만이다. 고난도 계산 문제를 보고 계산 연습이 필요하다는 그릇된 판단을 내려서는 안 된다. 계산 문제는 전체의 20% 내외로, 세 가지 유형 중 가장 적게 출제된다.

기출 중에는 한 문제 안에 눈대중, 암산, 계산이 필요한 선지가 섞인 경우가 있는데, 계산이 필요한 선지를 건드리지 않고도 답을 찾을 수 있는 문제가 상당수다. 이때 계산이 필요한 선지부터 해결하려 들면 같은 문제를 괜히 어렵게 푸는 꼴이 된다. 계산 연습에 매몰된 수험생 상당수가 이러한 습관을 갖고 있다. 자료해석 고득점자로 거듭나기 위해서는 계산을 후순위로 미뤄 불필요한 계산을 최소화해야 한다.

자료해석 풀이법은 이처럼 세 가지로 구분할 수 있으며, 보다시피 계산 문제의 출제 비중은 생각보다 낮다. (버릴 문제까지 고려하면 비중은 더 낮아진다) 그러나 강의와 모의고사에 익숙해진 수험생들은 '계산 문제'의 비중을 부풀려 생각할 뿐만 아니라, 계산 실력만큼은 연습을 통해 확실히 개선할 수 있다고 믿고 어마어마한 시간을 투입한다.

그러나 계산 실력이 부족해서 점수가 낮은 게 아니다. 역설적이지만 계산을 불필요하게 많이 해서 점수가 낮은 것이다. 계산하지 않아도 답을 찾을 수 있는 문제에서 불필요한 계산을 하면 시간을 낭비하게 되고 이는 곧 점수 하락으로 이어진다. 이제 계산을 줄이는 훈련을 해야 한다. 눈대중, 어림산, 암산을 익히고, 계산은 최후의 수단으로 활용하는 습관을 들이자.

최근에는 계산 문제가 얼마나 출제되었는지 살펴보자.

2023~2024년 자료해석은 아래와 같이 출제되었다. 눈대중 문제는 줄고 어림산 문제의 수가 크게 늘어난 걸 보면, 수험생 입장에서는 2024년 시험을 상대적으로 까다롭다고 느꼈을 것으로 보인다. 2023년과 2024년의 고난도 문제(풀지 않고 버리거나, 마지막에 시간이 남았을 때 풀어야 하는 문제)는 동일하게 5개 출제되었다. 이를 제외하면 우리가 풀어야 하는 문제는 35문제이고 이 중 계산 문제는 5개(14.3%)에 불과하다. 즉 문제 중 85%는 계산 없이 풀 수 있다. 버릴 문제를 포함해도 계산 문제의 비중은 25%에 그친다.

2023~2024년 5급 공채 PSAT 자료해석 기출문제 분석

연도	문제유형	유형별 개수 (A)	고난도 문제 (B)	풀어야 할 문제 (A-B)	문제번호
2023	눈대중	17개	0개	17개 (48.6%)	1~6, 7, 9, 13, 14, 19, 29, 30, 33, 35, 37
	어림산/암산	13개	0개	13개 (37.1%)	8, 10, 11, 12, 15, 17, 20~25, 36
	계산	10개	5개	5개 (14.3%)	16, 26~28, 31, 32, 34, 38~40
2024	눈대중	8개	0개	8개 (22.8%)	1, 3, 4, 8, 11, 15, 22, 23
	어림산/암산	22개	0개	22개 (62.9%)	2, 5, 6, 7, 9, 10, 12, 13, 14, 17, 18, 20, 21, 24, 25, 26, 28, 30, 32, 33, 34, 39
	계산	10개	5개	5개 (14.3%)	16, 19, 27, 29, 31, 35, 36, 37, 38, 40

여태 '자료해석 = 계산'이라고 인식했다면 완전히 관점을 바꾸어야 한다. 이제 세 가지 풀이법에 따른 접근법을 살펴보자.

2장 눈대중 문제 푸는 법
- 틀린 그림 찾기의 고수가 되자

자료해석 풀이 알고리즘

자료해석 유형별로 어떤 특징을 갖는지, 어떻게 접근해야 하는지 살펴보자. 문제를 풀 때 머릿속에서 일어나는 사고 과정을 도식화하면 아래와 같다.

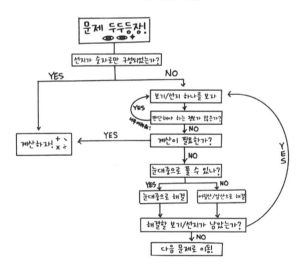

자료해석 풀이 알고리즘

자료해석 문제를 풀 때는 언어논리와 마찬가지로 문두를 읽은 후 곧바로 선지를 살펴야 한다. 자료해석 문제 대다수는 '~이상/이하(이)다', '~가 가장 크다/작다', '~보다 많다/적다' 등 경향성을 판단하는 선지로 구성되는데, 간혹 모든 선지가 숫자로만 구성되어 있거나 구체적인 값을 묻는 경우에는 계산 문제일 가능성이 크다.

2021년 5급 자료해석 17번

※ 다음 〈설명〉과 〈표〉는 2019년 12월 31일 기준 우리나라 행정구역 현황에 관한 자료이다. 다음 물음에 답하시오. [문 16·문 17.]

〈설명〉

○ 광역지방자치단체는 특별시, 광역시, 특별자치시, 도, 특별자치도로 구분된다.
○ 기초지방자치단체는 시, 군, 구로 구분된다.
○ 특별시는 구를, 광역시는 구와 군을, 도는 시와 군을 하위 행정구역으로 둔다. 단, 도의 하위 행정구역인 시에는 하위 행정구역으로 구를 둘 수 있으나, 이 구는 기초지방자치단체에 해당하지 않는다.
○ 특별자치도는 하위 행정구역으로 시를 둘 수 있으나, 이 시는 기초지방자치단체에 해당하지 않는다.
○ 시와 구는 읍, 면, 동을, 군은 읍, 면을 하위 행정구역으로 둔다.

〈표〉 2019년 12월 31일 기준 우리나라 행정구역 현황

(단위: 개, km2, 세대, 명)

행정구역	시	군	구	면적	세대수	공무원 수	인구	여성
서울특별시	0	0	25	605.24	4,327,605	34,881	9,729,107	4,985,048
부산광역시	0	1	15	770.02	1,497,908	11,591	3,413,841	1,738,424
대구광역시	0	1	7	883.49	1,031,251	7,266	2,438,031	1,232,745
인천광역시	0	2	8	1,063.26	1,238,641	9,031	2,957,026	1,474,777
광주광역시	0	0	5	501.14	616,485	4,912	1,456,468	735,726
대전광역시	0	0	5	539.63	635,343	4,174	1,474,870	738,263
울산광역시	0	1	4	1,062.04	468,659	3,602	1,148,019	558,307
세종특별자치시	0	0	0	464.95	135,408	2,164	340,575	170,730
경기도	28	3	17	10,192.52	5,468,920	45,657	13,239,666	6,579,671
강원도	7	11	0	16,875.28	719,524	14,144	1,541,502	766,116
충청북도	3	8	4	7,406.81	722,123	10,748	1,600,007	789,623
충청남도	8	7	2	8,245.55	959,255	14,344	2,123,709	1,041,771
전라북도	6	8	2	8,069.13	816,191	13,901	1,818,917	914,807
전라남도	5	17	0	12,345.20	872,628	17,874	1,868,745	931,071
경상북도	10	13	2	19,033.34	1,227,548	21,619	2,665,836	1,323,799
경상남도	8	10	5	10,540.39	1,450,822	20,548	3,362,553	1,670,521
제주특별자치도	2	0	0	1,850.23	293,155	2,854	670,969	333,644
계	77	82	101	100,448.22	22,481,466	239,310	51,849,861	25,985,045

문 17 .위 〈설명〉, 〈표〉와 다음 〈우리나라 행정구역 변천사〉를 이용하여 2012년 6월 30일 광역지방자치단체의 하위 행정구역인 시, 군, 구의 수를 바르게 나열한 것은?

〈우리나라 행정구역 변천사〉

○ 2012년 1월 1일 당진군이 당진시로 승격하였다.
○ 2012년 7월 1일 세종특별자치시가 출범하였다. 이로 인하여 충청남도 연기군이 폐지되어 세종특별자치시로 편입되었다.
○ 2013년 9월 23일 여주군이 여주시로 승격되었다.
○ 2014년 7월 1일 청원군은 청주시와의 통합으로 폐지되고, 청주시에 청원구, 서원구가 새로 설치되어 구가 4개가 되었다.
○ 2016년 7월 4일 부천시의 3개 구가 폐지되었다.

※ 2012년 1월 1일 이후 시, 군, 구의 설치, 승격, 폐지를 모두 포함함.

	시	군	구
①	74	86	100
②	74	88	100
③	76	85	102
④	76	86	102
⑤	78	83	100

위 문제는 계산 문제다. 그러나 자료해석 문제 대부분은 앞으 같은 구조가 아닌 눈대중, 어림산, 계산이 필요한 선지가 섞인 경우가 일반적이다. 문제의 생김새만으로는 계산이 필요한지 알기 어렵다.

생김새만 보고 접근법을 알 수 있는 문제는 극히 일부이기에 앞의 알고리즘처럼 사고하는 게 현실적이다. 간혹 문제 유형을 수십 가지로 구분하는 교재를 볼 수 있는데, 일견 체계적인 것처럼 보여도 실전에서는 쓸모가 없다. 문제 유형은 풀이에 도움이 되는 수준으로만 구분하면 충분하다. 자료해석 풀이법, 동시에 문제 유형은 오직 세 가지(눈대중 문제, 어림산/암산 문제, 계산 문제)뿐이다.

눈대중으로 푸는 문제가 있다?

'눈대중만으로 풀 수 있는 문제'란, 선지(①~⑤) 또는 보기(ㄱ~ㄹ) 중 전부(대다수)를 계산이나 어림산 없이 눈으로 확인하는 것만으로 해결이 가능한 문제를 의미한다. 눈대중 문제의 존재를 인지하는 건 매우 중요하다. 아는 만큼 보인다고, 계산이 유일한 해법이 아님을 깨닫는 것만으로도 자료해석을 바라보는 시각이 달라지기 때문이다. 맹목적 계산을 줄이기만 해도 시간을 대폭 절약할 수 있고 이는 성적 향상으로 이어진다. 이렇게 말해도 '누구보다 빠르게 난 남들과는 다르게'라는 생각으로 고집스러운 계산 싸움을 계속하는 수험생이 있음을 안다. 그래서 내 경험 하나를 전하고 시작하려 한다.

나도 무턱대고 계산하던 시절이 있다. 초시생 때였다. 남들보다 더 빠르게 필산하면 그만이라고 생각했다. 나의 필산 실력도, 성적도 그런대로 괜찮았다. 그러던 어느 날, 자료해석에는 계산 문제가 거의 없다는 피셋형 인간의 조언을 들었다. 처음에는 한 귀로 듣고 흘렸으나, 시간이 지날수록 계산이 필요하지 않은 문제들이 눈에 띄었다. 어느 날, 속는 셈 치고 조언에 따라 의도적으로 계산을 자제하며 문제를 풀어 보았다. 결과는 놀라웠다. 생각 이상으로 문제가 곧잘 풀렸다. 그간 쓸데없이 한 계산이 많았음을 깨달았다. 이후 '되도록 계산하지 않는' 전략으로 문제를 풀었고, 자료해석은 나의 전략 과목이 되었다. 나는 여러분도 나처럼 긍정적인 변화를 겪기를 바란다.

다시 본론으로 돌아와 눈대중 문제를 예시를 통해 살펴보자. 눈대중 문제에는 애초에 눈대중만으로 풀도록 설계된 문제(시력 테스트 수준의 문제)와 계산/어림산 보기가 섞여 있지만 요리조리 피해서 눈대중만으로 풀 수 있는 문제, 총 두 가지가 있다. 눈대중만으로 풀도록 설계된 문제부터 살펴보자.

4. 다음 〈표〉는 2014년과 2019년 A-E국의 3대 사망원인별 연령표준화 사망률에 관한 자료이고, 〈보고서〉는 '갑' 국의 연령표준화사망률을 분석한 자료이다. 이를 근거로 판단할 때, A-E 중 '갑'국에 해당하는 국가는?

〈표〉 2014년과 2019년 A-E국의 3대 사망원인별 연령표준화사망률

(단위: 명/10만 명)

국가	성별 사망원인	2014		2019	
		남자	여자	남자	여자
A	암	233.9	151.9	223.5	145.5
	순환기계	219.3	165.1	185.4	136.1
	호흡기계	73.0	48.8	66.3	47.3
B	암	278.5	201.8	255.6	186.0
	순환기계	233.9	153.7	217.0	140.0
	호흡기계	102.7	75.9	113.3	83.2
C	암	265.8	125.9	254.7	125.3
	순환기계	220.7	155.6	214.5	150.0
	호흡기계	102.9	46.1	107.8	52.3
D	암	279.1	133.9	278.5	133.5
	순환기계	272.5	194.8	254.3	178.0
	호흡기계	121.2	63.5	118.5	62.1
E	암	272.3	113.9	229.0	100.9
	순환기계	187.1	133.5	148.6	105.5
	호흡기계	113.7	48.4	125.3	54.3

〈보고서〉

'갑' 국의 3대 사망원인별 연령표준화사망률을 살펴보면, 남자는 2014년과 2019년 모두 암이 가장 높았고, 순환기계가 다음으로 높았다. 그에 반해, 여자는 2014년과 2019년 모두 순환기계가 가장 높았고, 암이 다음으로 높았다.

남자와 여자 모두, 2014년 대비 2019년 암과 순환기계의 연령표준화사망률은 낮아졌으나 호흡기계의 연령표준화사망률은 높아졌다. 2014년에는 호흡기계의 연령표준화사망률이 남자와 여자 모두 암의 연령표준화사망률의 절반에 미치지 못했으나, 2019년에는 절반을 넘었다.

① A
② B
③ C
④ D
⑤ E

위 문제 문두의 핵심은 '갑국에 해당하는 국가는?'이다. 선지에는 A부터 E까지 차례로 열거되어 있다. 이 중 갑에 해당하는 국가만 찾으면 된다. 문제 전체에서 처리해야 하는 정보량이 매우 적다. 〈보고서〉를 읽기 전 〈표〉의 이름과 단위, 행렬을 빠르게 훑는다. 이후 〈보고서〉에 언급된 '갑'국의 조건을 충족하지 못하는 국가를 차례로 소거하면 답을 찾을 수 있다.

이 문제는 문두 → 선지 → 〈표〉 → 〈보고서〉 순서로 시선을 이동하며 풀면 된다. 풀이 과정에서 계산이나 어림산 등 어떠한 산수도 필요치 않다. 이런 문제가 눈대중 문제다. 이처럼 자료해석에는 착각이나 실수만 하지 않아도 맞출 수 있는 문제가 꽤 된다. 이어서 바로 다음 문제인 5번을 살펴보자.

2023년 5급 자료해석 5번

5. 다음 〈표〉는 2016~2020년 '갑' 국의 난민심사 현황에 관한 자료이다. 이에 대한 설명으로 옳지 않은 것은?

〈표〉 2016~2020년 '갑' 국 난민심사 현황

(단위: 명)

구분 연도	신규 신청자	신청 철회자	심사 완료자	난민 인정자	인도적 체류자	난민 불인정자	심사 인력
2016	1,574	208	523	57	206	260	20
2017	2,896	358	1,574	93	533	948	20
2018	5,268	603	2,755	105	198	2,452	30
2019	7,541	1,045	5,668	98	252	5,318	40
2020	9,942	1,117	5,890	121	317	5,452	50

※ 난민인정률(%) = $\dfrac{\text{난민인정자}}{\text{심사완료자}} \times 100$

① 심사완료자 중 인도적체류자의 비중은 매년 감소한다.
② 전년 대비 신규신청자 증가율이 가장 낮은 해는 2020년이다.
③ 난민인정률이 가장 낮은 해는 2019년이다.
④ 신규신청자가 가장 많은 해와 신청철회자가 가장 많은 해는 같다.
⑤ 심사인력 1인당 신규신청자는 매년 증가한다.

문두에서는 '옳지 않은'만 체크한다. 이어서 〈표〉의 이름과 단위, 행렬을 빠르게 훑고 선지로 내려간다. '비중 매년 감소', '증가율이 가장 낮은 해', '가장 많은 해', '매년 증가' 등 모든 선지가 최댓값/최솟값을 구하거나 경향을 판단하게 할 뿐 계산을 요구하지 않는다. 역시 정신만 똑바로 차리면 맞힐 수 있는 눈대중 문제다.

답은 허무하게 ①번에서 도출되는데, 문제를 풀다 보면 첫 번째 판단한 선지가 답이 되는 경우가 있다. 이때는 시간을 절약하기 위해 문제 번호 옆에 세모 표시(답안 마킹할 때 재검토하기 위함)를 해 두고 바로 다음 문제로 넘어가면 된다. 마킹하기 직전에 다시 한번 확인하자.

이처럼 눈대중으로 푸는 문제는 출제 비중이 높고 대체로 난도가 낮다. 이런 문제에서 실수 없이 답을 찾고 시간도 절약해야 한다. 눈대중 문제는 60~90초 만에 풀어 시간을 아끼고, 일부 계산 문제나 고난도 문제에서 아껴 둔 시간을 충분히 활용하는 유연함이 필요하다.

어려운 선지는 피해 가자

오지선다 시험은 4개의 선지만 판단하면 반드시 답을 찾을 수 있는 구조다. 요즘은 보기(ㄱ~ㄹ)가 따로 주어지는 문제도 많아서 선지 구성에 따라 보기 중 3개만 판단하고도 답을 도출할 수 있다. 이 사실만 자각해도 어려운 선지(또는 판단해야 하는 정보량이 많은 선지)를 회피할 수 있다.

어렵거나 판단에 많은 시간이 소요될 것 같은 선지를 발견하면 후순위로 미루고 다른 선지부터 풀자. 푸는 도중에 막혀도 마찬가지다. 투자한 시간이 아까워 계속 붙잡고 있으면 곤란하다. 추락하는 전투기에서 탈출하는 파일럿처럼 미련 없이 넘어가자. 문제와 싸우다가 시간을 허비하는 참사가 일어나선 안 된다. 피셋형 인간이 되려면 어려운 선지와 문제를 가차 없이 버리고 쉬운 문제를 골라 푸는 능력을 갖춰야 한다.

미련 없이 탈출하자!

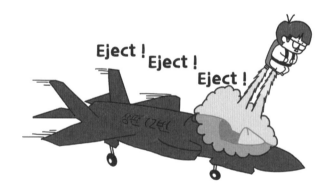

예시를 통해 어떤 문제에서 이런 역량 차가 나타날 수 있는지 알아보자.

2023년 5급 자료해석 6번

6. 다음 〈표〉는 2022년 A시를 방문한 내국인 및 외국인 대상 업종별 매출액에 관한 자료이다. 이에 대한 설명으로 옳은 것은?

〈표〉 내국인 및 외국인 대상 업종별 매출액

(단위: 백만 원)

구분 업종	내국인 대상	외국인 대상
쇼핑업	1,101,480	32,879
숙박업	101,230	11,472
식음료업	1,095,585	9,115
여가서비스업	92,459	1,233
여행업	958	2,000
운송업	31,114	141

※ 업종은 쇼핑업, 숙박업, 식음료업, 여가서비스업, 여행업, 운송업으로만 구성됨.

① 내국인 대상 전체 매출액에서 차지하는 비중이 큰 업종일수록 외국인 대상 전체 매출액에서 차지하는 비중도 크다.

② 내국인 대상 전체 매출액 중 식음료업이 차지하는 비중은 40% 이하이다.

③ 외국인 대상 전체 매출액은 내국인 대상 전체 매출액의 20% 이상이다.

④ 내국인 대상 매출액과 외국인 대상 매출액의 차이가 가장 큰 업종은 쇼핑업이다.

⑤ 외국인 대상 전체 매출액 중 쇼핑업이 차지하는 비중은 50% 이상이다.

6번도 눈대중 문제다. 일부 선지가 계산을 요하고 있으나 굳이 맞서 싸울 필요 없이 피하면 그만이다. 답을 찾는 과정을 생각의 흐름대로 정리하면 다음과 같다. (풀이 과정을 보면 어려운 선지를 회피할 때 답을 훨씬 빠르게 찾을 수 있음을 알 수 있다)

풀이

1. 문두 확인

→ '옳은 것'을 찾는 문제구나.

2. 〈표〉는 무슨 내용이지? 이름과 단위, 행렬을 훑자.

→ ①번 선지부터 판단해 볼까? ①번은 내국인/외국인 각각에서 매출액이 큰 순으로 순위를 매기면 되겠네. 숫자 크기만 파악하면 되는 눈대중 선지네. 서로의 순위가 같지 않으니 ①번은 틀렸구나.

②번을 보자. 내국인 대상 전체 매출액을 구해야 하는데, 그 값을 구하려면 〈표〉의 모든 숫자를 더해야 하네. 시간이 꽤 걸리는 작업이니 우선 ③번으로 넘어가자. 뭐야 ③번도 ②번과 마찬가지로 전체 매출액 규모를 구해야 판단할 수 있네? 그럼 ④번을 먼저 보자.

④번은 업종별 내국인/외국인 대상 매출액 값의 차이만 파악하면 되니까 눈대중으로 풀 수 있겠다. 쇼핑업보다 식음료업의 차이가 더 크네. ④번은 틀렸다.

⑤번은 쇼핑업을 제외한 나머지 업종의 매출액 합계를 파악하면 되네. 나머지 업종의 매출액 합이 쇼핑업 매출액보다 작으면 쇼핑업 매출이 전체의 50% 이상인 셈이니까. 나머지 업종의 매출액 합은 약 24,000백만 원이네? 쇼핑업 매출액(32,879백만 원)보다 작으니 쇼핑업 매출액의 비중이 전체의 50% 이상이구나. ⑤번이 옳다!

답은 ⑤번이다.

문 8. 다음 〈표〉는 '조선왕조실록'과 '호구총수'에 따른 17세기
후반 현종에서 숙종 사이 5개 조사연도의 호구(戶口) 자료이다.
이에 대한 〈보기〉의 설명 중 옳은 것만을 모두 고르면?

〈표〉 17세기 후반 호구(戶口) 자료

(단위: 호, 명)

구분 조사연도	조선왕조실록		호구총수	
	호(戶)	구(口)	호(戶)	구(口)
현종 10년	1,342,274	5,164,524	1,313,652	5,018,744
현종 13년	1,176,917	4,695,611	1,205,866	4,720,815
숙종 원년	1,234,512	4,703,505	1,250,298	4,725,704
숙종 19년	1,546,474	7,188,574	1,547,237	7,045,115
숙종 25년	1,293,083	5,772,300	1,333,330	5,774,739

〈보기〉

ㄱ. '조선왕조실록', '호구총수'에 따른 호(戶)당 구(口)는 모든 조사연도마다 각각 3명 이상이다.

ㄴ. 현종 13년 이후, 직전 조사연도 대비 호(戶) 증가율이 가장 큰 조사연도는 '조선왕조실록'과 '호구총수'가 같다.

ㄷ. 숙종 원년 대비 숙종 19년 '조선왕조실록'에 따른 구(口) 증가율은 '호구총수'에 따른 구(口) 증가율보다 작다.

ㄹ. '조선왕조실록'과 '호구총수' 간 호(戶)의 차이가 가장 큰 조사연도는 구(口)의 차이가 가장 크다.

① ㄱ, ㄴ ② ㄱ, ㄹ ③ ㄴ, ㄷ ④ ㄱ, ㄷ, ㄹ ⑤ ㄴ, ㄷ, ㄹ

한 문제 더 살펴보자. 이 문제 역시 대충 봐서는 눈대중으로 풀 수 있는지 감이 오지 않는다. 직접 문제와 부딪혀야 알 수 있다. 역시 풀이 과정을 생각의 흐름대로 적었다.

풀이

1. 문두 확인

→ '옳은 것'을 찾는 문제구나.

2. 선지 및 표 확인

→ 혹시 〈보기〉 중 선지에 4개 포함된 것은 없나? 3개씩 고르게 넣어 두었네? 〈표〉의 축을 빨리 읽어보자. 조사 연도로 행을 구분하였고 조선왕조실록/호구총수로 열을 구분했네? 오케이. 이제 〈보기〉로 넘어가자. 〈보기〉 (ㄱ)부터 볼까?

3. 보기 확인

(ㄱ)→ '모든 조사연도마다'라고? 이 표 전체를 살펴야 파악할 수 있는 내용인데? 너무 파악해야 하는 정보가 많으니 스킵하고 〈보기〉 (ㄴ)으로 넘어가자.

(ㄴ) → 현종 13년부터 차례로 살펴볼까? 계산이나 어림산을 하지 않아도 조선왕조실록/호구총수 모두에서 숙종 19년의 호 증가율이 가장 높음을 알 수 있네! (ㄴ)은 맞다. (ㄴ)이 맞으니 선지 ②, ④번은 삭제해야지. 이어서 〈보기〉 (ㄷ)을 보자.

(ㄷ) → 〈보기〉 (ㄱ)에 비하면 2개 연도만 비교해도 된다는 점에서 판단해야 하는 정보량이 상대적으로 적어 보인다. 풀어도 될 듯? 조선왕조실록에 따르면 숙종 원년 대비 숙종 19년의 구는 대략 (천단위 이하 생략 시) 470에서 718로 늘었다. 이에 비해 호구총수에 따르면 472에서 704로 늘었구나.

– 조선왕조실록 : 470 → 718

– 호구총수 : 472 → 704

뭐지…? 시력 테스트다! 눈대중만으로도 '조선왕조실록'에 따른 구 증가율이 더 높음을 알 수 있네. 〈보기〉 (ㄷ)이 틀렸으므로 (ㄷ)이 들어간 선지 ③번과 ⑤번은 삭제해야지. 결국 남은 선지는 ①번뿐이네? (ㄱ)과 (ㄹ)을 판단하지 않고도 답을 찾았다!

위 문제에서도 마찬가지로 어려운 보기는 나중에 판단하는 기지를 발휘해야 한다. 〈보기〉 (ㄱ)에 묶였다면 최소 1분은 더 걸렸을 것이다.

어려운 선지를 나중에 판단하는 전략만 잘 지켜도 최소 3~4분은 더 확보할 수 있다. 4분이면 두 문제를 더 풀 수 있는 시간이다. 여러분이 지난 시험에서 두 문제만 더 맞혔다면 어땠을까? 시간만 효율적으로 활용해도 점수는 금방 오른다.

무한히 계산 연습을 시키고 기출 경향에 어긋나는 모의고사를 수없이 풀게 하는 학원의 기존 교습법은, 마치 맷집을 키워 주겠다며 수백 대씩 때리는 복싱 학원과 비슷하다. 그러나 맞고 버티는 것보다 피하는 것이 우월 전략이다. 피하는 법은 배울 생각도 하지 않고 맞고 버틸 생각부터 하는 건 어리석다.

무패 복서 메이웨더는 수준 높은 회피 능력으로 유명하다. 너무 잘 피하는 나머지 얄밉게 보일지언정, 데뷔 후 50전을 치르는 동안 단 한 번도 패배한 적이 없다. 어려운 문제와 맞서지 말고 피하는 능력을 길러 무패(?) 수험생이 되자.

최선의 전략은 방어가 아니라 회피다

앞으로는 눈대중 문제의 존재를 인지하고 풀이에 임해 보자. 어떠한 계산도 하지 않은 채 복잡한 보기/선지는 회피하고 쉬운 선지/보기만 골라 풀어도 답이 찾아지는 놀라운 경험을 할 수 있다. 다만 문제를 푸는 매 순간 최대한 몰입해야 한다. 실수하지 않는 힘은 순간의 몰입력에서 나온다.

3장

어림산과 암산, 아는 만큼 보인다
- 계산보다 100배 중요한 어림산과 암산 익히기

어림산과 암산의 중요성

학창 시절 내내 우리는 답을 찾는 공부에 익숙했다. 항상 정확한 값을 도출하거나 명백히 틀린 내용을 골라야 했다. 어림잡아 판단하는 은 익힐 일이 없었다. 그래서일까, 어림산에 대해 모종의 거부감을 느끼는 이가 많다. PSAT이 낯설게 느껴지는 건 어쩌면 당연하다. PSAT에서는 학창시절의 경험이 통하지 않기 때문이다. 100점을 목표로 해서도 안 되고, 이론과 공식보다 실용성을 우선하는 풀이를 해야 하며, 어려운 문제에 맞서 싸우기보다는 도망쳐야 하고, 계산보다는 어림산을 활용해야 한다. (개념 혼동을 방지하고자 아래 표를 다시 붙인다. 이 책에서 언급하는 계산은 '필산'을 의미한다)

구분	의미	비고(다른 표현)
필산	숫자를 써서 계산함. 또는 그렇게 한 계산	붓셈
암산	필기구 따위를 이용하지 않고 머릿속으로 계산	mental calculation
어림산	대강 짐작으로 헤아리는 셈법	

어림산이 중요하다는 사실을 받아들이기는 쉽지 않다. 계산 연습에 엄청난 시간을 투자했던 지난날이 무의미해질까 두려울 수도 있다. 과거, 학생들을 직접 가르칠 때에도 의구심을 품은 학생이 더러 있었다. 물론 의구심은 머지않아 해소되었다. 성적이 크게 상승했다며 장문의 감사 문자를 보낸 학생들도 적지 않았다. 사이비 종교도, 몸에 해로운

불량식품도 아니다. 백문이 불여일견 백견이 불여일행이라고 했다. 밑져야 본전이니 의심을 거둬들이고 직접 시도해 보자.

어림산은 계산보다 쉽고 빠르고 유용하다. 자료해석에는 수치의 증감 양상을 파악하거나 어림짐작하는 것만으로 판단이 가능한 선지들이 많다. 기출에서 이런 예시는 수없이 찾을 수 있다.

PSAT은 겨우 한 문제로 나의 한 해가 좌우되는 잔혹한 시험이다. 한 문제만 더 맞혀도 최종 합격의 문턱을 넘을 수험생이 적지 않다. 실제로 재경직 수석을 차지한 내 친구도 그 해 PSAT을 커트라인으로 통과했다. 한 문제만 더 틀렸어도 수석합격의 영광은커녕, 1차 불합격이라는 쓴맛을 볼뻔했다. 그러므로 시간을 줄이기 위해 풀이 과정을 간결히 다듬어야 함은 너무도 당연하다. 불필요한 계산이 자료해석 풀이 시간을 잡아먹는 주범임을 잊지 말자. 1년을 아끼고 싶다면 간절함을 담아 풀이 시간을 단 1초라도 더 절약해야 한다.

한 가지 더. 어림산만큼이나 중요한 게 암산이다. 자료해석에는 암산만으로 해결 가능한 문제가 어림산 문제만큼이나 많다. 적절히 암산을 활용하면 풀이 시간을 크게 절약할 수 있다. 기본적으로 암산은 계산(필산)보다 빠르다. 계산(필산)은 내 손이 움직이는 속도 이상으로 빨라질 수 없지만, 암산은 속도에 한계가 없다.

TV에서 계산기와 암산의 풀이 속도를 비교하는 방송이 방영된 적이 있다. 연예인 패널들에게 계산기를 주고, 암산 달인과 산수 문제(9자리 숫자 10개를 더하는 문제였다) 풀이 속도를 비교했다. 계산기로 답을 도출하는 데에는 76초가 걸렸지만, 암산은 불과 11초밖에 걸리지 않았다. 입에 밧줄을 물고 으로 버스를 끄는 차력쇼 같은 게 아니다. 암산이 어디까지 빨라질 수 있는지를 보여 주는 사례. 우리의 암산은 이만큼 빨라질 수도 없고 빨라질 필요도 없지만, 적어도 필산보다는 빨라질 잠재력을 갖고 있다. 무엇보다 PSAT을 푸는 데 필요한 암산 실력은 그다지 높은 수준이 아니다.

어림산에 대한 이해

'어림'의 사전적 의미는 '대강 짐작으로 헤아림. 또는 그런 셈이나 짐작'이다. 이를 바탕으로 어림산은 '대강 짐작으로 헤아리는 산법'으로 정의할 수 있다. 실전에서는 반올림/올림/내림 등을 활용하여 어림하게 된다. 최근 기출문제를 통해 '계산 문제처럼 보이는' 어림산 문제를 살펴보자.

2023년 5급 자료해석 10번

10. 다음 〈표〉는 '갑' 국의 면적직불금 지급단가에 관한 자료이다. 이에 대한 〈보기〉의 설명 중 옳은 것만을 모두 고르면?

〈표〉 농지유형별 면적구간별 면적직불금 지급단가

(단위: 만 원/ha)

면적구간 ＼ 농지유형	진흥지역 논·밭	비진흥지역 논	비진흥지역 밭
0ha 초과 2ha 이하분	205	178	134
2ha 초과 6ha 이하분	197	170	117
6ha 초과분	189	162	100

※ 면적직불금은 면적구간별 해당 면적에 농지유형별 지급단가를 곱한 금액의 총합임. 예를 들어, '비진흥지역 밭'이 3ha인 경우, 면적직불금은 385만 원(=134만 원/ha×2ha+117만 원/ha×1ha)임.

─── 〈보기〉 ───

ㄱ. 동일한 면적에 대한 면적직불금은 '비진흥지역 논'이 '비진흥지역 밭'보다 많다.

ㄴ. 면적이 2ha로 같더라도 면적직불금은 '비진흥지역 논'과 '비진흥지역 밭'이 각각 1ha인 경우가 '진흥지역 논·밭'만 2ha인 경우보다 많다.

ㄷ. '진흥지역 논·밭', '비진흥지역 논', '비진흥지역 밭'이 각각 10ha인 총면적 30ha의 면적직불금은 4,500만 원 이상이다.

ㄹ. '비진흥지역 논' 5ha와 '비진흥지역 밭' 5ha의 면적직불금 차이는 250만 원 이상이다.

① ㄱ, ㄴ ② ㄱ, ㄷ ③ ㄴ, ㄷ ④ ㄴ, ㄹ ⑤ ㄱ, ㄷ, ㄹ

이 문제는 계산 연습에 매달렸던 사람일수록 계산 문제로 볼 가능성이 크다. 그러나 이 문제는 어림산과 암산만으로 충분히 해결할 수 있다. 풀이 과정을 소개한다.

풀이

<보기>의 선지를 하나씩 판단해 보자.

(ㄱ) → 모든 면적구간에 대해 '비진흥지역 논'의 면적 직불금이 '비진흥지역 밭'의 면적 직불금보다 높으므로 (ㄱ)은 옳다. 시력테스트 수준의 보기다. (O)

(ㄴ) → 면적 2ha일 때 면적직불금은 '비진흥지역 논'과 '비진흥지역 밭' 각각 1ha일 때 178+134, '진흥지역 논·밭' 2ha일 때 205×2이므로 대충 어림해 보아도 후자가 더 크다. (ㄴ)은 틀렸다. (X)

(ㄷ) → 각 10ha일 때를 구하기에 앞서 6ha 초과분×10이 얼마인지 어림해 보면 대략 짐작이 가능하다. 농지유형에 따른 6ha 초과분을 모두 어림하여 더하면 189+162+100 > 450이고, 여기에 10을 곱하면 4,500 이상이라는 결과가 나온다. 이때 0~6ha 구간의 면적직불금 지급단가는 6ha 초과분 구간의 단가보다 크므로 각 10ha일 때 총면적 30ha의 면적직불금은 계산 없이도 4,500만 원 이상임을 알 수 있다. (ㄷ)은 옳다. (O)

(ㄹ) → '비진흥지역 논'과 '비진흥지역 밭' 각 5ha의 면적직불금 차이를 구하려면 구간별 값의 차이를 도출하면 쉽다. 0ha 초과~2ha 이하 구간의 농지유형별 차이는 44, 2ha 초과~6ha 이하 농지유형별 차이는 53이다. (44×2)+(53×3) < 250 구구단 수준의 암산으로 도출 가능하다. (ㄹ)은 틀렸다. (X)

답은 ②번이다.

이처럼 자료해석 문제 중에는 계산이 필요한 듯 보이지만 실은 어림산만으로 해결할 수 있는 문제가 매우 많다. 추가로 최근 PSAT 자료해석 기출문제에서 따 온 여러 예시를 살펴보자.

2021년 5급 자료해석 3번 <보기> 중 일부(표1, 표2)

<표 1> 전체 재정지출

(단위: 백만 달러, %)

연도 \ 구분	금액	GDP 대비 비율
2013	487,215	34.9
2014	466,487	31.0
2015	504,426	32.4
2016	527,335	32.7
2017	522,381	31.8
2018	545,088	32.0
2019	589,175	32.3
2020	614,130	32.3

<표 2> 전체 재정지출 중 5대 분야 재정지출 비중

(단위: %)

연도 분야	2013	2014	2015	2016	2017	2018	2019	2020
교육	15.5	15.8	15.4	15.9	16.3	16.3	16.2	16.1
보건	10.3	11.9	11.4	11.4	12.2	12.5	12.8	13.2
국방	7.5	7.7	7.6	7.5	7.8	7.8	7.7	7.6
안전	3.6	3.7	3.6	3.8	4.0	4.0	4.1	4.2
환경	3.1	2.5	2.4	2.4	2.4	2.5	2.4	2.4

Q. 5대 분야 재정지출 금액의 합은 매년 전체 재정지출 금액의 35% 이상이다. (T/F)

위 질문은 실제 기출문제의 선지를 추출해 온 것이다. 참일까, 거짓일까? 혹시나 계산하고 싶다는 충동을 느낀다면, 지나친 계산 연습으로 잘못된 습관이 든 것이다. 이때 계산하면 오히려 느려진다. 각 해의 5대 분야 재정지출을 하나하나 쓰는 데만 해도 시간이 꽤 걸리기 때문이다. 어림산으로 도출해 보자.

풀이

<표 2>에서 2013년 재정지출 비중부터 보자. 교육과 보건을 합하면 25(%)를 넘고, 국방과 안전을 합하면 11(%)을 넘으니 총 35(%)를 넘는구나. 그럼 2014년은 어떨까? 개별 값이 2013년과 큰 차이가 없으니 역시 35(%)를 넘겠구나. 다른 해도 값이 다 비슷한가? (이때부터 빠르게 각 분야별로 행을 훑는다) 큰 차이 없이 다 비슷하고 오히려 분야별 비중이 늘어나는 추세니까 매년 전체 재정지출 금액의 35% 이상이겠네.

따라서 옳다.

질문의 정오를 판단하기 위해 굳이 숫자를 시험지에 적어 가며 계산할 필요가 없다. 시간만 더 걸릴 뿐이다. 다음으로 조금 더 어려운 문제를 풀어 보자.

〈표〉 교원 유형별 강의 담당학점 현황

(단위: 학점, %)

구분	연도 교원 유형	2020년			2019년		
		전임 교원	비전임 교원	강사	전임 교원	비전임 교원	강사
전체 (196개교)	담당 학점	479,876	239,394	152,898	476,551	225,955	121,265
	비율	66.7	33.3	21.3	67.8	32.2	17.3

Q. 2020년 전체 대학의 전임교원 담당학점 비율은 비전임교원 담당학점 비율의 2배 이상이다. (T/F)

위 선지를 판단해 보자. 비율만 비교해도 답을 알 수 있고 비율을 비교해 푸는 게 맞지만, 값도 비교해 보고 싶을 수 있다. 2020년 비전임교원 담당학점 239,394를 2배 했을 때 전임교원의 담당학점 479,876이 되는지 확인해 보자. 여섯 자리에 이르는 값의 크기에 압도당해 필산해야 한다고 생각한다면 오산이다. 어림산이 훨씬 빠르다.

풀이

239,394 중 앞 세 자리 239를 먼저 2배 해 보면. 478이네? 그다음 백의 자릿수 이하는 2배 해도 1,000을 넘기지 못하네. 그럼 478,×××니까 전임교원 담당학점인 479,876에 미치지 못하는구나.

따라서 옳다.

위 풀이는 암산을 베이스로 한 어림산이다. 어림산은 반올림/올림/내림을 통해 실제 수치를 단순하게 바꾸어 계산하는 셈법이고 암산은 손을 쓰지 않고 머리로 셈함을 의미하므로 개념은 조금 다르지만, 통상 함께 활용된다. 마지막으로 제법 어려운 어림산 문제를 풀어 보자. 어림산이라고 다 쉬운 건 아니다.

2021년 5급 자료 7번 중 일부

〈표〉 2021학년도 중등교사 임용시험 과목별 접수 현황

(단위 : 명)

과목 \ 구분	모집정원	접수인원	경쟁률	2020학년도 경쟁률
국어	383	6,493	16.95	19.55
영어	(A)	4,235	15.92	19.10
중국어	31	819	26.42	23.98
도덕윤리	297	1,396	4.70	( )
일반사회	230	1,557	6.77	7.06
지리	150	1,047	( )	6.83
역사	229	3,268	14.27	15.22
수학	(B)	4,452	12.54	14.20

Q. 2021학년도 과목별 모집정원은 수학이 영어보다 많다. (T/F)

위 선지를 풀어 보자. A와 B의 대소 관계를 판단해야 한다. 어떻게 어림산 해야 할까? 아래의 설명을 읽기에 앞서 각자에게 익숙한 방식으로 문제를 풀어 보자. 다 풀었다면 아래 어림산 풀이를 보자.

풀이

가만 보자⋯ 결국 과목별 접수인원을 경쟁률로 나눈 값이 A와 B가 된다는 거네. 영어 과목의 경쟁률은 16으로, 수학 과목의 경쟁률은 12로 어림해서 나누어 볼까?
우선 4,235를 16으로 나누면, 맨 앞자리만 보아도 대략 2××⋯로 나누어지는구나. 그럼 수학 과목은 어떻지? 우선 편리하게 암산하기 위해 12.5와 4,452에 각 2배를 곱하자. 그럼 25로 8900을 나누면 되는구나. 25로 8,900을 나누면⋯ 앞자리만 보았을 때 3××⋯인데? 수학 과목의 중등교사 모집정원은 300명대고 영어 과목의 모집정원은 200명대라는 얘기네.

따라서 옳다.

어림산 풀이를 말로만 들으면 꼼수같이 느껴질 수 있지만, 직접 해 보면 절대 편법이나 꼼수가 아님을 알 수 있다. 명백한 계산 문제(선지가 숫자로만 구성되는 등)가 아닌 이상 어림산을 먼저 시도하자. 어림산을 시도했다가 계산해도 늦지 않는다. 계산이 필요하지 않은 문제에

서 불필요하게 계산하다가 시간을 낭비하느니 우선 어림산으로 문제를 풀어 보고 필요시 전략을 바꾸는 편이 효율적이다.

암산은 누구든지 할 수 있다

암산(暗算)의 사전적 의미는 '필기도구, 계산기, 수판 따위를 이용하지 아니하고 머릿속으로 계산함'이다. 즉, 필산에 대응되는 개념이다. 참고로 영어로는 'mental calculation'이다. 암산을 많이 해 보지 않은 사람들은 암산을 대단한 능력으로 오해한다. 하지만 암산은 구구단만 외울 줄 알면 누구나 곧잘 할 수 있다. 암산을 쉽게 하는 팁을 소개한다.

첫째, 산식을 쉬운 수식으로 전환하자. (사칙연산 간에도 난이도가 나뉜다. 나눗셈-곱셈-뺄셈-덧셈 순으로 점점 쉬워진다) 사칙연산을 단순화하는 과정과 숫자를 쉽게 바꾸는 과정 모두 '전환'에 해당된다. 예를 들어 36×25를 18×50으로 변환하면 암산이 더 쉬워진다. 사실상 18×5에 0을 붙이는 것과 같기 때문이다.

둘째, 곱셈의 경우 자릿수(십의 자리, 일의 자리 등)에 따라 큰 자릿수부터 셈하자. $76 \times 7 = (70 \times 7)+(6 \times 7)$로 나누어 연산하면 된다. 한 번에 계산하면 골 아프다. 순서대로 분리해서 셈하자. 참고로 5 또는 10의 단위로 분해해서 계산하면 편하다.

셋째, 필기도구로 계산할 때 쓰는 세로연산법(받아올림, 받아내림) 사용을 지양하자. 대신 자릿수 단위로 풀어내어 암산하는 편이 훨씬 수월하다.

세로연산법과 암산법 비교

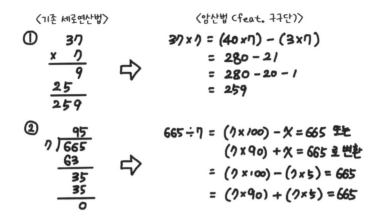

위 방식은 암산 훈련을 거듭하는 과정에서 자연스럽게 체득할 수 있다. 사실 아침에 알람 어플만 잘 활용해도 충분하다. (알람을 끄기 위해 두뇌를 필사적으로 굴려야 하기 때문이다) 그러니까 이 팁들을 암기할 필요는 없다. 사칙연산을 간단하게 할 수 있는 방법이 있다는 사실만 알아두자. 훈련을 거듭하면 자연스럽게 사칙연산을 쉬운 형태로 바꾸게 되고, 속도도 빨라진다. 나는 수학을 잘하지도 않았고, 여러분들과 마찬가지로 경제학 때문에 골머리를 앓았으며, 암기력도 좋지 않아 행정법 암기 스터디에서 매번 꼴찌 하는 학생이었다. 그래도 훈련 덕분에 암산만큼은 곧잘 했다.

예시 문제를 보기에 앞서 암산이 가능한 문제를 식별하는 팁을 전수한다. 자료해석 기출 중 '조작된 값'을 제시하는 문제가 적지 않은데, 통계자료임에도 값이 십의 자리, 백의 자리 수준에서 깔끔히 떨어지거나 5의 배수로 정제된 경우가 이에 해당한다. 기출은 모든 게 의도된 각본이다. 결코 우연이 없다. 이 역시 암산이 가능케 하는 출제자의 배려다. 문제에 주어진 값들이 유달리 깔끔한 경우 암산을 유도하고 있음을 눈치

채야 한다. 이제 예시를 살펴보자.

2021년 5급 자료해석 13번

〈표 1〉 A 지역의 돼지열병 발생 현황

(단위 : 두, %, ‰)

구분＼월	6	7	8	9	10	전체
발병	( )	( )	1,600	2,400	3,000	( )
폐사	20	20	100	80	180	400
폐사율	10.0	2.5	6.3	3.3	6.0	( )
발병률	1.0	( )	( )	( )	15.0	( )

〈표 2〉 B 지역의 돼지열병 발생 현황

(단위 : 두, %, ‰)

구분＼월	6	7	8	9	10	전체
발병	600	800	2,400	1,400	600	5,800
폐사	( )	50	( )	20	40	( )
폐사율	5.0	6.3	2.5	1.4	6.7	( )
발병률	6.0	( )	( )	( )	6.0	( )

※ 1) (해당월) 폐사율(%) = $\dfrac{(해당월)\ 폐사\ 두수}{(해당월)\ 발병\ 두수} \times 100$

2) (해당월) 발병률(‰) = $\dfrac{(해당월)\ 발병\ 두수}{사육\ 두수} \times 1,000$

3) 사육 두수는 2020년 6월 두수임.

Q. 전체 폐사율은 B 지역이 A 지역보다 높다. (T/F)

빈칸을 야무지게 뚫어 둔 문제다. 발병 수치만 봐도 암산하기 좋게 조작된 값이다. 이 부분이 기출과 모의고사의 차이다. 기출은 실제 수치를 암산 또는 어림산 하기 쉬운 단순한 값으로 변환하여 제공한다. 그러나 모의고사는 실제 수치를 그대로 쓴다. 따라서 모의고사만 풀다 보면 암산을 '피셋형 인간의 전유물' 따위로 인식하게 될 수밖에 없다. 위 질문의 정오를 판단하기 위해서는 빈칸 대부분을 채워야 한다. 우리의 암산 실력이 빛을 발할 순간이다. 문제를 푸는 사고 과정은 아래와 같다. 이 과정을 필기도구를 쓰지 않고 머릿속으로 진행하면 된다.

풀이

어디 보자. A는 전체 발병 두수가 비어 있고, B 지역은 전체 폐사 두수가 비어 있네. 이걸 다 구해야 해? 값이 깔끔하니 암산하면 되겠네. 우선 A 지역 전체 발병 두수부터 구해야겠다. 6월과 7월 발병 두수만 구하면 되네. 6월은 폐사 20마리고 폐사율이 10%니까 20×10 하면 발병은 200, 7월은 폐사 20마리 인데 폐사율이 2.5%니까 20×40 하면 8000이네. 그럼 6+7월 1,000마리, 8+9월 4,000마리, 10월 3,000마리니까 총 8,000마리네. 그럼 A 지역은 전체 폐사율이 5%네.

B 지역도 보자. B 지역은 6월과 8월의 폐사 두수만 구하면 되는데 6월은 600마리의 5%니까 30마리, 8월은 2,400마리의 2.5%니까 2,400의 10%를 4로 나누면 되네. 그럼 60마리. 6~10월까지의 폐사 두수를 합하면 총 200마리이므로 5,800마리의 1%가 58마리임을 바탕으로 어림산 해 보면 4% 미만 이네. 그럼 폐사율은 B 지역이 A 지역보다 낮네. 위 질문은 틀렸네.

2021년 5급 자료해석 24번

문 24. 다음 〈그림〉은 A-E 학교의 장학금에 대한 자료이다. 이를 근거로 해당 학교의 전체 학생 중 장학금 수혜자 비율이 가장 큰 학교부터 순서대로 나열한 것은?

〈그림〉 학교별 장학금 신청률과 수혜율

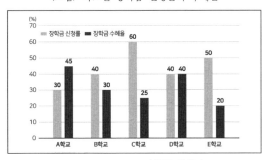

※ 1) 장학금 신청률(%) = $\dfrac{\text{장학금 신청자}}{\text{전체 학생}} \times 100$

2) 장학금 수혜율(%) = $\dfrac{\text{장학금 수혜자}}{\text{장학금 신청자}} \times 100$

① A, B, D, E, C ② A, D, B, C, E
③ C, E, B, D, A ④ D, C, A, B, E
⑤ E, D, C, A, B

두 번째 예시를 보자. 역시 전형적인 암산 문제다. 값을 보면 암산하기 좋게 5의 배수로 주어져 있다. 이 문제를 필기도구를 써서 계산하는 건 시간 낭비이자 출제자의 배려를 저버리는 행위다.

각주에 달린 '장학금 신청률'과 '장학금 수혜율' 두 분수식을 서로 곱했을 때 '장학금 수혜자 비율'이 도출된다는 사실만 이해하면 단순한 암산만 남는다. (정확히는 곱한 뒤 100을 나눠 줘야 하지만, 고려할 필요 없다) 위 문제의 풀이는 아래의 다섯 수식을 암산하면 그만이다. 한번 직접 암산해 보자.

$$A : 30 \times 45 = ?$$
$$B : 40 \times 30 = ?$$
$$C : 60 \times 25 = ?$$
$$D : 40 \times 40 = ?$$
$$E : 50 \times 20 = ?$$

여기서 필기도구를 드는 것은 구구단을 가르쳐 주신 초등학교 선생님을 욕보이는 행위다. A는 $(30 \times 40)+(30 \times 5)$로, C는 $(60 \times 20)+(60 \times 5)$로 변환하면 구구단만 남는다. 나머지 B, D, E는 이미 구구단이다. 장담컨대, 이 문제는 필산할 때 더 느리다.

여전히 자료해석에 대한 접근법을 몰라 순진하게 계산 연습만 하는 수험생이 많다. 자료해석을 풀 때는 계산을 줄인다는 마음가짐으로 훈련하자. 그래야 기본기가 쌓이고 점수가 오른다. 마지막으로 애증의 '계산'에 대해 이야기해 보자.

4장   계산 실력은 지금도 충분하다
– 구구단 아시죠? 그럼 됐어요

구구단만 제대로 외워도 충분하다

계산 연습 책들은 내가 공부하던 시절부터 지금까지 바이블처럼 대접받으며 꾸준한 인기를 끌고 있다. 최근의 합격수기를 봐도 '계산 연습은 필수 불가결했다', '도움이 크게 됐다'는 말이 흔히 등장한다. 그만큼 계산 연습은 수험생 사이에서 너무도 당연한 코스로 받아들여지고 있다.

수험생들은 '나만 안 할 수는 없지'라는 마인드로 계산 연습에 매진한다. 나도 수험생이었던 입장에서 밑져야 본전의 마인드를 잘 안다. 문제는 실전에선 본전도 못 찾는다는 것이다. 우리는 너무 많은 시간과 에너지를 계산 연습에 쏟고 있다.

수험생으로서 느끼는 불안이 무엇인지 잘 안다. 남들 다 계산 연습하는데 나만 안 하면 불안한 게 당연지사다. 그러나 모든 이가 계산 연습을 하는 건 아니다. 누군가는 강의도 듣지 않고 계산 연습도 하지 않으면서 곧잘 합격한다. 5명 중 4명이 불합격하는 시험이다. 다수의 방법이 곧 옳다고 생각하는 사고의 오류에서 벗어나자. PSAT 기출에 등장하는 계산의 난도가 어느 정도인지 파악한 뒤 계산 연습에 대해 다시 생각해 보자.

PSAT 기출에서 어려운 계산은 어느 정도 수준으로 나오는지, 우리에게 필요한 계산 실력은 어느 정도인지 살펴보자. 단 몇 문제만 들여다봐도 계산에 대한 선입견을 바꾸기에는 충분하다. 예시를 보자.

2023년 5급 자료해석 26번

26. 다음 〈표〉는 2021년 '갑' 국 대학교의 자료구입비에 관한 자료이다. 이에 대한 설명으로 옳지 않은 것은?

〈표 1〉 '갑' 국 대학교의 자료구입비

(단위: 개, 천 명, 백만 원)

구분	대학교 수	재학생 수	자료 구입비	전자자료 구입비	도서 구입비
4년제	256	1,910	227,290	( )	62,823
2년제	135	435	( )	2,679	8,196

※ '갑' 국 대학교는 4년제와 2년제로만 구성됨.

〈표 2〉 '갑' 국 대학교의 전자자료구입비 세부내역

(단위: 백만 원)

구분	전자자료 구입비	전자저널 구입비	웹자료 구입비	기타전자자료 구입비
4년제	164,467	( )	39,963	8,461
2년제	2,679	904	883	892

① 4년제는 전자자료구입비가 도서구입비의 2배 이상이다.
② 대학교 1개당 자료구입비는 6억 원 이하이다.
③ 재학생 1명당 자료구입비는 4년제가 2년제의 4배 이상이다.
④ 전자저널구입비가 자료구입비에서 차지하는 비중은 4년제가 2년제보다 크다.
⑤ 웹자료구입비와 기타전자자료구입비의 합은 2년제가 4년제의 5% 이하이다.

이 문제는 아주 복잡한 숫자로 구성되어 있다. 게다가 빈칸도 뚫려 있는데, 빈칸에 들어갈 숫자는 꼼짝없이 계산해야만 정확하게 도출할 수 있다. 물론, 빈칸이 있다고 항상 정확한 값을 도출할 필요는 없다. 선지에서 묻기 전까지는.

이 문제에는 계산이 필요한 선지와 어림산/암산으로 해결 가능한 선지가 혼재되어 있다. 풀이 과정은 아래와 같다.

풀이

① → 227,290-62,823 = ? 대략 어림해 보아도 16만… 얼마의 값이 나온다. 이는 도서구입비 62,823의 2배 이상이다. 혹은 도서구입비(62,823)를 3배 해 보아도 자료구입비(227,290)에 미치지 못하므로 전자자료구입비가 도서구입비의 2배 이상임을 알 수 있다. 따라서 ①은 옳다. (어림산)

② → 총 대학교 수는 256+135 = 391(390으로 어림해도 된다)이고 자료구입비는 227,290+(2,679+8,196)은 227,290+10,875 = 238,165(238,000으로 어림해도 된다)이므로 238,000÷390을 구하면 된다. 39×6 = 234이므로 6억 이상이다. ②는 옳지 않다. (계산)

③ → 227,290÷1,910과 10,875÷435를 비교하자. 분자끼리 어림잡아 비교하면 좌측이 약 20배 이상 크고, 분모끼리는 어림잡아 비교하면 약 4.5배 차이 난다. 따라서 20÷4.5 > 4이므로 ③은 옳다. (어림산)

④ → 4년제의 전자저널구입비는 164,467-(39,963+8,461)을 어림산 하면 164,000-48,400 = 116,000으로 어림할 수 있다. 자료구입비 중 전자저널구입비의 비중은 4년제가 116,000÷

227,000,2년제가 904÷10,875이다. 눈대중으로도 대소비교가 가능하다. ④는 옳다. (어림산)
⑤ → 웹자료구입비와 기타전자자료구입비의 합은 4년제가 약 48,400(④에서 구했다)이고, 2년제는
약 1,800 (이하)다. 48,400의 5%는 2,4200이므로 ⑤는 옳다. (어림산)

답은 ②번이다.

위 문제에서 숫자를 단순화하지 않고 그대로 더하거나 빼면 풀이 시간이 족히 2배는 소요된다. 계산이 필요한 경우라도 1의 자리까지 정확히 계산해야 하는 경우는 드물다. 어림산을 통해 1초라도 절약하는 기지를 발휘해야 한다.

2021년 5급 자료해석 10번

문 10. 다음 〈표〉는 성인 A~F의 일일 영양소 섭취량에 관한 자료이다. 〈표〉와 〈조건〉을 근거로 〈에너지 섭취 권장기준〉에 부합하는 남성과 여성을 바르게 나열한 것은?

〈표〉 성인 A~F의 일일 영양소 섭취량

(단위: g)

영양소\성인	탄수화물	단백질	지방
A	375	50	60
B	500	50	60
C	300	75	50
D	350	120	70
E	400	100	70
F	200	80	90

〈에너지 섭취 권장기준〉

○ 일일 총에너지 섭취량 중 55~65%를 탄수화물로, 7~20%를 단백질로, 15~30%를 지방으로 섭취한다.
○ 일일 에너지 섭취 권장량은 성인 남성이 2,600~2,800kcal이며, 성인 여성이 1,900~2,100kcal이다.

	남성	여성
①	A	F
②	B	C
③	B	F
④	E	C
⑤	E	F

〈조건〉

○ 에너지 섭취량은 탄수화물 1g당 4kcal, 단백질 1g당 4kcal, 지방 1g당 9kcal이다.
○ 에너지는 탄수화물, 단백질, 지방으로만 섭취하며, 섭취하는 과정에서 손실되는 에너지는 없다.
○ 〈에너지 섭취 권장기준〉에 부합하는 남성과 여성은 1명씩 존재한다.

한 문제 더 풀어 보자. 이번에는 어림산·암산이 혼재되지 않은 순도 100%(?)인 계산 문제다. 〈조건〉과 〈에너지 섭취 권장기준〉이라는 2개의 보기에서 숫자를 언급하는 모양새만 봐도 눈치챌 수 있다. 〈에너지 섭취 권장기준〉에 부합하는 남녀 1명씩을 선택해야 하는데, 이때 권장기준에서 제시하는 두 가지 조건에 부합해야 한다. 이 문제를 어떻게 하

면 빠르게 풀까? 손을 써서 계산하는 필산 문제는 풀이에 특별한 비법이 없다. 정확하게 계산함이 최선이다.

이번에는 풀이 과정을 생각의 흐름대로 서술했다. 문제를 먼저 풀고 아래 설명을 읽자.

풀이

(문두를 읽고) <에너지 섭취 권장기준>에 부합하는 남녀를 찾는 것이군. (선지로 내려간다) 남성은 B와 E, 여성은 C와 F만 비교하면 되네. (A는 선지에 하나밖에 없으니 무시) 먼저 B/E를 남성 기준에서 판단하고, C/F를 여성 기준에서 판단하면 되겠다.

영양소별 에너지 섭취량과 에너지 총섭취량을 도출해야 정오 판단이 가능하니, 영양소별 칼로리를 계산해 보자.

남성(파란색), 여성(빨간색) 각기 ① 일일 영양소별 섭취비율과 ② 일일 에너지 섭취 권장량(kcal)을 준수하고 있는지 보아야겠다. 계산을 통해 영양소별 칼로리를 다 더했을 때 '일일 에너지 섭취 권장량'을 어기는 남성이나 여성은 없네. 결국 영양소별 섭취비율을 보아야 하는데, 남성의 경우 B의 탄수화물 섭취량이 (계산하지 않아도) 너무 높아 미심쩍다.

계산해 보니 총 2,740kcal 중 2,000kcal가 탄수화물 때문이다. 일일 총에너지 섭취량 기준을 벗어나는지 살펴야 하므로 2,740의 55~65%를 구해 보자. 1,370이 50% 값이니 55% 값은 1,370+137 = 1,507(55%), 그리고 65% 값은 55% 값에 274(2,740의 10%)를 더한 1,781이니까 (더 이상 자세히 계산해 보지 않아도) B가 섭취한 2,000kcal의 탄수화물은 영양소별 섭취비율에 어긋나는 값이네. 따라서 남자는 E가 <에너지 섭취 권장기준>에 부합하겠군.

여성의 경우에는 조금 더 계산이 쉬워 보이지만 그래도 신중히 풀어 보자. C의 경우 탄수화물 섭취비율이 조금 높을 것으로 예상되는데, 총 1,950kcal 중 1,200kcal가 탄수화물에서 왔네. 대략 1,950은 2,000으로 바꾸어 어림산 하면 55~65% 값은 1,100~1,300kcal이네. 그럼 C는 영양소별 섭취비율을 지켰군. F는 판단할 필요도 없이 답이 도출되었다!

답은 ④번이다.

문제에 등장하는 계산을 정리하면 아래와 같다.

- 남성 B :
① 섭취량(kcal) 총합 구하기 : (500×4)+(50×4)+(60×9) = ?
② 총합의 55% 값 구하기 : 2,740×0.55 → 1,370+137 = ?
③ 총합의 65% 값 구하기 : (2,740×0.55)+274 = ?

- 남성 E : B의 탄 섭취량이 단·지 대비 과도하다는 걸 눈치챌 수 있다면 계산 불필요

① 섭취량(kcal) 총합 구하기 : (400×4)+(100×4)+(70×9) = ?
② 총합의 55% 값 구하기 : 2,630×0.55 → 1,315+131 = ?
③ 총합의 30% 값 구하기 : 263×3 = ?

– 여성 C :
① 섭취량(kcal) 총합 구하기 : (300×4)+(75×4)+(50×9) = ?
② 총합의 55% 값 구하기 : 1,950×0.55 → 975+97 = ?
③ 총합의 65% 값 구하기 : (1,950×0.55)+195 = ?

– 여성 F : C와 섭취량 총합이 거의 동일하므로 C에서 도출된 값을 그대로 활용 가능
① 섭취량(kcal) 총합 구하기 : (200×4)+(80×4)+(90×9) = ?
② 총합의 30% 값 구하기 : 1,930×0.30 → 193×3 → (190×3)+(3×3) = ?

C를 계산하고 왔다면, F에 대한 구체적인 계산은 필요 없다. 1,950과 1,930은 1% 차이라서 C에서 도출한 값들을 그대로 써도 큰 문제 없기 때문이다.

이 문제에서 등장한 계산은 구구단 수준의 곱셈과 세 자릿수 덧셈 정도다. 이게 일반적인 PSAT 기출의 계산 수준이다. 심지어 남성 B나 여성 C에 대한 판단만 마쳐도 답을 찾은 셈이 되어 남성 E와 여성 F에 대해서는 계산하지 않아도 되니, 실제 계산량은 이보다 적다고 봐야 한다.

왜 실전에서는 계산이 잘 안 될까?

이쯤에서 한번 생각해 보자. 우린 왜 계산 문제에 허덕인 기억만 갖고 있을까? 크게 세 가지 경험 때문이다. 계산이 필요 없는 문제에서 불필요한 계산을 하다가 시간을 필요 이상으로 썼거나, 기출문제 중 너무 어려운 계산 문제(버릴 문제)를 피하지 않았다가 된통 당했거나, 모의고사를 풀면서 혹독한 계산에 시달렸기 때문이다.

첫 번째 경험을 극복하는 방법은 간단하다. 앞서 말한 바와 같이 눈

대중과 어림산으로 풀 수 있는 문제가 생각보다 많음을 깨달으면 된다. 깨달음만으로도 불필요한 계산을 줄여 나갈 수 있다.

두 번째 경험을 극복하기 위해서는 어려운 문제를 피하는 능력을 키워야 한다. PSAT 기출 중에도 '뭐 이딴 문제가 다 있어'라는 생각이 들 정도로 복잡한 계산 문제가 간혹 등장한다. 이런 문제는 버리는 게 정신건강과 성적에 도움 되는 일이다. 우리는 커트라인만 넘으면 된다.

세 번째 경험은 잊으면 그만이다. 그리고 앞으로 모의고사를 멀리하면 된다. 아예 풀지 않기를 권하지만, 안 풀 수 없다면 기출을 먼저 풀어 선구안을 확립한 후 풀자. 그래야 기출 경향과 벗어난 문제를 맞닥뜨렸을 때 흔들리지 않을 수 있다.

앞의 예시(자료해석 10번)를 통해 부연하자면, 남성 B의 영양소별 섭취량을 300/50/60이 아니라 517/48/63과 같이 지저분하게 주는 게 모의고사 스타일이다. 문제의 수준을 높이는 데에 한계가 있으니 숫자를 복잡하게 구성하고 어려운 계산을 넣어 난도를 높인다. 기출에서 숫자를 단순화하는 것과는 정반대다. 이러한 연유로 기출과 모의고사의 문제 스타일은 달라질 수밖에 없다.

지나치게 어려운 계산은 피해라

선구안이 중요함을 앞서 강조했다. 선구안을 기르기 위해서는 어떤 공이 볼(Ball)인지 알아야 한다. 어렵다는 판단은 자신의 기준으로 내려야 하는데, 내가 어떤 문제를 어려워하는지는 남들이 다 알 수 없기 때문이다. 그러므로 기출문제 중에 패스해야 하는 문제는 어느 수준이고 어떤 스타일인지 감을 잡는 게 중요하다. 나는 푸는 데 5분 이상 걸릴 것 같은 문제를 버려야 하는 문제로 규정했다. 아래는 내가 버린 문제 중 하나다. 문제를 버리기까지의 사고 과정을 소개한다.

2024년 5급 자료해석 16번

16. 다음 〈표〉와 〈정보〉는 '갑'회사의 승진후보자별 2021 ~ 2023년 근무성적점수 및 승진대상자 선정에 관한 자료이다. 이에 대한 〈보기〉의 설명 중 옳은 것만을 모두 고르면?

〈표 1〉 승진후보자별 2021 ~ 2023년 근무성적점수

(단위: 점)

연도 승진후보자	2023	2022	2021
정숙	85	65	65
윤호	70	85	75
찬희	75	75	65
상용	80	60	65

〈표 2〉 평가방법별 2021 ~ 2023년 가중치

연도 평가방법	2023	2022	2021
A	0.5	0.3	0.2
B	0.6	0.4	0.0
C	1.0	0.0	0.0

※ 평가방법별 가중치 합은 1.0임.

── 〈정 보〉 ──
○ 평정점수는 2021 ~ 2023년 근무성적점수에 해당연도의 가중치를 곱한 값의 합임.
○ 평정점수가 가장 높은 승진후보자만 승진대상자로 선정함.

── 〈보 기〉 ──
ㄱ. 모든 승진후보자의 평정점수는 평가방법 A를 적용할 때보다 평가방법 B를 적용할 때가 더 높다.
ㄴ. 평가방법 A를 적용할 때와 평가방법 C를 적용할 때의 승진대상자는 같다.
ㄷ. '상용'의 2023년 근무성적점수만 90점으로 변경된다면, 평가방법 A ~ C 중 어떤 평가방법을 적용하더라도 '상용'이 승진대상자가 된다.

① ㄱ
② ㄷ
③ ㄱ, ㄴ
④ ㄱ, ㄷ
⑤ ㄴ, ㄷ

문제의 〈보기〉 (ㄱ)을 보자. '모든 승진후보자의 평정점수'를 비교해야 한다. 얼핏 봐도 계산해야 하는 양이 너무 많다. 우선 풀지 말고 (ㄴ)으로 넘어가자. (ㄴ)은 평가방법 A만 계산하면 판단할 수 있어 그나마

낫다. (그러나 선지 구성상 (ㄴ)을 판단해도 결국 (ㄱ)과 (ㄷ)을 모두 판단해야 한다) 마지막으로 (ㄷ)을 보자. 이 역시 A~C를 모두 계산해야 알 수 있다. 이쯤에서 눈치챘겠지만 이 문제는 〈표 1〉과 〈표 2〉에 주어진 값을 모두 계산하지 않으면 답을 도출할 수 없는 문제다. 이렇게 복잡한 문제는 2분 내로 풀기 어렵다. 쉬운 문제가 도처에 널려(?) 있는데 굳이 여기서 시간을 낭비하며 씨름할 필요가 없다. 과감하게 넘기고 쉬운 문제부터 해결하고 남은 시간에 풀자.

2023년 5급 자료해석 28번

28. 다음 〈표〉는 A사 임직원 평균 연봉 현황에 관한 자료이다. 이에 대한 〈보기〉의 설명 중 옳은 것만을 모두 고르면?

〈표〉 A사 임직원 평균 연봉 현황

(단위: 만 원)

구분	평균 연봉
전체 임직원	6,000
과장 이하 직급	4,875
주임 이하 직급	3,750
사원 이하 직급	3,000
수습	2,000

※ 1) '평균 연봉'은 해당 임직원 연봉의 합을 해당 임직원 수로 나눈 값임.
   2) 직급을 높은 것부터 순서대로 나열하면 사장, 과장, 주임, 사원, 수습이고, A사의 전체 임직원은 사장 1명, 과장 2명, 주임 3명, 사원 5명, 수습 10명으로 구성됨.

─────── 〈보기〉 ───────

ㄱ. 사장의 연봉은 3억 원 이상이다.
ㄴ. 주임 3명의 평균 연봉은 7천만 원 이상이다.
ㄷ. 사원 5명의 연봉의 합은 과장 2명의 연봉의 합보다 작다.

① ㄱ ② ㄷ ③ ㄱ, ㄴ ④ ㄴ, ㄷ ⑤ ㄱ, ㄴ, ㄷ

한 문제 더 살펴보자. 이 문제 역시 난도가 높아 나중으로 미뤘다가 시간이 남았을 때 푸는 게 최선이다. 계산이 복잡하다기보다는 값을 도출하기 위해 많은 계산을 거쳐야 한다는 점이 문제다. PSAT에서는 이처럼 시간이 많이 소요되는 문제를 마지막까지 미뤄야 한다.

어려운 문제를 오래 붙잡고 있는 것만큼 어리석은 행동도 없다. 대부분의 시험이 문제 난이도에 비례해 배점이 이루어지는 데에 비해, PSAT은 모든 문제의 배점이 동일하다. 문제별 배점이 같고 시간이 부족한 시험에서는 쉬운 문제만 골라 푸는 전략이 점수를 올리기 위한 중요한 전략이 된다. 문제 간 난이도 편차가 심해서 어려운 문제 1개를 풀 시간에 쉬운 문제 2개를 풀 수도 있기 때문이다. (참고로, 기출의 고난도 계산 문제가 어느 정도 수준인지 궁금하다면 예시로 든 16번 문제를 포함해 2024년 5급 PSAT 자료해석(나형) 35번~38번 문제를 풀어 보자. 특히 36번은 어려운 선지와 쉬운 선지를 적절히 섞은, 기출에서만 볼 수 있는 고퀄리티 문제다)

모든 피셋형 인간은 어려운 문제를 미련 없이 버릴 줄 안다. 문제를 푸는 데에 쓴 시간은 매몰비용이므로 중도 포기해도 괜찮다. 미련 없이 문제를 버리는 힘을 기르자.

자료해석은 '계산'이 아닌 '해석'을 요구하는 시험이다. 여기서의 '해석'이란 자료의 대소 관계, 증감 양상 등을 판단할 줄 아는 능력을 말한다. 그리고 해석을 잘하기 위해서는 암산과 어림산을 잘해야 한다. 학원가에서 계산 연습에 절여져 모든 문제를 계산으로 풀려는 버릇이 들었다면 반복된 훈련을 통해 고치자.

1. 암산 훈련

1) 훈련용 예제

여러분 모두 PSAT에서 요구하는 수준의 암산은 충분히 할 수 있다. (한 자릿수 × 한 자릿수) 곱셈부터 시작하자. 우리에게 너무도 익숙한 구구단이다. 어릴 때부터 달달 외던 것이라 가뿐하다고? 제발 그래야 한다. 여기서 막히면 답도 없다.

예제1)	7×8=	예제6)	8×8=	예제11)	3×8=	예제16)	4×6=
예제2)	5×6=	예제7)	7×7=	예제12)	3×4=	예제17)	9×9=
예제3)	2×9=	예제8)	5×7=	예제13)	4×8=	예제18)	7×4=
예제4)	3×7=	예제9)	9×3=	예제14)	6×7=	예제19)	6×3=
예제5)	5×9=	예제10)	9×6=	예제15)	2×5=	예제20)	4×9=

구구단으로 몸을 풀었다면 (두 자릿수 × 한 자릿수) 암산을 해보자. 본격적인 암산은 여기서부터 시작이다. 머리가 아프더라도 골똘히 생각해서 답을 구하자. 뒤에 해답이 있으니, 몇 문제나 맞힐 수 있는지 확인해 보자. 나는 예제 21번부터 60번까지 암산으로 총 3분 20초가 걸렸다. 여러분은 과연..?

예제21)	17×8=	예제31)	18×8=	예제41)	93×8=	예제51)	34×6=
예제22)	35×6=	예제32)	27×7=	예제42)	73×4=	예제52)	89×9=
예제23)	22×9=	예제33)	65×7=	예제43)	14×8=	예제53)	27×4=
예제24)	13×7=	예제34)	29×3=	예제44)	26×7=	예제54)	66×3=
예제25)	45×9=	예제35)	39×6=	예제45)	32×5=	예제55)	74×9=
예제26)	28×7=	예제36)	28×8=	예제46)	88×3=	예제56)	66×4=
예제27)	16×5=	예제37)	77×7=	예제47)	34×3=	예제57)	19×9=
예제28)	49×2=	예제38)	47×5=	예제48)	18×4=	예제58)	34×7=
예제29)	27×3=	예제39)	33×9=	예제49)	27×6=	예제59)	13×6=
예제30)	69×5=	예제40)	86×9=	예제50)	65×2=	예제60)	79×4=

(두 자릿수 × 한 자릿수) 곱셈은 생각보다 까다롭다. 그렇지만 한 가지 원리를 깨달으면 쉬워진다. 잘 보면 위의 문제들은 앞서 외운 구구단에 임의의 십의 자리 수를 붙인 것에 불과하다. 앞서 구구단을 훈련시킨 이유는 바로 이 때문이다. (두 자릿수×한 자릿수) 곱셈은 사실 '두 번의 구구단'에 불과하다.

여기에 덧셈까지 해야 한다면 어떨까? 이쯤에서 다시 한번 짚고 넘어가지만 암산으로 해결해야 한다. 불편해도 펜을 내려놓고 머리로 셈하자. 암산은 훈련을 거듭할수록 빨라진다. 훈련의 효과를 보려면 반드시 머리로 풀어야 한다.

예제61)	(28×7) + 11	예제66)	(39×6) + 26	예제71)	(81×4) + 41	예제76)	(16×7) + 48
예제62)	(46×5) + 21	예제67)	(27×6) + 19	예제72)	(37×4) + 39	예제77)	(19×5) + 45
예제63)	(33×8) + 17	예제68)	(38×3) + 13	예제73)	(41×8) + 12	예제78)	(11×8) + 36
예제64)	(24×8) + 32	예제69)	(72×4) + 62	예제74)	(77×7) + 17	예제79)	(79×3) + 48
예제65)	(56×8) + 16	예제70)	(58×8) + 18	예제75)	(54×5) + 11	예제80)	(22×6) + 65

본문에서 말했듯 암산법에는 단 하나의 정답이 있는 게 아니다. 누군가는 머릿속에 주판을 띄울 테고, 누군가는 수식을 쓰고 있을 수도 있겠다. 스스로에게 익숙한 방법이 곧 답이다. 뒤이어 본문에서 소개했던 방법을 조금 더 자세히 설명한다. 체화된 암산법이 없다면 이 방법을 익혀보자.

2) 예제 풀이

한 자릿수 곱셈(예제1~20번)에 대한 풀이는 생략하고 (두 자릿수 × 한 자릿수) 곱셈부터 보자. 본문에서 말했듯 암산은 세로 연산법(받아올림)보다 자릿수 단위로 끊어서 구구단으로 암산한 뒤 더하는 방식이 더 쉽다. 아래는 예제21~30번에 대한 풀이다. 각각 곱한 뒤 더하면 끝이다.

예제21)	17×8 = (10×8) + (7×8)	예제26)	28×7 = (20×7) + (8×7)
예제22)	35×6 = (30×6) + (5×6)	예제27)	16×5 = (10×5) + (6×5)
예제23)	22×9 = (20×9) + (2×9)	예제28)	49×2 = (40×2) + (9×2)
예제24)	13×7 = (10×7) + (3×7)	예제29)	27×3 = (20×7) + (7×3)
예제25)	45×9 = (40×9) + (5×9)	예제30)	69×5 = (60×5) + (9×5)

곱셈에 덧셈이 합쳐진 경우는 어떨까? 역시 십의 자리와 일의 자리로 수식을 해체해 구구단을 진행하면 결국 덧셈만 남는다. 덧셈도 익숙하지 않다면 숫자를 10의 자리와 1의 자리로 나누어 차례로 더하면 조금 더 쉽다. (17을 한 번에 더하지 말고, 10을 더하고 7을 더하는 식이다) 이렇게까지 쪼개느니 필산하는 편이 낫겠다고? 아직 익숙하지 않아서 그렇게 느낄 뿐이다. 훈련하면 금세 속도가 붙는다. 아래는 예제 중 몇 가지에 대한 풀이다.

예제61)	(28×7) + 11 = (20×7) + (8×7) + 10 + 1	예제66)	(39×6) + 26 = (30×6) + (9×6) + 20 + 6 = (30×6) + (9×6) + 30 - 4
예제62)	(46×5) + 21 = (40×5) + (6×5) + 20 + 1	예제67)	(27×6) + 19 = (20×6) + (7×6) + 10 + 9 = (20×6) + (7×6) + 20 - 1
예제63)	(33×8) + 17 = (30×8) + (3×8) + 10 + 7 = (30×8) + (3×8) + 20 - 3	예제68)	(38×3) + 13 = (30×3) + (8×3) + 10 + 3

덧셈을 뺄셈으로 변환했을 때 더 쉬워지는 경우가 있다. 17이나 19 등 반올림했을 때 20이 되는 값은 10과 7을 더해주는 것보다 20을 더하고 3을 빼는 게 더 쉽다. (예제63, 66, 67번) 언제 이런 경우를 하나하나 따져서 적용하고? 누차 말하지만, 알람 어플을 활용하여 아침에 일어날 때마다 몇 문제씩만 암산해도 금방 체화할 수 있다. (어플 만세)

3) 십진법의 만능키, 5와 10 활용하기

십진법의 특성을 살려 암산할 줄 알면 구구단만 알 때보다 더욱 속도를 붙일 수 있다. 본문에서 말한 바와 같이, 5와 10을 잘 활용해야 한다. 십진법 체계 하에서 5의 배수와 10의 배수로 계산을 변환하면 아주 쉬워진다. 5와 10은 만능키다. 위에서 풀었던 문제들을 5와 10을 활용하여 다시 한번 암산해보자.

예제21)	17×8 =	예제26)	28×7 =
예제22)	35×6 =	예제27)	16×5 =
예제23)	22×9 =	예제28)	49×2 =
예제24)	13×7 =	예제29)	27×3 =
예제25)	45×9 =	예제30)	69×5 =

5와 10을 활용하면 아래와 같이 한결 더 쉽게 암산할 수 있다. 5와 10을 자유자재로 활용할 수 있도록 PSAT 문제를 풀 때마다 훈련해 보자.

예제21)	17×8 = (17×10) - (17×2)	예제26)	28×7 = (28×5) + (28×2)
예제22)	35×6 = (30×6) + (5×6)	예제27)	16×5 = (10×5) + (6×5)
예제23)	22×9 = (22×10) - (22×1)	예제28)	49×2 = (50×2) - (1×2)
예제24)	13×7 = (13×5) + (13×2)	예제29)	27×3 = (25×3) + (2×3)
예제25)	45×9 = (45×10) - (45×1)	예제30)	69×5 = (70×5) - (1×5)

4) 실전 훈련

이제 기출문제를 통해 암산이 어떤 식으로 적용되는지 직접 확인할 차례다. 최신 기출문제를 활용해 암산이 실전에서 어떻게 활용되는지 소개한다. 이외의 기출문제를 통해 꾸준히 훈련하여 암산 속도를 높여나가자. 아래 문제 중 예제 81번은 본문에서 '계산 문제'로 분류했던 문제다. 그러나 암산 훈련이 되어 있다면 암산으로도 해결할 수 있다. 도전해보자.

예제81) 2023년 5급 자료해석 16번

16. 다음 〈표〉는 2022년 '갑'부처 기금 A~E의 예산과 기금건전성 평가 결과 및 2023년 기금예산 결정방식에 관한 자료이다. 이에 대한 〈보기〉의 설명 중 옳은 것만을 모두 고르면?

〈표 1〉 2022년 기금별 예산과 기금건전성

(단위: 백만 원, 점)

| 구분
기금 | 2022년
예산 | 평가항목별 점수 | | | 기금건전성
총점 |
		사업 적정성 점수	재원구조 적정 성 점수	기금존치 타당성 점수	
A	200,220	30	18	( )	76
B	34,100	24	30	13	( )
C	188,500	( )	14	15	82
D	9,251	25	17	13	( )
E	90,565	18	15	6	45

※ 기금건전성 총점 = 사업 적정성 점수 + 재원구조 적정성 점수 + 기금존치 타당성 점수×2

〈표 2〉 2023년 기금예산 결정방식

2022년 기금건전성 총점	2023년 예산
60점 미만	2022년 예산의 80%
60점 이상 80점 미만	2022년 예산의 100%
80점 이상	2022년 예산의 110%

─────────〈보 기〉─────────

ㄱ. 2022년 기금건전성 총점이 가장 높은 기금은 C이다.

ㄴ. 기금존치 타당성 점수는 A가 B보다 낮다.

ㄷ. 2023년 A~E예산의 합은 전년 대비 2% 이상 증가한다.

ㄹ. 2022년 사업 적정성 점수가 가장 높은 기금은 2023년 예산이 가장 많다.

① ㄱ, ㄴ   ② ㄱ, ㄹ   ③ ㄴ, ㄷ   ④ ㄷ, ㄹ   ⑤ ㄱ, ㄷ, ㄹ

20. 다음 〈표〉는 2023년 '갑'국 8개 도시(A~H)의 상수도 관련 자료이다. 이에 대한 설명으로 옳지 않은 것은?

〈표〉 '갑'국 A~H도시의 상수도 통계

(단위: %)

도시	유수율	무수율	누수율	계량기 불감수율	수도사업 용수량 비율
A	94.2	5.8	5.4	0.1	0.0
B	91.6	8.4	3.6	4.5	0.3
C	90.1	9.9	4.5	2.3	0.1
D	93.4	6.6	4.3	2.0	0.1
E	93.8	6.2	4.2	1.9	0.1
F	92.2	7.8	5.1	2.6	0.1
G	90.9	9.1	5.1	3.8	0.1
H	94.6	5.4	2.6	2.3	0.2

※ 1) 무수율 = 누수율 + 유효무수율
   2) 유효무수율 = 계량기 불감수율 + 수도사업 용수량 비율 + 부정사용률

① 유효무수율이 가장 낮은 도시는 누수율이 가장 높다.
② 유수율이 가장 낮은 도시의 부정사용률은 유수율이 세 번째로 높은 도시의 부정사용률보다 높다.
③ 무수율과 부정사용률의 차이가 가장 큰 도시는 G이다.
④ 계량기 불감수율이 가장 높은 도시는 유효무수율도 가장 높다.
⑤ 부정사용률이 가장 높은 도시는 무수율도 가장 높다.

2. 어림산 훈련

1) 훈련용 예제

이제 어림산을 훈련할 차례다. PSAT에서는 어림산이 계산보다 훨씬 자주 활용된다. 기출문제를 통해 얼마나 어림산이 자주 등장하는지 깨닫는 게 정말 중요하다. 최근 기출문제에서 발췌한 예제를 통해 직접 느껴보자. 2024년 기출문제에서 어림산 부분을 발췌했다.

예제83)	2355 - (5708 - 5495)는 2,100보다 크다 (T/F)
예제84)	7,796은 100,362의 10% 이하이다. (T/F)
예제85)	1,567은 23,891의 5% 미만이다. (T/F)
예제86)	대소비교 : $\dfrac{88}{502}$ ( ) $\dfrac{59}{446}$
예제87)	A: 114.3 → 121.3 / B : 110.8 → 125.2로 각각 늘었을 때, B의 증가율이 A 증가율의 2배 이상이다 (T/F)
예제88)	4,500은 19,430의 25% 이상이다. (T/F)

예제89)

<표> 연도별 6대 과일 생산량

(단위 : 천 톤)

생산량	사과	감귤	복숭아	포도	배	단감
2020	368	638	224	381	443	236
2021	460	615	135	257	308	154

- 2021년 생산량의 전년 대비 증감률이 가장 큰 과일은 복숭아다 (T/F)

예제90)

전기차 A ~ E의 차량가격 및 제원

(단위 : 만 원, kWh)

전기차	A	B	C	D	E
배터리용량	75.0	77.4	112.8	111.5	77.4
차량가격	8,469	5,020	17,700	14,620	6,000

- 2021년 생산량의 전년 대비 증감률이 가장 큰 과일은 복숭아다 (T/F)

예제91)

<표 1> 어종별 어획량

(단위: kg)

월＼어종	우럭	광어	고등어
3	10,203	5,410	21,910
4	15,029	5,700	23,480
5	14,330	7,198	22,333
6	17,800	6,750	24,051

- 3~6월간 3개 어종 어획량의 합은 매월 증가하였다 (T/F)

예제92)

<표> 2023년 상반기 유통채널별 비스킷 매출액

(단위: 백만 원)

제조사＼유통채널	백화점	할인점	체인슈퍼	편의점	독립슈퍼	일반식품점	총매출액
A	346	28,314	23,884	26,286	33,363	15,855	128,048
B	253	24,106	24,192	21,790	30,945	18,084	119,370
C	228	30,407	22,735	21,942	25,126	16,426	116,864
D	307	22,534	17,482	9,479	19,260	9,962	79,024
E	45	5,462	2,805	8,904	2,990	1,580	21,786
F	2,494	39,493	13,958	33,298	14,782	8,385	112,410
전체	3,673	150,316	105,056	121,699	126,466	70,292	577,502

※ 1) '갑'국의 비스킷 제조사는 A~F만 있음.
　　2) '갑'국의 비스킷 유통채널은 제시된 6개로만 구분됨.
- 2023년 상반기의 경우, 각 제조사의 백화점, 할인점, 체인슈퍼 매출액의 합은 해당 제조사 매출액의 50% 미만이다 (T/F)

2) 실전 훈련

인사혁신처 5급 PSAT에는 어림산이 어떤 형태로 등장할까? 2024년 출제된 어림산 문제 두 개를 소개한다. 시간을 들여 풀어보고 실전에서 어림산이 어떻게 활용되는지 몸소 느껴보자.

예제93) 2024년 5급 자료해석 12번

12. 다음 <표>는 2023년 '갑'기업 전체 임원(A~J)의 보수 현황에 관한 자료이다. 이에 대한 설명으로 옳은 것은?

<표> '갑'기업 전체 임원의 보수 현황

(단위: 십만 원)

임원	사업부	등기여부	보수총액	급여	상여
A	가	미등기	7,187	2,700	4,487
B	나	등기	6,497	2,408	( )
C	다	등기	4,068	( )	2,000
D	라	미등기	( )	1,130	2,598
E	마	등기	3,609	1,933	1,676
F	마	등기	3,069	1,643	1,426
G	나	미등기	3,050	1,633	1,417
H	바	미등기	3,036	1,626	1,410
I	사	등기	3,000	2,000	1,000
J	다	미등기	2,990	2,176	814
합계	-	-	40,234	19,317	20,917

※ 보수총액 = 급여 + 상여

① 보수총액이 많은 임원일수록 상여도 많다.
② '마'사업부 임원의 보수총액 합에서 급여 합이 차지하는 비중은 60% 미만이다.
③ 임원 1인당 보수총액이 가장 적은 사업부는 임원 1인당 급여도 가장 적다.
④ 보수총액에서 상여가 차지하는 비중이 가장 큰 임원은 B이다.
⑤ 미등기 임원의 급여 합은 등기 임원의 급여 합보다 많다.

예제94) 2024년 5급 자료해석 21번

21. 다음 〈표〉는 2023년 '갑'국의 농산물 가공식품 품목별 수입 현황에 관한 자료이다. 〈표〉와 〈조건〉에 근거하여 A~C에 해당하는 농산물 가공식품을 바르게 연결한 것은?

〈표〉 2023년 '갑'국의 농산물 가공식품 품목별 수입 현황

(단위: 톤, 원/kg, %)

품목	수입중량	수입단가	전년 대비 증가율
A	217	2,181	20.3
B	61	16,838	- 16.1
C	2,634	1,174	24.1
D	43	1,479	- 22.3
E	2,238	1,788	- 37.0
김치	6,511	969	2.2
두부	86	3,848	8.4
밀가루	343	1,489	26.0

※ 1)A~E는 '간장', '고춧가루', '된장', '설탕', '식용유' 중 하나임.
   2)수입금액(천 원) = 수입중량(톤)×수입단가(원/kg)

〈 조 건 〉

○ 2023년 '간장'과 '고춧가루'의 수입중량 합은 '식용유' 수입중량의 15% 이하이다.
○ 2023년 수입금액이 가장 낮은 품목은 '된장'이다.
○ 2022년 수입단가가 2,000원/kg 이상인 품목은 '고춧가루', '두부', '식용유'이다.
○ 2023년 수입중량이 2,000톤 이상인 품목은 '김치', '설탕', '식용유'이다.

	A	B	C
①	간장	고춧가루	설탕
②	간장	고춧가루	식용유
③	간장	설탕	식용유
④	고춧가루	간장	식용유
⑤	된장	고춧가루	설탕

3. 계산 맛보기

계산(필산)도 엄연한 자료해석 풀이법 중 하나다. 따라서 계산문제도 풀 줄 알아야 한다. 계산 연습을 하라는 게 아니다. 계산이 어느 정도 수준으로 출제되는지 경향을 파악하고, 앞서 익힌 암산과 학창시절 배운 필산을 두루 활용하여 풀면 된다. 아래는 최근 출제된 계산문제다. 대놓고 계산만 시키는 문제도 있고, 일부 선지에서만 계산이 필요한 문제도 있다. PSAT 자료해석의 계산문제는 어떻게 출제되는지 직접 맛보자.

예제95) 2024년 5급 자료해석 27번

27. 다음 〈표〉와 〈그림〉은 '갑'국제기구가 A~E국 농업기술센터 건립을 지원하기 위한 평가 자료이다. 이를 근거로 A~E 중 합산 점수가 가장 높은 국가를 고르면?

〈표〉 평가항목별 평가 점수 산정 기준 및 가중치

평가 항목	평가 점수			가중치
	1점	2점	3점	
농업종사자 수	1,000만 명 미만	1,000만 명 이상 3,000만 명 미만	3,000만 명 이상	2
1인당 국내총생산	3,000달러 이상	1,000달러 이상 3,000달러 미만	1,000달러 미만	1
옥수수 경작면적 당 생산량	3,000kg/ha 이상	1,000kg/ha 이상 3,000kg/ha 미만	1,000kg/ha 미만	3

※ 합산 점수는 평가항목별 평가 점수에 가중치를 곱한 값의 합임.

〈그림〉 A~E국의 위치 및 평가항목별 현황

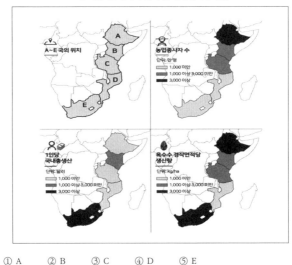

① A ② B ③ C ④ D ⑤ E

36. 다음 〈표〉는 2020~2023년 '갑'국 직업학교 A~E의 모집정원 및 지원자 수에 관한 자료이다. 이에 대한 설명으로 옳은 것은?

〈표 1〉 '갑'국 직업학교 A~E의 모집정원

(단위: 명)

직업학교\성별	전체	남성	여성
A	330	290	40
B	170	144	26
C	235	199	36
D	90	9	81
E	550	490	60

※ 2020~2023년 동안 '갑'국 직업학교 A~E의 성별 모집정원은 변동 없음.

〈표 2〉 2020~2023년 '갑'국 직업학교 A~E의 지원자 수

(단위: 명)

연도\직업학교\성별	2020			2021			2022			2023		
	전체	남성	여성	전체	남성	여성	전체	남성	여성	전체	남성	여성
A	11,273	8,149	3,124	14,656	10,208	4,448	8,648	6,032	2,616	8,073	5,713	2,360
B	6,797	4,824	1,973	3,401	2,434	967	3,856	2,650	1,206	3,686	2,506	1,180
C	9,957	6,627	3,330	12,406	8,079	4,327	5,718	4,040	1,678	5,215	3,483	1,732
D	4,293	559	3,734	3,994	600	3,394	2,491	336	2,155	2,389	275	2,114
E	2,965	2,107	858	3,393	2,205	1,188	2,657	1,715	942	2,528	1,568	960

① 직업학교 A~E의 전체 지원자 수의 합이 가장 많은 연도는 2020년이다.
② 2020년 전체 지원자 수 대비 2023년 전체 지원자 수 비율이 가장 낮은 직업학교는 D이다.
③ 직업학교 E에서 성별 모집정원 대비 지원자 수 비율이 가장 낮은 연도는 남성과 여성이 동일하다.
④ 직업학교 A는 남성 지원자 수의 전년 대비 증감률이 가장 큰 연도에 여성 지원자 수의 전년 대비 증감률도 가장 크다.
⑤ 직업학교 B에서 여성 모집정원 대비 여성 지원자 수 비율이 가장 낮은 연도와 직업학교 C에서 여성 모집정원 대비 여성 지원자 수 비율이 가장 높은 연도는 동일하다.

※ 정답은 책의 맨 뒤에 수록되어 있습니다.

· Chapter VI ·

과목별 훈련 전략
- 상황판단

1장 상황판단의 특징

– 호랑이 굴에 들어가도 정신만 차리면 산다

과목명에 답이 있다

PSAT 과목명을 하나씩 곱씹어 보자. PSAT은 과목의 특성을 과목명에 매우 잘 담아 냈다. 언어논리는 지문이 담긴 '언어' 문제와 '논리' 문제가 나온다는 사실을 과목명에 담고 있으며, 자료해석은 '계산'이 아닌 '해석'임을 말하고 있고, 상황판단은 주어진 조건을 바탕으로 상황을 '판단'하는 시험임을 드러내고 있다. 이제 상황판단을 분석해 보자.

상황판단의 문제 유형은 ① 법조문형, ② 퀴즈형, ③ 지문형 세 가지로 구분하면 충분하다. 풀이법을 기준으로 하면 통독과 경우 따지기, 그리고 계산으로 나눌 수 있으나 상황판단은 문제마다 외관상 특징이 뚜렷하니 외관을 기준으로 설명하겠다. 이 이상으로는 접근법이 달라지지 않기 때문에 더 자세히 구별할 실익도 없다. 아래는 2023년 5급 공채 상황판단 기출문제에 대한 분석이다.

2023~2024년 5급 공채 PSAT 상황판단 기출문제 분석

연도	문제 유형	유형별 개수 (A)	고난도 문제 (B)	풀어야 할 문제 (A-B)	문제 번호
2023	법조문/제도형	11개	0개	11개(31%)	1~6, 21~25
	퀴즈형	25개	3개	22개(61%)	7~18, 26~38
	지문형	4개	1개	3개(8%)	19, 20, 39, 40
2024	법조문/제도형	12개	0개	12개(32.4%)	1~6, 21~26
	퀴즈형	24개	3개	21개(56.8%)	7~18, 27~38
	지문형	4개	0개	4개(10.8%)	19, 20, 39, 40

상황판단 문제 유형

① 법조문형

법조문형 문제는 실제 법조문을 발췌해 온 지문이나 법조문/제도를 줄글 형태로 풀어쓴 지문으로 구성된다. 난도가 낮은 문제는 하나의 상황만을 판단하게 하지만, 간혹 여러 상황을 판단해야 하는 '라면문제'를 출제하여 시간을 많이 쓰도록 유도하기도 한다.

2021년 5급 상황판단 2번, 4번

문 2. 다음 글과 〈상황〉을 근거로 판단할 때 옳은 것은?

제00조 ①문화재청장은 학술조사 또는 공공목적 등에 필요한 경우 다음 각 호의 지역을 발굴할 수 있다.
1. 고도(古都)지역
2. 수중문화재 분포지역
3. 폐사지(廢寺址) 등 역사적 가치가 높은 지역
②문화재청장은 제1항에 따라 발굴할 경우 발굴의 목적, 방법, 착수 시기 및 소요 기간 등의 내용을 발굴 착수일 2주일 전까지 해당 지역의 소유자, 관리자 또는 점유자(이하 '소유자 등'이라 한다)에게 미리 알려 주어야 한다.
③제2항에 따른 통보를 받은 소유자 등은 그 발굴에 대하여 문화재청장에게 의견을 제출할 수 있으며, 발굴을 거부하거나 방해 또는 기피하여서는 아니 된다.
④문화재청장은 제1항의 발굴이 완료된 경우에는 완료된 날부터 30일 이내에 출토유물 현황 등 발굴의 결과를 소유자 등에게 알려 주어야 한다.
⑤국가는 제1항에 따른 발굴로 손실을 받은 자에게 그 손실을 보상하여야 한다.
⑥제5항에 따른 손실보상에 관하여는 문화재청장과 손실을 받은 자가 협의하여야 하며, 보상금에 대한 협의가 성립하지 않은 때에는 관할 토지수용위원회에 재결(裁決)을 신청할 수 있다.
⑦문화재청장은 제1항에 따른 발굴 현장에 발굴의 목적, 조사기관, 소요 기간 등의 내용을 알리는 안내판을 설치하여야 한다.

〈상황〉

문화재청장 甲은 고도(古都)에 해당하는 A 지역에 대한 학술조사를 위해 2021년 3월 15일부터 A 지역의 발굴에 착수하고자 한다. 乙은 자기 소유의 A 지역을 丙에게 임대하여 현재 임차인 丙이 이를 점유·사용하고 있다.

① 甲은 A 지역 발굴의 목적, 방법, 착수 시기 및 소요 기간 등에 관한 내용을 丙에게 2021년 3월 29일까지 알려주어야 한다.
② A 지역의 발굴에 대한 통보를 받은 丙은 甲에게 그 발굴에 대한 의견을 제출할 수 있다.
③ 乙은 발굴 현장에 발굴의 목적 등을 알리는 안내판을 설치하여야 한다.
④ A 지역의 발굴로 인해 乙에게 손실이 예상되는 경우, 乙은 그 발굴을 거부할 수 있다.
⑤ A 지역과 인접한 토지 소유자인 丁이 A 지역의 발굴로 인해 손실을 받은 경우, 丁은 보상금에 대해 甲과 협의하지 않고 관할 토지수용위원회에 재결을 신청할 수 있다.

문 4. 다음 글을 근거로 판단할 때 옳지 않은 것은?

A 협회는 매년 12월 열리는 정기총회에서 다음해 협회장을 선출한다. 협회장의 선출은 ①입후보자가 1인인 경우에는 '찬반투표'로 이루어지고 ②입후보자가 2인 이상인 경우에는 '선거'를 통해 이루어진다.

'찬반투표'에 참여할 수 있는 회원의 자격은 투표일 현재까지 A 협회의 정회원인 사람으로 한정한다. A 협회의 정회원은 A 협회의 준회원으로 만 1년 이상을 활동한 후 정회원 가입 신청을 하고 연회비를 납부한 자를 말한다. 기준에 따라 정회원 가입을 신청하고 연회비를 납부한 그 날부터 정회원 자격이 부여된다. 정회원은 정회원 자격을 획득한 다음 해부터 매년 1월 30일까지 연회비를 납부하여야 그 자격이 유지된다. 기한 내에 연회비를 납부하지 않은 정회원은 그 자격이 유보되어 권리를 행사할 수 없고, 정회원 자격을 회복하기 위해서는 그다음해 연회비 납부일까지 연회비의 3배를 납부하여야 한다. 2년 연속 연회비를 납부하지 않은 사람은 A 협회의 회원 자격이 영구히 박탈된다.

한편 '선거'에 참여할 수 있는 회원의 자격은 선거일 기준으로 정회원 자격을 얻은 후 1년을 경과한 정회원으로 한정한다. 연회비 미납부로 정회원 자격이 유보된 사람도 정회원 자격을 회복한 후 만 1년을 경과하여야 선거에 참여할 수 있다.

① 2019년 10월 A 협회 정회원 자격을 얻은 甲은 '2020년 협회장' 선출을 위한 '선거'에 참여할 수 있었다.
② 2018년 10월 A 협회 정회원 자격을 얻은 乙은 2019년 연회비 납부 여부와 관계없이 '2019년 협회장' 선출을 위한 '찬반투표'에 참여할 수 있었다.
③ 2017년 10월 A 협회 정회원 자격을 얻은 丙이 연회비 미납부로 자격이 유보되었다가 2019년에 정회원 자격을 회복하였더라도 '2020년 협회장' 선출을 위한 '선거'에 참여할 수 없었다.
④ 2017년 10월 A 협회 준회원 활동을 시작한 丁이 최소 요구 연한 경과 직후에 정회원 자격을 획득하였다면 '2019년 협회장' 선출을 위한 '찬반투표'에 참여할 수 있었다.
⑤ 2016년 10월 처음으로 A 협회 정회원 자격을 얻은 戊가 2017년부터 연회비를 계속 납부하지 않았다면 협회장 선출을 위한 '선거'에 한 번도 참여할 수 없었다.

231

2번 문제는 전형적인 법조문 문제다. 규정도 길지 않고 주어진 상황도 하나뿐이다. 법조문 울렁증만 없다면 답을 찾는 데 큰 어려움이 없다. 한편 4번 문제는 형태가 조금 다르다. 출제자는 문제 유형을 다변화하고 난이도에 차별을 두기 위해 평범한 법조문을 4번 문제와 같이 줄글 형태로 변형하기도 한다. 줄글이 더 쉬울 것 같지만 그렇지 않다. 익숙해지면 조/항/호/목으로 나뉜 법조문이 필요한 내용을 찾기 더 편하게 읽힌다. 그래서 4번 문제가 더 까다롭다. 게다가 4번 문제는 다섯 가지 경우를 각기 판단해야 하는 '라면문제'이기도 하다.

즉, 지문을 잘 읽어도 답을 단박에 찾을 수 없고, 다섯 선지의 진위를 하나씩 판단해야만 한다. 2번 문제와 비교하면 판단해야 하는 정보량(상황)이 5배에 이르는 셈이다. 물론 4번 문제도 버려야 할 수준은 아니다. 문제의 난이도를 결정하는 요인은 상황의 개수, 지문의 형태 외에도 다양하다.

② 퀴즈형

퀴즈형은 알쏭달쏭해서 '퀴즈'라고 부르지만, 주어진 조건을 바탕으로 계산하거나 경우의 수를 따지는, 말 그대로 상황을 판단하는 문제의 일종이다. 퀴즈형은 문제 내용을 분석할 필요는 없고, 접근법이 옳았는지, 풀이 과정에 실수는 없었는지, 버릴 문제를 붙잡지는 않았는지 정도를 검토하면 된다.

퀴즈형이 법조문 문제와 완전 다른 유형처럼 보이겠지만, 조건을 토대로 '주어진 상황'을 판단한다는 점에서는 궤를 같이한다. 결국 퀴즈도 조건을 명확히 이해하고 상황을 분석하면 답이 나오는 구조다. 이게 두 유형이 하나의 과목에 묶여 있는 이유기도 하다.

기출을 풀어 본 수험생이라면 알겠지만 쉬운 문제는 허무할 만큼 쉽다. 2분은커녕 1분 만에 풀리는 문제들이 적지 않다. 그러나 반대로 어려운 문제도 많다. 많은 사람이 상황판단을 가장 어려운 과목이라고 답하는 이유는 널뛰는 난이도 사이에서 시간을 현명히 쓰기가 무척 어렵기 때문이다. 특히 퀴즈형에서는 외양만으로는 분간하기 어려운 초고난도 문제가 간혹 등장한다.

2021년 5급 상황판단 9번, 10번

문 9. 다음 글을 근거로 판단할 때 옳지 않은 것은?

> 도시 O, A, B, C는 순서대로 동일 직선상에 배치되어 있으며 도시 간 거리는 각각 30km로 동일하다. ($\overline{OA}$: 30km, $\overline{AB}$: 30km, $\overline{BC}$: 30km)
>
> A, B, C가 비용을 분담하여 O에서부터 A와 B를 거쳐 C까지 연결하는 직선도로를 건설하려고 한다. A, B, C 주민은 O로의 이동을 위해서만 도로를 이용한다. 도로 1km당 건설비용은 동일하다. 비용분담안으로 다음 세 가지 안이 논의되고 있다.
>
> ○ I안 : 각 도시가 균등하게 비용을 부담
> ○ II안 : 각 도시가 이용 구간의 길이에 비례하여 비용을 부담
> ○ III안 : 도로를 $\overline{OA}$, $\overline{AB}$, $\overline{BC}$로 나누어 해당 구간을 이용하는 도시가 해당 구간 건설비용을 균등하게 부담

① A에게는 III안이 가장 부담 비용이 낮다.
② B의 부담 비용은 I안과 II안이 같다.
③ II안에서 A와 B의 부담 비용의 합은 C의 부담 비용과 같다.
④ I안에 비해 부담 비용이 낮아지는 도시의 수는 II안보다 III안에서 더 많다.
⑤ C의 부담 비용은 III안이 I안의 2배 이상이다.

문 10. 다음 글을 근거로 판단할 때, 하나의 단어를 표현하는 가장 긴 코드의 길이는?

> 일반적으로 대화에는 약 18,000개의 단어가 사용된다. 항공우주연구소가 화성에 보낸 우주비행사와의 통신을 위해 아래의 〈원칙〉에 따라 단어를 코드로 바꾸어 교신하기로 하였다.
>
> 〈원 칙〉
>
> ○ 하나의 코드는 하나의 단어만을 나타낸다.
> ○ 26개의 영어 알파벳 소문자를 사용하여 왼쪽에서부터 오른쪽으로 일렬로 나열된 코드를 만든다.
> ○ 코드 중 가장 긴 것의 길이를 최소화한다.
> ○ 18,000개의 단어를 표현할 수 있어야 한다.
>
> 〈단어-코드 변환의 예〉

코드	단어	코드	단어
a	우주비행사	aa	지구
b	우주정거장	ab	외계인

※ 코드의 길이는 코드에 표시된 글자의 수를 뜻한다.

① 1　③ 3　② 2　④ 4　⑤ 5

위 두 문제 모두 퀴즈형인데, 9번 문제는 2분 내로 풀기 어렵게 설계가 되었고, 10번 문제는 한 번 착각하면 틀린 줄도 모르고 오답을 고르게끔 설계되었다. 기출에서만 볼 수 있는 좋은 문제다. 감상(?)해 보자.

상황판단은 문제별 난이도 차가 매우 큰 과목이다. 이렇게까지 어려울 수가 있나 싶은 문제와 애개개 할 정도로 쉬운 문제가 공존해서 페이스 조절이 어렵다. 특히 연달아 어려운 문제를 맞닥뜨리면 '이걸 다 안 풀 수는 없어'라는 생각에 페이스를 잃고 문제에 매달리게 된다. 그런데 정말 어려운 퀴즈들은 풀이에 6~7분이 걸리기도 하기에 (무려 3문제를 풀 수 있는 시간이다) 아니다 싶으면 반드시 넘겨야 한다.

물론 외양만으로 난이도 분간이 되지 않으니 풀어는 봐야 한다. 문제랑 붙어 보지도 않고 튀는 전략은 현명하지 않다. 자칫 쉬운 문제를 놓칠 수도 있고, 어려운 문제여도 선지 1개라도 지운다면 마냥 손해는 아니기 때문이다. 겉모습만 보고 판단하지 말아야 하는 것은 사람만이 아니다. 문제도 마찬가지다.

다만, 언어·자료가 동네 건달 수준이라면 퀴즈는 타이슨이다. 퀴즈 특성상 문제에 한번 몰입하면 좀처럼 빠져나오기가 어렵기 때문에 (다른 유형보다 유독 탈출이 어렵다. 언어·자료는 선지별 독립된 판단이 가능하여 선지 1~2개만 지우고 도망칠 수 있지만, 퀴즈는 하나의 문제를 통으로 해결하는 구조이기 때문이다. 도무지 도망칠 틈을 주지 않는다) 이건 아니다 싶거나 생각이 엉켜 머리가 정지하는 경우 즉시 버려야 한다. 투자한 시간이 아깝다고 오기를 부려서는 곤란하다. 잠깐 생각이 엉킨 경우라도 쿨하게 다른 문제로 넘어가자. 도망은 패배가 아니라 출제자를 이기는 길이다. 당장 막혔던 문제도 조금 뒤에 차분히 보면 생각보다 쉽게 풀리는 경우가 있다.

③ 지문형

상황판단에는 간혹 법조문도 아니고 퀴즈도 아닌, 언어논리와 매우 유사한 문제가 등장한다. 19~20번, 39~40번과 같이 한 지문에 2개 문제가 짝지어 나오는 경우가 대부분이다. 사회·자연과학 지문을 소재로 삼는 경우가 많으며 계산 문제가 섞이는 경우도 더러 있다. 난이도가 평이한 편이라 여기서 시간을 절약하고 점수도 얻어야 한다.

[19~20] 다음 글을 읽고 물음에 답하시오.

석유사업의 시작은 1859년으로 거슬러 올라간다. 甲국 ○○계곡에서 석유시추 현장책임자인 A가 오랜 노력 끝에 석유시추에 성공하였고, 그날부터 A는 매일 30배럴씩 석유를 퍼 올렸다.

A의 성공을 계기로 석유에 대한 관심이 급증했다. 석유시추에 성공한 이후 1860년 말에는 70여 개의 유정이 석유를 뿜어냈고 정제시설도 15개나 들어섰다. ○○계곡의 연간 산유량은 1859년의 2천 배럴에서 10년 만에 250배가 되었다. 그러나 생산량이 늘어나면서 가격은 하락하였다. 급기야 석유가격은 A가 최초로 시추한 날의 평균가격에서 96%나 떨어져 배럴당 1.2달러에 판매되기도 하였다. 이러한 생산과잉을 해결하기 위해 수출이 시작되었다. 1880년에는 甲국의 수출량이 국내 소비량의 150%가 되었으며, 甲국에서 그해 생산된 석유의 총 가액은 3,500만 달러였다.

석유사업 확대는 연구 및 수요 증가와 밀접한 관련이 있다. 원유에서는 액화석유가스(LPG), 휘발유(가솔린), 등유, 경유(디젤), 중유 등을 생산할 수 있다. 하지만 1859년에는 등유만을 생산하였고, 부산물은 용도가 없어 내다 버렸다. 그런데 등화용으로 사용되던 등유 소비가 한계에 달하면서 새로운 시장을 개척하기 위해 부산물의 용도를 연구하기 시작하였다. 그 결과 휘발유가 석탄을 대신해서 증기기관의 동력으로 사용될 수 있음을 알게 되었다. 1886년 휘발유 자동차가 생산되면서 휘발유의 가치는 치솟았다. 1908년 자동차의 대량생산을 계기로 휘발유 사용이 극적으로 증가하였고, 1911년에는 휘발유 소비가 처음으로 등유를 앞질렀다.

1893년에는 디젤엔진의 특허가 등록되었고, 1910년경 동력 장치로 발명된 디젤엔진이 선박에 처음으로 사용되었다. 경유(디젤)가 자동차 연료로 처음 사용된 것은 1927년에 소형 연료 분사장치가 발명되면서부터이다. 한편 1912년에는 원유에서 끓는점에 따라 휘발유, 등유, 경유, 중유를 차례로 생산하는 최초의 현대식 정유공장이 세워졌으며, 액화석유가스 생산 기술이 처음으로 개발되었다.

19. 윗글을 근거로 판단할 때 옳은 것은?

① 1890년이 되어서야 휘발유는 동력 기계를 움직이는 연료로 사용되었다.
② 1907년에는 휘발유보다 등유의 소비량이 더 많았을 것이다.
③ 1925년에 경유가 자동차 연료로 사용되기 시작했을 것이다.
④ 최초의 석유시추는 휘발유와 경유를 생산하기 위한 것이었다.
⑤ 1910년에는 액화석유가스가 자동차 연료로 사용되기 시작했을 것이다.

20. 윗글을 근거로 판단할 때, <보기>에서 옳은 것만을 모두 고르면?

───── 〈보기〉 ─────

ㄱ. A가 시추 첫날 생산한 석유가 그날 평균가격으로 모두 팔렸다면 판매액은 총 900달러이다.
ㄴ. 1869년 ○○계곡의 월평균 산유량은 2만 배럴이다.
ㄷ. 비축 및 수입된 석유가 없다고 가정할 때, 1880년 甲국의 국내 석유 소비량을 금액으로 환산하면 총 2,100만 달러이다.

① ㄱ ② ㄷ ③ ㄱ, ㄴ ④ ㄱ, ㄷ ⑤ ㄴ, ㄷ

위와 같이 한 지문에 두 문제가 엮여 나온다. 특히 39~40번의 경우 시간을 잘 안배하여 꼭 풀도록 하자. 앞에서 시간을 다 써서 여기까지 도달하지 못하면 거저주는 지문형 문제를 챙기지 못하는 참사가 발생한다. 마지막 순간 딱 한 문제를 풀 시간밖에 안 남았다면 두 문제가 엮인 지문을 읽는 것도 좋은 생각이다. 지문 분량이 보통의 언어논리 문제보다 한 문단 더 있는 정도라 두 문제를 모두 풀어도 시간이 생각보다 오래 걸리지 않기 때문이다.

2장

법조문 풀이 전략
– 법조문은 번호 매긴 줄글일 뿐이다

수험생들은 퀴즈에 매몰된 나머지 법조문 문제를 등한시하는 경향이 있지만, 법조문 문제에서도 실수를 꽤 한다. 이쯤 되면 눈치를 챘을 텐데 PSAT에서는 어려운 문제를 푸는 것보다 쉬운 문제에서의 실수를 줄이는 게 더 좋은 전략이다. 대다수가 틀리는 문제를 틀려서가 아니라, 남들이 다 맞힌 문제를 맞히지 못해 불합격한다는 사실을 명심하자. 그러므로 상황판단에서는 법조문 문제에서의 실점을 최소화해야 한다. 상황판단 문제의 30%가량을 차지하는 법조문 문제에 대한 접근법을 알아보자.

겉모습에 겁먹지 말자

수험생들은 법조문 문제를 줄글 형태로 된 지문 문제(언어논리)에 비해 어려워한다. 실제 어려워서가 아니라, 딱딱한 용어로 쓰인 법조문 앞에서 위축되기 때문이다. 그런데 전혀 겁먹을 필요가 없다. 법조문은 사회 구성원 간의 약속을 정리한 글이다. 법에는 논리적 결함이 없고 (물론 세상에 완벽한 법은 없다) 표현도 명료하다. 그래서 일반적으로 접하는 글에 비해서도 깔끔하다.

논리적인 글임에도 왜 유독 어렵게 느껴질까? 그 이유는 일반 지문과 달리 기승전결을 파악하기 어렵기 때문이다. 물론 법에도 기승전결은 있다. 제1조 목적, 제2조 정의 등으로 시작해 마지막에는 부칙과 시행일로 마무리된다. 그러나 지문에 실리는 내용은 일부에 불과하다. 법률이 워낙 방대하니 일부를 발췌해 올 수밖에 없다. 그러므로 밑도 끝도 없이 시작하는 것처럼 느끼기 쉽다.

한편, 법조문 문제만이 갖는 장점도 있다. 법조문은 논리적 서술 법칙을 따르기 때문에, 앞에서 일반적인 내용을 규정하고 뒤로 갈수록 특수한 내용을 규정한다. 즉 낯선 내용이라도 조문 순서대로 읽으면 이해가 되도록 구조화되어 있다. 그리고 조/항/호/목으로 구분되어 있어 필요한 내용을 찾기도 쉽다.

역시, 기본은 통독이다

법조문 문제는 형태에 따라 ① 법조문을 발췌한 형태거나, ② 조문 내용을 줄글로 풀어쓴 형태로 나뉘는데 풀이 전략은 동일하다. 언어논리 문제와 마찬가지로 통독이 기본이다.

앞서 보았던 2021년 상황판단 2번 문제와 4번 문제처럼, 법조문 문제는 법조문을 그대로 갖다 붙인 법조문형과 줄글 형태로 풀어쓴 줄글형으로 나뉜다. 법조문을 그대로 붙인 법조문형의 가독성이 조금 더 좋다.

조/항/호/목으로 구분되어 발췌독하기 용이해 보이겠지만, 법조문도 언어논리 지문처럼 통독하는 편이 낫다. 순서대로 읽어야 내용을 이해하기 쉽고, 발췌독을 하다가는 법조문 특성상 반드시 등장하는 단서 조항을 놓칠 우려가 있기 때문이다.

법의 목적 조문과 정의 조문을 읽지 않고는 각 조문의 내용과 맥락을 파악하기 어려운 게 당연하다. 어떤 법이든 제대로 이해하기 위해서는 목적(제1조), 정의(제2조) 조문부터 읽어야 한다. 선지에 나온 내용만 읽겠다고 3항만 읽다가는 2항이나 4항에 규정된 내용을 놓칠 가능성이 있다. (참고로 통독하더라도 선지 내용을 먼저 훑은 뒤 지문을 읽어야 한다. '문두 → 선지 → 지문'의 시선 처리 순서는 언어논리와 동일하다)

키워드를 체크하자

2021년 5급 상황판단 22번

문 22. 다음 글을 근거로 판단할 때 옳은 것은?

제○○조 ① 재산공개대상자 및 그 이해관계인이 보유하고 있는 주식의 직무관련성을 심사·결정하기 위하여 인사혁신처에 주식백지신탁 심사위원회(이하 '심사위원회'라 한다)를 둔다.
② 심사위원회는 위원장 1명을 포함한 9명의 위원으로 구성한다.
③ 심사위원회의 위원장 및 위원은 대통령이 임명하거나 위촉한다. 이 경우 위원 중 3명은 국회가, 3명은 대법원장이 추천하는 자를 각각 임명하거나 위촉한다.
④ 심사위원회의 위원은 다음 각 호의 어느 하나에 해당하는 자격을 갖추어야 한다.
  1. 대학이나 공인된 연구기관에서 부교수 이상의 직에 5년 이상 근무하였을 것
  2. 판사, 검사 또는 변호사로 5년 이상 근무하였을 것
  3. 금융 관련 분야에 5년 이상 근무하였을 것
  4. 3급 이상 공무원 또는 고위공무원단에 속하는 공무원으로 3년 이상 근무하였을 것
⑤ 위원장 및 위원의 임기는 2년으로 하되, 1차례만 연임할 수 있다. 다만 임기가 만료된 위원은 그 후임자가 임명되거나 위촉될 때까지 해당 직무를 수행한다.
⑥ 주식의 직무관련성은 주식 관련 정보에 관한 직접적·간접적인 접근 가능성, 영향력 행사 가능성 등을 기준으로 판단하여야 한다.

① 심사위원회의 위원장은 위원 중에서 호선한다.
② 심사위원회의 위원 중 3명은 국회가 위촉한다.
③ 심사위원회의 위원이 4년을 초과하여 직무를 수행하는 경우가 있다.
④ 주식 관련 정보에 관한 간접적인 접근 가능성은 주식의 직무관련성을 판단하는 기준이 될 수 없다.
⑤ 금융 관련 분야에 5년 이상 근무하였더라도 대학에서 부교수 이상의 직에 5년 이상 근무하지 않으면 심사위원회의 위원이 될 수 없다.

위 문제의 선지에 담긴 키워드들은 비슷한 분위기를 풍기고 있다. 대체로 '위원장' '호선' '위촉' '4년 초과' '위원이 될 수 없다' 등과 같이 위

원 선정과 관련된 내용이다. 이처럼 선지의 키워드를 훑는 것만으로도 지문의 주제를 대략 파악할 수 있으며, 어느 부분을 집중해서 읽어야 하는지 판단하는 데 큰 도움이 된다.

현행법을 몇 개라도 살펴본 사람이라면 알겠지만 대개 비슷한 말투와 서술 방식을 따른다. 법을 제·개정할 때 유사 법률을 참고하기 때문이다. 그래서 법은 보수적이고 형식이 뚜렷하다. 덕분에 법조문 문제에서는 조금의 노력만 기울이면 주목해야 할 포인트를 쉽게 캐치할 수 있다. 법조문 문제에서 함정으로 쓰고 또 쓰는, 그렇기에 절대 속아서는 안 되는 클리셰(cliché, 진부하거나 틀에 박힌 생각 따위를 이르는 말) 표현들을 알아보자.

① 행위의 주체

상황판단에 등장하는 법조문의 대부분은 'A는 B를 할 수 있다'의 형태로 구성되고, 이때 주체(A)가 누구인지가 매우 중요하다. 주체를 혼동하면 눈 뜨고 코 베이듯 낌새도 느끼지 못하고 점수를 잃을 수 있다.

많은 문제에서 시·도지사/시장·군수·구청장을 활용해 수험생들을 속이는데, 권한의 위임·위탁에 따라 시·도지사와 시장·군수·구청장의 권한이 복잡하게 섞인 경우가 많기 때문이다. 아래는 2024년 상황판단 (나형) 2번 지문의 일부다. 문화관광형시장 지정 권한은 누구에게 있는 것일까?

제00조(문화관광형시장의 지정·육성) ①시장·군수·구청장(이하 '시장 등'이라 한다)은 직접 또는 상인조직을 대표하는 자가 신청하는 경우 시·도지사의 승인을 받아 문화관광형시장을 지정할 수 있다. 이 경우 시·도지사는 중소벤처기업부장관 및 문화체육관광부장관과 협의를 거쳐 승인 여부를 경청하여야 한다.

② 단서 조항

법조문을 살펴보면, 조문의 첫 번째 문장 뒤에 붙는 두 번째 문장이 '다만'으로 시작하는 경우가 많다. 이렇게 '다만'으로 시작하여 첫 번째 문장에서 언급한 규칙에 부가 조건을 다는 두 번째 문장을 '단서 조항'이라고 말한다.

단서 조항은 예외를 규정하므로 놓치거나 깜빡하기 쉽고, 함정으로 자주 활용된다. 법조문을 읽다가 '다만'이 등장하면 반드시 표시해 두자. 나는 '다만'이나 각종 부정적인 표현(안 된다, 할 수 없다 등)에는 세모 표시를 했다.

③ ~거나, 또는(OR), ~하면서(AND)

법조문을 보면 호(1호, 2호 등) 단위로 적용 조건을 나누거나 본문에 조건을 열거하는 경우가 있다. 이때 조건의 내용만큼 주어진 조건을 동시에 충족해야 하는지, 그중 하나만 충족해도 되는지를 판단하는 것도 중요하다. 조건의 내용은 선지의 T/F를 판단하는 과정에서 자연스럽게 체크하게 되니 본문을 읽을 때 너무 눈여겨볼 필요는 없다. 그보다 조건이 모두 충족되어야 하는지, 그중 하나만 충족해도 되는지를 먼저 확인하자.

④ ~할 수 있다(재량), ~해야 한다(기속)

법조문은 누군가의 권한이나 의무를 규정하는 경우가 많다. 이때 재량·기속은 표현에 따라 식별할 수 있다. 권한이 부여된 경우에는 '~할 수 있다'라고 표현하며 이런 조항을 재량 조문이라고 한다. 반대로 의무가 주어진 경우에는 '~해야 한다'라고 표현하고 이를 기속 조문이라고 말한다. 덧붙이자면 재량 조문에 근거한 행정행위를 재량행위라고 말하며 기속 조문에 근거한 행정행위는 기속행위라고 말한다.

선지를 구성할 때, 재량 조문의 내용을 기속 조문인 것처럼 쓰거나 그 반대로 써서 착각을 유도하는 경우가 많다. 절대 착각하면 안 된다. 순식간에 점수를 잃을뿐더러, 실무에서도 재량·기속 조문을 반대로 이해하는 경우 큰 문제가 초래될 수 있기 때문이다.

⑤ N년 동안, 마다, 까지/~을 포함한, 제외한

법조문에 숫자가 등장하는 경우 출제자는 이를 활용하여 선지를 구성하고 싶은 강한 유혹을 느낀다. 짧은 법조문을 활용해 5개의 선지를 구성하는 것은 마른걸레를 짜내는 것처럼 매우 고통스러운 일이기 때문에 숫자가 잔뜩 들어간 법조문을 발견하면 기분이 좋다. 그렇기에 법조문에 숫자가 나오면 눈에 힘을 주고 풀어야 한다.

법조문에서 숫자는 기간이나 시간, 인원, 횟수, 금액(벌금 등) 등 다양하게 활용된다. 이때 표현에 따라 해석이 달라지므로 주의해야 한다. 'N년 동안'으로 기간을 규정하거나, 'N년마다 계획을 수립해야 한다'는 식으로 주기를 설정하거나, 'N년까지'로 기한을 설정하는 경우 등이 대표적이다. 이처럼 표현에 따라 내용이 달라지므로 정확한 의미를 명확하게 짚고 넘어가야 한다.

인원을 규정하는 경우(위원회 등)는 좀 더 쉬운데, 이때 방심하면 안 된다. 위원장을 포함한 정원인지 아닌지, 간사(단체나 기관의 사무를 담당하여 처리하는 직무, 흔히 회의를 진행하는 MC라고 생각하면 쉽다) 등 위원 수에 포함되지 않으나 회의장에 참석하는 인원이 있는지 여부를 면밀히 살펴야 한다. 실무에서도 위원 수가 10명이라고 의자를 10개만 준비하면 혼난다. 간사, 실무자 등 실제 참석 인원을 정확하게 파악하자.

법조문 문제 난이도 파악하기

법조문 문제는 대부분 현행 법령을 활용하며, 법령은 국민 누구나 이해할 수 있는 수준으로 작성되므로 지문을 통한 난이도 조정에는 한계가 있다. 결국 지문 외의 요소로 난도를 높일 수밖에 없다. 그래서 법조문 문제의 난이도는 지문보다는 보기나 선지를 통해 유추하는 게 좋다.

앞서 보았던 2021년 상황판단 2번 문제와 4번 문제를 다시 비교해 보자. 두 문제의 지문(형태가 다르기는 하지만) 난이도는 크게 차이 나지 않는다. 그러나 판단해야 하는 상황의 양은 제법 차이가 있다. 2번 문제는 박스 처리된 하나의 〈상황〉만 존재하는 반면, 4번 문제는 선지마다 독립된 상황을 가정하는 '라면문제'로 총 5개의 상황에 대해 판단해야 한다. 만일 시간이 부족해 한 문제밖에 풀 수 없다면 2번 문제를 택하는 편이 좋겠다.

3장 퀴즈와 싸우는 법
- 무의미하게 제시되는 조건은 없다

어떤 문제를 퀴즈라고 부르나요?

퀴즈(Quiz)의 사전적 정의는 '어떤 질문에 대한 답을 알아맞히는 놀이 또는 그 질문을 통틀어 이르는 말'이다.

상황판단에서의 퀴즈란 제시된 조건을 바탕으로 계산하거나 경우를 따지는 문제의 통칭이다. 자료해석에는 계산 문제가 생각보다 적다고 말했는데, 반대로 상황판단에는 생각보다 계산 문제가 많다. 대부분 퀴즈이며 개중에는 선지가 숫자로만 구성된 문제도 있다. 물론 대단한 계산 역량을 요구하는 것은 아니라서 앞서 소개한 훈련만 거치면 충분하다. (여전히 계산 연습은 필요 없다) 그 외에는 표를 그려 경우를 따지는 문제들이 주를 이룬다.

다른 유형과 달리 지문의 내용을 바탕으로 옳고/그름을 판단하는 문제가 아니며, 자료해석처럼 주어진 데이터를 해석하는 것도 아니라는 게 퀴즈의 특징이다.

'어떤 문제가 퀴즈에 해당하는지'를 알 필요는 없다. 혹시나 '퀴즈의 특성' 따위를 분석한다든가 하는 행동은 하지 말자. 자동차 운전을 잘하기 위해 엔진 구동 원리를 익히는 것만큼이나 무의미하다.

244

퀴즈 난이도 편차 파악하기

지금까지 기출문제로 훈련해야 한다고 강조했다. 기출을 풀어야 출제위원이 어떤 함정을 파는지 알고, 문제의 난이도 편차에 대해서도 감을 잡을 수 있기 때문이다.

특히 난이도 편차를 아는 것이 매우 중요하다. 이는 곧 선구안을 길러야 한다는 말과 같은데, 퀴즈는 어려운 문제 1개를 풀 시간에 쉬운 문제 3개를 풀 수 있을 정도로 난이도 차가 크다. 이를 알아야 어려운 퀴즈를 미련 없이 버리고 멘탈도 지킬 수 있다. 뒤에 쉬운 문제가 있음을 알면 어려운 퀴즈 문제를 연달아 맞닥뜨려도 흔들림 없이 자신의 페이스를 유지할 수 있게 된다.

2024년 5급 상황판단 11번

11. 다음 글을 근거로 판단할 때, 甲과 乙이 가지고 있는 닭의 마릿수는?

> 甲 : 닭 가격이 올랐으니 지금이 닭을 팔 좋은 기회야. 우리 둘이 가진 닭 중 75마리를 팔면, 지금 가진 사료만으로도 닭을 팔기 전보다 20일 더 먹일 수 있어.
>
> 乙 : 하지만 내 생각에는 닭 가격이 앞으로 더 오를 것 같아. 지금은 닭을 팔기보다는 사는 것이 낫다고 생각해. 만약 닭을 100마리 사면 지금 가진 사료가 15일 일찍 동이 나겠지만, 사료는 더 구매하면 되는 것이고….
>
> 甲 : 그래? 그럼 닭을 팔아야 할지 사야 할지 다시 고민해보자.

① 100
② 200
③ 300
④ 400
⑤ 500

이 문제는 분량은 짧지만 어려운 전형적인 고난도 퀴즈다. 재미있는 사실은, 누군가는 이 문제를 쉽게 풀고 누군가는 10분을 줘도 풀지 못한다는 점이다. 퀴즈는 풀이의 열쇠를 찾지 못하면 한참을 헤매게 된다는 점에서 위험하다. 이 문제를 현직 사무관 10여 명에게 던져주었더니, 악어 떼가 달려들 듯 승부욕을 발휘하며 업무를 제쳐두고 문제와 씨름을 벌였다. 결과는 처참했다. 풀이가 제각각인데다, 답을 맞히지 못하거나 풀지 못한 사람도 많았다. 이 정도 문제는 거를 수 있는 선구안을 갖춰야 한다. 외양만 보고 구분할 줄 알아야 한다는 말이 아니다. 풀다가 등골이 오싹한 느낌이 오면 튀어야 한다는 말이다.

문제의 난이도 편차를 아는 게 큰 도움이 된다는 건, 롤러코스터에 빗대어 설명할 수 있다. 롤러코스터도 회전 구간이나 급하강 구간을 알면 당황하지 않을 수 있다. (사진 촬영 구간에서 포즈를 취할 여유도 생긴다) 반대로 코스를 전혀 모르면 타는 내내 몸에 힘이 들어가고 긴장하게 된다.

예측이 가능하면 여유가 생긴다

퀴즈 문제 간 난이도 편차가 어느 정도인지 알기 위해서는 기출문제를 꾸준히 풀며 직접 느껴야 한다. 적은 수의 문제라도 꾸준히 풀자.

퀴즈 풀이 전략

학창 시절, 시험 기간이 되면 체육도 몇 차례 필기(이론) 수업을 했다. 학생과 선생님 모두가 지루해하는 시간이었다. 각종 구기종목에 대한 자세와 동작을 알려 주거나 뜀틀을 넘는 순서를 알려 주는 등 실제 체육활동에는 거의 도움되지 않는 이론을 외워야 했다. 음악도 마찬가지였다. 노래나 악기 연주 실력에는 하등 도움되지 않는 음악사 등을 배워야 했다.

PSAT도 비슷하다. PSAT 강의는 체육 이론수업과 비슷하다. 아무리 강의를 들어도 스스로 훈련하지 않으면 의미가 없다. 투박해 보일지라도 실전에서 적용 가능한 전략을 익히고 훈련하는 편이 낫다.

퀴즈의 유형은 풀이 전략에 따라 최소한으로 분류하면 되는데, 계산이 필요한지 아닌지로만 나누면 된다. 나는 항상 이 전략으로 맞서 왔고 상황판단은 가장 점수가 잘 나오는 내 주력 과목이었다.

① 계산형 퀴즈 : 방아쇠 조건(실수유도 조건)에 유의하자

러시아의 작가 안톤 체호프는 "책상 위에 총이 놓여 있다고 묘사했다면 그 총은 이야기를 끝내기 전에 반드시 쏴야 한다"라며, 복선(떡밥)은 반드시 회수해야 한다고 말했다. 퀴즈도 마찬가지다. 퀴즈에서 무의미하게 제시되는 조건은 없다. 모든 조건은 답을 도출하는 데 활용되며, 그중에는 실수를 유도하기 위한 조건도 하나 이상 포함된다. 실수를 유도하는 조건을 '방아쇠 조건'이라고 칭하겠다. 방아쇠 조건은 주로 주어진 조건의 예외로, 흔히 단서 조항(단, ~는 제외한다) 형태로 등장한다. 방아쇠 조건을 발견하면 크게 표시하여 놓치지 않도록 되새겨야 한다. 방아쇠 조건을 놓치면 내가 총에 맞는다.

퀴즈 중에는 계산이 필요한 문제가 더러 있다. 시간을 계산하거나 수량을 계산하는 등 암산으로 해낼 수 없는, 반드시 손으로 끄적거려야 하는 문제들이다. 자료해석보다 출제 비중이 높다. 비유하자면 자료해석은 탁구(테이블 테니스) 같은 느낌이라 힘을 빼고 경쾌하게(?) 풀어야 한다면 상황판단은 진짜 테니스처럼 힘을 써야 한다. 예시를 보자.

2023년 5급 상황판단 17번

17. 다음 글과 〈상황〉을 근거로 판단할 때, □□연구지원센터가 지급할 연구비 총액은?

□□연구지원센터는 최대 3개의 연구팀을 선정하여 연구비를 지급하고자 한다. 선정 및 연구비 지급 기준은 아래와 같다.
○ 평가 항목은 연구실적 건수, 피인용 횟수, 연구계획서 평가결과, 특허출원 건수이며, 항목별 점수는 다음과 같다.
- 연구실적 건수 : 1건당 15점
- 피인용 횟수 : 5회마다 1점
- 연구계획서 평가결과 : '우수' 25점, '보통' 20점, '미흡' 15점
- 특허출원 건수 : 1건당 3점
○ 합계 점수 상위 3개 팀을 고르되, 합계 점수가 80점 미만인 팀은 3위 안에 들더라도 선정에서 제외한다.
○ 선정된 연구팀에게 지급할 연구비는 다음과 같다.
- 1위: 10억 원, 2위: 7억 원, 3위: 4억 원
- 단, 선정된 연구팀 가운데 연구계획서 평가에서 '우수'를 받은 연구팀은 1억 원을 증액 지급하고, 특허출원이 3건 미만인 연구팀은 1억 원을 감액 지급한다.

〈상황〉

다음은 연구팀 A-E에 대한 평가 자료이다.

구분	연구실적 건수	피인용 횟수	연구계획서 평가결과	특허출원 건수
A	2	45	보통	3
B	3	62	우수	4
C	2	88	미흡	5
D	4	37	보통	2
E	1	165	우수	2

① 17억 원
② 18억 원
③ 19억 원
④ 21억 원
⑤ 22억 원

위 문제는 손으로 값을 하나하나 적으며 풀어야 한다. 그래도 푸는 방법은 단순해서 정직하게 시간을 쏟으면 답을 구할 수 있다.

이 문제에서는 '합계 점수가 80점 미만이면 3위 안에 들어도 평가에서 제외한다'라는 방아쇠 조건이 등장한다. '합계 점수 상위 3개 팀을 고른다'라는 조건의 예외다. 이렇게 방아쇠 조건이 등장하면 크게 별표를 치자. 시험지에 표시하는 행위는 사소해 보여도 제법 효과적이다. 시각적 자극이 있으면 눈에 띄므로 잊지 않을 수 있다.

풀었는데도 틀린 퀴즈가 있다면, 착각하거나 놓친 조건이 없는지 살펴봐야 한다. 만일 조건을 놓쳤다면 더 집중하기 위한 방법을 찾아야 한다. 다짐도 좋고 나만의 기호로 체크하는 습관을 들이는 것도 좋다. 다짐을 반복하는 과정만으로도 훈련이 되므로 조건을 놓칠 때마다 스스로를 다잡자. 시험 당일에 '상황판단 핵심 조건 놓치지 않기' 등의 말을 종이에 적어 직전까지 자신을 각성시키는 방법도 좋다.

② 비계산형 퀴즈 풀기 1 : 실마리 조건 찾기

퀴즈 문제 중 계산이 필요 없는 문제도 많다. 표를 그려 경우를 따지는 문제가 대표적이며, 언어논리에 나오는 논리학 문제와 매우 유사하다. 이 경우에는 '방아쇠 조건' 대신 문제를 풀어나갈 수 있는 '실마리 조건'을 찾으면 된다.

네모로직(노노그램)을 해 본 사람은 알겠지만 아무리 복잡한 그림이라도 몇 줄은 다른 줄과 관계없이 쉽게 채워 넣을 수 있고, 이런 칸부터 채우다 보면 어느새 그림이 완성된다. 퀴즈도 마찬가지다. 실마리 조건부터 풀어 가면 된다. 아래 예시를 보자.

2021년 5급 상황판단 15번

문 15. 다음 글과 〈대화〉를 근거로 판단할 때 옳지 않은 것은?

○ A 부서의 소속 직원(甲~戊)은 법령집, 백서, 판례집, 민원 사례집을 각각 1권씩 보유하고 있었다.
○ A 부서는 소속 직원에게 다음의 기준에 따라 새로 발행된 도서(법령집 3권, 백서 3권, 판례집 1권, 민원 사례집 2권)를 나누어 주었다.
- 법령집 : 보유하고 있던 법령집의 발행연도가 빠른 사람부터 1권씩 나누어 주었다.
- 백서 : 근속연수가 짧은 사람부터 1권씩 나누어 주었다.
- 판례집 : 보유하고 있던 판례집의 발행연도가 가장 빠른 사람에게 주었다.
- 민원 사례집 : 민원업무가 많은 사람부터 1권씩 나누어 주었다.

※ 甲~戊는 근속연수, 민원업무량에 차이가 있고, 보유하고 있던 법령집, 판례집은 모두 발행연도가 다르다.

〈대화〉
甲 : 나는 책을 1권만 받았어.
乙 : 나는 4권의 책을 모두 받았어.
丙 : 나는 법령집은 받았지만 판례집은 받지 못했어.
丁 : 나는 책을 1권도 받지 못했어.
戊 : 나는 丙이 받은 책은 모두 받았고, 丙이 받지 못한 책은 받지 못했어.

① 법령집을 받은 사람은 백서도 받았다.
② 甲은 丙보다 민원업무가 많다.
③ 甲은 戊보다 많은 도서를 받았다.
④ 丁은 乙보다 근속연수가 길다.
⑤ 乙이 보유하고 있던 법령집은 甲이 보유하고 있던 법령집보다 발행연도가 빠르다.

	갑	을	병	정	무
3 법	O	/	/	O	/
3 백	O	/	/	O	/
/ 판	O	/	O	O	O
2 민	/	/	O	O	O

　앞 문제의 〈대화〉 중 을(乙)과 정(丁)의 멘트가 실마리 조건이다. 두 사람의 말만으로도 다른 사람들의 조건과 무관하게 표를 채워 넣을 수 있다. 그리고 두 사람의 조건을 표에 그려 넣고 나면 한결 수월하게 문제가 풀린다. 이 문제는 난도가 낮은 편이지만 이보다 어려운 문제라도 반드시 실마리 조건은 있다.

2023년 5급 상황판단 34번

34. 다음 글을 근거로 판단할 때, 다음 주에 戊가 A와 함께 먹을 음식의 종류는?

> 甲~戊는 다음 주 월~금요일 중 각자 다른 요일에 A와 저녁을 먹으려 한다. A는 다양한 음식을 즐기기 위해서 한식, 중식, 일식, 양식, 퓨전음식을 한 번씩 먹는다. 甲은 A와 다음 주 월요일 저녁에 중식을 먹기로 약속을 잡았다. 乙은 출장 때문에 다음 주 목요일과 금요일에만 약속을 잡을 수 있고, 丙은 일식과 양식만 먹는다. 丁은 월요일과 화요일에는 금식하며, 수요일에는 한식을, 목요일에는 일식을, 금요일에는 다른 종류의 음식을 먹는다. 한편 한식 음식점은 화요일과 목요일에는 영업하지 않으며, 퓨전음식점은 수요일에만 영업한다.

① 한식　③ 일식　② 중식　④ 양식　⑤ 퓨전음식

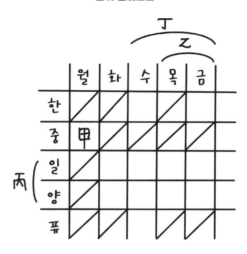

앞 문제는 세 번째 줄, '甲은 A와 다음 주 월요일 저녁에 중식을 먹기로 약속을 잡았다'와 마지막 문장 '한편 한식 음식점은 화요일과 목요일에는 영업하지 않으며, 퓨전음식점은 수요일에만 영업한다'가 실마리 조건이다. 표를 그려 이 조건을 먼저 적용한 뒤 나머지 조건을 적용하여 경우를 찾자.

③ 비계산형 퀴즈 풀기 2 : 반례 찾기

'라면 문제'에서는 선지 또는 보기마다 독립된 상황이 주어진다. 이때 선지(보기)는 '~라면, ~이다'의 구조로 구성된다. 이 역시 언어논리의 논리 문제와 접근법이 같다. 옳은 경우를 1,000가지 찾더라도 단 하나의 반례가 존재할 가능성을 배제할 수 없다면 해당 내용이 옳다고 확신할 수 없다. 따라서 반례 유무를 판단해야 한다.

문 14. 다음 글을 근거로 판단할 때, 〈보기〉에서 옳은 것만을 모두 고르면?

甲 : 안녕? 나는 지난 주말 중 하루에 당일치기로 서울 여행을 다녀왔는데, 서울에는 눈이 예쁘게 내려서 너무 좋았어. 너희는 지난 주말에 어디 있었니?

乙 : 나는 서울과 강릉을 하루에 모두 다녀왔는데, 두 곳 다 눈이 예쁘게 내리더라.

丙 : 나는 부산과 강릉에 하루씩 있었는데 하늘에서 눈을 보지도 못했어.

丁 : 나도 광주에 하루 있었는데, 해만 쨍쨍하고 눈은 안 왔어. 그날 뉴스를 보니까 부산에도 광주처럼 눈은 커녕 해가 쨍쨍하다고 했더라고.

甲 : 응? 내가 서울에 있던 날 뉴스를 봤는데, 광주에도 눈이 내리고 있다고 했어.

※ 지난 주말(토요일과 일요일) 각 도시에 눈이 내린 날은 하루 종일 눈이 내렸고, 눈이 내리지 않은 날은 하루 종일 눈이 내리지 않았다.

〈보기〉

ㄱ. 광주에는 지난 주말 중 하루만 눈이 내렸다.

ㄴ. 지난 주말 중 하루만 서울에 눈이 내렸다면 부산에도 지난 주말 중 하루만 눈이 내렸다.

ㄷ. 지난 주말 중 하루만 부산에 눈이 내렸다면 甲과 乙이 서울에 있었던 날은 다른 날이다.

ㄹ. 지난 주말 중 하루만 서울에 눈이 내렸다면 丙이 부산에 있었던 날과 丁이 광주에 있었던 날은 다른 날이다.

① ㄱ, ㄴ
② ㄱ, ㄷ
③ ㄴ, ㄹ
④ ㄱ, ㄷ, ㄹ
⑤ ㄴ, ㄷ, ㄹ

위 문제는 꽤 어려운 축에 속한다. 〈보기〉마다 다음과 같이 반례를 세워 풀자.

풀이

(ㄱ) → 주말 이틀 내내 눈이 내린 상황을 가정하고 풀어 보자.

(ㄴ) → 이틀 내내 눈이 내렸거나, 아예 눈이 오지 않은 경우를 가정하고 풀어 보자.

(ㄷ) → 갑과 을이 서울에 있었던 날이 같은 날이라 가정하고 풀어 보자.

(ㄹ) → 병과 정이 같은 날 각기 부산/광주에 있었다고 가정하고 풀어 보자.

이런 식으로 반례가 성립 가능한지 판단하자. 반례가 성립하면 해당 선지는 틀린 것이다. 반례를 따져 보아야 하는 문제의 출제 비중이 높은 것은 아니지만, 반례를 찾을 수 있는지에 따라 문제를 풀 수 있는지 없는지도 좌우되므로 훈련해 두어야 한다.

최선의 공격은 방어가 아니라 도망이다

앞서 말한 바와 같이 어려운 문제를 버리고 도망치는 능력은 정말 중요하다. 그리고 여러(?) 도망 중에서도 퀴즈에서의 도망은 매우 값지다. 모든 문제를 통틀어 퀴즈만큼 문제 간 난이도 편차가 큰 유형이 없기 때문이다. 퀴즈에서는 잘못 걸리면 7~8분도 허비할 수 있다. 어려운 퀴즈 앞에서 메두사와 눈이 마주친 사람처럼 '멍때리는' 상태가 될 때가 있는데, 합격하고 싶다면 이 상태에서 얼른 깨어나야 한다. 메두사를 처단하는 페르세우스가 되겠다는 생각은 접어 두고 황급히 다음 문제로 도망가자.

1. 법조문 훈련

법조문 문제에서는 ① 주체, ② 단서조항, ③ OR/AND, ④ 재량/기속, ⑤ 숫자(기간/인원) 등을 빠르고 정확하게 판단해야 한다. 법조문은 딱딱한 용어 때문에 어렵게 느껴질 수 있지만, 극도로 정제되고 명확한 표현을 쓰는 간결한 글이라고 생각하면 달리 보인다. 법조문 문제는 통독을 통해 ①~⑤번까지의 유의할 부분을 짚어가며 정확히 독해하는 것이 중요하다. 아래 예제를 통해 어느 부분을 유의해야 하는지 음영 부분을 살펴보자.

예제1) 2024년 5급 상황판단 2번

제○○조(문화관광형시장의 지정·육성) ① 시장·군수·구청장(이하 '시장 등'이라 한다)은 직접 또는 상인조직을 대표하는 자가 신청하는 경우 시·도지사의 승인을 받아 문화관광형시장을 지정할 수 있다. 이 경우 시·도지사는 중소벤처기업부장관 및 문화체육관광부장관과 협의를 거쳐 승인 여부를 결정하여야 한다.

② 시장 등은 문화관광형시장을 지정한 경우에는 그 지정 내용과 육성계획을 중소벤처기업부장관과 시·도지사에게 제출하여야 한다.

③ 정부와 지방자치단체는 지정된 문화관광형시장을 육성하기 위하여 다음 각 호의 사항을 지원할 수 있다.

　　1. 문화관광형시장으로 육성하기 위하여 필요한 공공시설과 편의시설의 설치 및 개량

　　2. 기념품 및 지역특산품의 개발과 판매시설 설치

　　3. 지역특성을 반영한 축제·행사·문화공연 개최

　　4. 시장·상점가와 지역 문화·관광자원을 연계한 상품 및 문화·관광 콘텐츠의 개발과 홍보

　　5. 문화관광형시장의 상인 및 상인조직에 대한 교육

제□□조(문화관광형시장 지정의 해제) ① 시·도지사는 지정된 문화관광형시장이 다음 각 호의 어느 하나에 해당하는 경우에는 그 지정을 해제할 수 있다.

1. 문화관광형시장을 지정한 날부터 3개월 이내에 제○○조 제2항에 따라 지정 내용과 육성계획이 제출되지 아니한 경우

2. 문화관광형시장을 지정한 날부터 2년 이내에 제○○조 제2항의 육성계획이 추진되지 아니한 경우

② 시·도지사는 문화관광형시장의 지정을 해제하려는 경우에는 시장 등 및 그 밖의 이해관계인에게 의견진술의 기회를 주어야 한다.

③ 시·도지사는 문화관광형시장의 지정을 해제한 때에는 그 내용을 중소벤처기업부장관, 문화체육관광부장관 및 시장 등에게 통보하여야 한다.

법조문 문제는 앞서 ①~⑤번 요소를 활용하여 함정을 만든다. 주체를 바꾸거나, 재량─기속을 바꾸는 등 조문의 내용을 바꾸어 순간 혼동을 일으키게 하는 것이다. 따라서 이 내용들만 잘 짚고 넘어가면 모든 법조문 문제를 맞힐 수 있다. 다음 예제를 보면서 직접 중요한 부분을 체크해 보자.

예제2) 2024년 5급 상황판단 1번

> 제○○조(공공데이터의 제공 및 이용 활성화에 관한 기본계획) ① 정부는 공공데이터의 제공 및 이용 활성화에 관한 기본계획(이하 '기본계획'이라 한다)을 수립하여야 한다.
> ② 기본계획은 행정안전부장관이 과학기술정보통신부장관과 협의하여 매 3년마다 국가 및 각 지방자치단체의 부문계획을 종합하여 수립하며, 공공데이터전략위원회(이하 '전략위원회'라 한다)의 심의·의결을 거쳐 확정한다. 기본계획 중 중요한 사항을 변경하는 경우에도 또한 같다.
> ③ 행정안전부장관은 전략위원회의 심의를 거쳐 국가와 지방자치단체의 부문계획의 작성지침을 정하고 이를 관계 기관에 통보할 수 있으며, 기본계획의 작성을 위하여 필요한 경우 공공기관의 장에게 관련 자료의 제출을 요청할 수 있다.
> 제○○조(공공데이터의 제공 및 이용 활성화에 관한 시행계획) ① 국가와 지방자치단체의 장은 기본계획에 따라 매년 공공데이터의 제공 및 이용 활성화에 관한 시행계획(이하 '시행계획'이라 한다)을 수립하여야 한다.
> ② 중앙행정기관의 장과 지방자치단체의 장은 시행계획을 전략위원회에 제출하고, 전략위원회의 심의·의결을 거쳐 시행하여야 한다. 시행계획 중 중요한 사항을 변경하는 경우에도 또한 같다.
> 제○○조(공공데이터의 제공 운영실태 평가) ① 행정안전부장관은 매년 공공기관(국회·법원·헌법재판소 및 중앙선거관리위원회는 제외한다. 이하 이 조에서 같다)을 대상으로 공공데이터의 제공기반조성, 제공현황 등 제공 운영실태를 평가하여야 한다.
> ② 행정안전부장관은 제1항에 따른 평가결과를 전략위원회와 국무회의에 보고한 후 이를 공공기관의 장에게 통보하고 공표하여야 하며, 전략위원회가 개선이 필요하다고 권고한 사항에 대하여는 해당 공공기관에 시정요구 등의 조치를 취하여야 한다.
> ③ 행정안전부장관은 제1항에 따른 평가결과가 우수한 공공기관이나 공공데이터 제공에 이바지한 공로가 인정되는 공무원 또는 공공기관 임직원을 선정하여 포상할 수 있다.

앞서 언급한 유의사항들을 중심으로 주의를 기울이며 문제를 풀어보자. 법조문 문제는 법조문의 형식과 용어만큼이나 틀(?)에 박혀 있어서 익숙해질수록 푸는 데 속도가 붙는다. 그러니, 속도에 유념하기보다는 함정을 유의하며 풀자. 함정을 회피하는 능력이 붙으면 속도는 자연스럽게 오른다.

예제3) 2023년 5급 상황판단 2번

2. 다음 글을 근거로 판단할 때 옳은 것은?

제○○조(소하천의 점용 등) ① 소하천에서 다음 각 호의 어느 하나에 해당하는 행위를 하려는 자는 그 소하천을 지정한 시장·군수 또는 구청장(이하 '관리청'이라 한다)의 허가(이하 '소하천 점용·사용 허가'라 한다)를 받아야 한다.
  1. 유수(流水)의 점용
  2. 토지의 점용
  3. 토석·모래·자갈, 그 밖의 소하천 산출물의 채취
  4. 인공구조물의 신축·개축 또는 변경
② 관리청은 소하천에 대하여 제1항 제1호에 따른 허가를 한 때에는 그 내용을 A부장관에게 통보하여야 한다.

제○○조(원상회복 의무) ① 소하천 점용·사용 허가를 받은 자는 그 허가가 실효(失效)되거나 점용 또는 사용을 폐지한 경우에는 그 소하천을 원상으로 회복시켜야 한다.
② 관리청은 필요한 경우 제1항의 원상회복 의무를 면제할 수 있고, 이때 그 인공구조물이나 그 밖의 물건은 해당 지방자치단체에 무상(無償)으로 귀속된다.

제○○조(점용료 등의 징수) ① 관리청은 소하천 점용·사용 허가를 받은 자로부터 유수 및 토지의 점용료, 토석·모래·자갈 등 소하천 산출물의 채취료(이하 '점용료 등'이라 한다)를 징수할 수 있다.
② 관리청은 소하천 점용·사용 허가를 받지 아니하고 소하천을 점용하거나 사용한 자로부터 변상금을 징수할 수 있다.
③ 소하천 점용·사용 허가를 받으려는 자는 수수료를 내야 한다.
④ 관리청은 소하천 점용·사용 허가를 하는 경우로서 다음 각 호의 어느 하나에 해당하는 경우에는 점용료 등 또는 수수료를 감면할 수 있다. 이 경우 점용료 등의 감면 비율은 대통령령으로 정하고, 수수료의 감면 비율은 해당 지방자치단체의 조례로 정한다.
  1. 공공용 사업, 그 밖의 공익 목적 비영리사업인 경우
  2. 재해나 그 밖의 특별한 사정으로 본래의 점용 목적을 달성할 수 없는 경우

① 관리청은 소하천에서의 토석 채취를 허가한 경우, 그 내용을 A부장관에게 통보하여야 한다.
② 관리청이 소하천에서의 인공구조물 신축 허가를 받은 자에게 원상회복 의무를 면제한 경우, 해당 인공구조물은 그 허가를 받은 자에게 귀속된다.
③ 소하천 점용·사용 허가에 따른 점용료 등과 수수료의 각 감면 비율은 해당 지방자치단체의 조례로 정한다.
④ 소하천 점용·사용 허가를 하는 경우에 재해로 인하여 본래의 점용 목적을 달성할 수 없는 때에는 관리청은 점용료 등을 감면할 수 있다.
⑤ 공공용 사업을 위해 소하천 점용·사용 허가를 받지 않고 소하천을 점용한 경우, 관리청은 변상금을 감면할 수 있다.

예제4) 2023년 5급 상황판단 22번

22. 다음 글을 근거로 판단할 때 옳은 것은?

> 제○○조(정의) 이 법에서 사용하는 용어의 뜻은 다음과 같다.
> 1. "건강검사"란 신체의 발달상황 및 능력, 정신건강 상태, 생활습관, 질병의 유무 등에 대하여 조사하거나 검사하는 것을 말한다.
> 2. "학교"란 유치원, 초·중·고등학교, 대학·산업대학·교육대학·전문대학 및 각종학교를 말한다.
> 3. "관할청"이란 다음 각 목의 구분에 따른 지도·감독기관을 말한다.
>   가. 국립 유치원, 국립 초·중·고등학교: 교육부장관
>   나. 공·사립 유치원, 공·사립 초·중·고등학교: 교육감
>   다. 대학·산업대학·교육대학·전문대학 및 각종학교: 교육부장관
> 제○○조(건강검사 등) ① 학교의 장은 학생과 교직원에 대하여 건강검사를 실시하여야 한다.
> ② 학교의 장은 천재지변 등 부득이한 사유가 있는 경우 관할청의 승인을 받아 건강검사를 연기하거나 건강검사의 전부 또는 일부를 생략할 수 있다.
> ③ 학교의 장은 정신건강 상태 검사를 실시할 때 필요한 경우에는 학부모의 동의 없이 실시할 수 있다. 이 경우 학교의 장은 그 실시 후 지체 없이 해당 학부모에게 검사 사실을 통보하여야 한다.
> 제○○조(등교 중지) ① 감염병으로 인해 주의 이상의 위기경보가 발령되는 경우, 교육부장관은 질병관리청장과 협의하여 등교 중지가 필요하다고 인정되는 학생 또는 교직원에 대하여 등교를 중지시킬 것을 학교의 장에게 명할 수 있다. 이 경우 해당 학교의 관할청을 경유하여야 한다.
> ② 제1항에 따른 명을 받은 학교의 장은 해당 학생 또는 교직원에 대하여 지체 없이 등교를 중지시켜야 한다.

① 건강검사와 관련하여 국·공립 중학교의 관할청은 교육부장관이다.
② 학생의 정신건강 상태 검사를 실시하는 경우, 학교의 장은 필요한 때에는 학부모의 동의 없이 이를 실시할 수 있다.
③ 교육부장관이 사립대학 교직원의 등교 중지를 명하는 경우, 관할 교육감을 경유하여야 한다.
④ 학교의 장은 천재지변이 발생한 경우, 건강검사를 다음 학년도로 연기하거나 생략하여야 한다.
⑤ 감염병으로 인해 주의 이상의 위기경보가 발령되는 경우, 질병관리청장은 학교의 장에게 학생 또는 교직원에 대한 등교 중지를 명할 수 있다.

조-항-호-목으로 구성된 법조문을 그대로 지문에 제시하는 경우도 있지만, 줄글형으로 변형하여 출제하는 경우도 많다. 법조문을 줄글로 풀어내면, 언어논리 지문 형태에 가까워지면서 조금 더 까다로워진다. 그러나 본질은 같다. 앞서 체크했던 ①~⑤번 사항을 잊지 말고 아래 지문에서 유의해야 하는 부분을 체크하자.

예제5) 2022년 5급 상황판단 5번

19세 이상 주민(이하 '주민'이라 한다)은 지방자치단체에 조례의 제정·개정 및 폐지를 청구할 수 있다. 시·도와 인구 50만 이상 대도시에서는 주민 총수의 100분의 1 이상, 시·군 및 자치구에서는 주민 총수의 50분의 1 이상의 연서로 해당 지방자치단체의 장에게 조례를 제정하거나 개정 또는 폐지할 것을 청구할 수 있다. 이때 청구인 대표자는 조례의 제정안·개정안 및 폐지안(이하 '주민청구조례안'이라 한다)을 작성하여 제출해야 한다. 지방자치단체의 장은 청구를 받은 날부터 5일 이내에 그 내용을 공표하여야 하며, 공표한 날을 포함하여 10일간 청구인명부나 그 사본을 공개된 장소에서 누구나 열람할 수 있도록 해야 한다. 청구인명부의 서명에 관하여 이의가 있는 주민은 열람기간 동안 해당 지방자치단체의 장에게 이의를 신청할 수 있다. 지방자치단체의 장은 이의신청을 받으면 열람기간이 끝난 날의 다음 날부터 14일 이내에 그에 대해 심사·결정하고 그 결과를 당사자에게 알려야 한다.

지방자치단체의 장은 이의신청이 없는 경우 또는 이의신청에 대해 그 결정이 끝난 경우 청구를 수리하고, 요건을 갖추지 못하였다면 청구를 각하한다. 지방자치단체의 장은 청구를 수리한 날을 포함하여 60일 이내에 주민청구조례안을 지방의회에 부의하여야 하며, 그 결과를 청구인 대표자에게 알려야 한다.

지방의회는 재적의원 3분의 1 이상의 출석으로 개의한다. 의결 사항은 재적의원 과반수의 출석과 출석의원 과반수의 찬성으로 의결한다.

예제6) 2022년 5급 상황판단 23번

민사소송에서 법원은 원고가 청구한 금액의 한도 내에서만 판결을 해야 하고, 그 상한을 넘는 금액을 인정하는 판결을 해서는 안 된다. 예컨대 임대인(원고)이 임차인(피고)을 상대로 밀린 월세를 이유로 2천 4백만 원의 지급을 청구하는 소를 제기하였다. 이 경우 법원은 심리 결과 임차인의 밀린 월세를 2천만 원으로 판단하면 2천만 원을 지급하라고 판결해야 하지만, 3천만 원으로 판단하더라도 3천만 원을 지급하라고 판결할 수는 없다. 다만 임대인이 소송 도중 청구금액을 3천만 원으로 변경하면 비로소 법원은 3천만 원을 지급하라고 판결할 수 있다.

그런데 교통사고 등으로 신체상 손해를 입은 경우, 피해자인 원고는 적극적 손해(치료비), 소극적 손해(일실수익), 위자료 등 3가지 손해항목으로 금액을 나누어 손해배상을 청구하는 것이 일반적이다. 예컨대 교통사고 피해자가 적극적 손해 3백만 원, 소극적 손해 4백만 원, 위자료 2백만 원으로 손해항목을 나누고 그 총액인 9백만 원의 지급을 청구하는 소를 제기하는 것이다. 이와 관련하여 손해배상 총액을 초과하지 않으면, 법원이 손해항목별 상한을 넘는 금액을 인정하는 판결을 할 수 있는지가 문제된다. 위 사례에서 법원이 심리 결과 적극적 손해 2백만 원, 소극적 손해 5백만 원, 위자료 2백만 원이 타당하다고 판단한 경우, 피고가 원고에게 합계 9백만 원의 손해배상을 지급하라고 판결할 수 있는지에 대해 3가지 견해가 있다. A견해는 각 손해항목별로 금액의 상한을 초과하는 판결을 할 수 없다고 한다. B견해는 손해배상 총액의 상한만 넘지 않으면 손해항목별 상한 금액을 넘더라도 무방하다고 한다. C견해는 적극적 손해와 소극적 손해는 동일한 '재산상 손해'이지만 '위자료'는 정신적 고통에 대한 배상으로 그 성질이 다르다는 점을 중시하여, 적극적 손해와 소극적 손해를 합산한 '재산상 손해' 그리고 '위자료' 두 개의 손해항목으로 나누고 그 항목별 상한 금액을 넘지 않으면 된다고 한다.

2. 퀴즈 훈련

> 상황판단 퀴즈는 PSAT의 꽃이다. 퀴즈는 계산형과 비계산형으로 나뉜다. 자료해석에서도 하지 않았던 필산이 퀴즈에서는 간혹 요구된다. 물론 난도가 높지는 않다. 암산 훈련을 성실히 했다면 여기서도 큰 어려움 없이 대부분의 문제를 해결할 수 있다. 해결할 수 없는 문제는? 버려야 하는 문제다. 모든 문제를 다 맞히려들지 말자. 그럼, 계산형 퀴즈를 먼저 살펴보자.

예제7) 2024년 5급 상황판단 8번

8. 다음 글과 〈상황〉을 근거로 판단할 때, ㉠과 ㉡을 옳게 짝지은 것은?

〈표〉 2023년 '갑'국의 농산물 가공식품 품목별 수입 현황

> 자동차 연비를 표시하는 단위는 나라마다 다르다. A국은 자동차 연비를 1갤런의 연료로 달릴 수 있는 거리(마일)로 계산하며, 단위는 mpg를 사용한다. B국에서는 100km를 달릴 때 소요되는 연료량(L)으로 계산하며, 단위는 L/100km를 사용한다. C국은 연료 1L로 주행할 수 있는 거리(km)로 계산하며 km/L를 단위로 사용한다.

※ 1갤런은 4L, 1마일은 1.6km로 간주한다.

〈상 황〉

> X, Y, Z 세 대의 자동차가 있다. 각 자동차의 연비는 순서대로 15mpg, 8L/100km, 18km/L이다. 따라서 X는 120km를 이동하는 데 연료 ㉠ L가 소요된다. 그리고 4갤런의 연료로 Z는 Y보다 ㉡ km 더 이동할 수 있다.

	㉠	㉡
①	5	72
②	5	88
③	20	72
④	20	88
⑤	32	88

예제8) 2024년 5급 상황판단 12번

12. 다음 글을 근거로 판단할 때, 甲이 은행 금고에 맡길 A의 개수는?

> 甲은 보석을 은행 금고에 맡기려 한다. 은행 금고에는 정확히 1kg만 맡길 수 있다. 甲은 모든 종류의 보석을 하나씩은 포함하여 최대 금액이 되도록 맡기려 한다. 다만, 보석을 쪼갤 수 없다. 甲이 가진 보석은 다음과 같다.

보석 종류	개당 가격(만 원)	개당 무게(g)	수량(개)
A	10	12	52
B	7	10	48
C	3	3	150
D	1	2	31

① 44 ② 45 ③ 46 ④ 47 ⑤ 48

이제 비계산형 퀴즈를 풀어볼 차례다. 비계산형 퀴즈에서는 실마리 조건을 찾거나 반례를 찾는 게 중요하다. 먼저 실마리 조건을 찾아 경우를 따져야 하는 문제를 풀어 보자.

예제9) 2024년 5급 상황판단 13번

13. 다음 글을 근거로 판단할 때 옳은 것은?

> A마을에 사는 5명(甲~戊)은 서로 나이가 다르다. 이들은 자신보다 연상인 사람의 나이는 모르지만, 연하인 사람의 나이는 알고 있다.
> A마을 사람들은 연상인 사람에 대해서는 아래 표에 따라 칭하는 말을 붙인다.

화자 \ 칭하는 대상	여자	남자
여자	우후	우히
남자	이후	이히

> 甲~丁은 아래와 같은 대화를 나누었다.
> 甲 : 戊 우후가 몇 살이지?
> 乙 : 글쎄, 모르겠네. 甲, 네가 나보다 1살 어린 건 기억나는데.
> 丙 : 乙 이히가 모르는 것도 있네.
> 丁 : 내 나이는 모르는 사람이 없지. 戊 이후도 내 나이를 알고 있어.

① 甲은 丙에게 '우히'를 붙인다.
② 丁은 丙에게 '이후'를 붙인다.
③ 丙과 戊의 나이 차는 2살 이하이다.
④ 甲~戊 중 여자가 남자보다 더 많다.
⑤ 甲~戊 중 두 번째로 나이가 많은 사람은 乙이다.

예제10) 2024년 5급 상황판단 32번

32. 다음 글을 근거로 판단할 때, 달리기에서 3등을 한 사람은?

> 사무관 5명(甲~戊)은 달리기를 한 후 다음과 같은 대화를 나누었다.
> 甲 : 나는 1등 아니면 5등이야.
> 乙 : 나는 중간에 丙과 丁을 제친 후, 누구에게도 추월당하지 않았어.
> 丙 : 나보다 앞서 달린 적이 있는 사람은 乙과 丁뿐이야.
> 丁 : 나는 丙에게 따라잡힌 적이 없어.
> 戊 : 우리 중 같은 등수는 없네.

① 甲
② 乙
③ 丙
④ 丁
⑤ 戊

마지막으로 반례를 찾는 문제를 풀어보자. 별다른 공식을 익히지 않아도 문제의 내용만 올바르게 이해하면 퍼즐을 풀 듯 해결할 수 있다.

예제11) 2024년 5급 상황판단 34번

34. 다음 글과 〈1차 투표 결과〉를 근거로 판단할 때 옳은 것은?

> ○△△부서에서는 팀원 5명(甲~戊)의 투표를 통해 프로젝트명을 정하려 한다.
> ○프로젝트명 후보는 3개(A~C)이다.
> ○1차 투표에서는 한 명당 두 표를 가지며, 두 표 모두 하나의 후보에 줄 수도 있다.
> ○1차 투표 결과에 따라 최다 득표 후보를 프로젝트명으로 선정하며, 최다 득표 후보가 복수인 경우 최소 득표 후보를 제외하고 2차 투표를 실시한다.
> ○2차 투표에서는 한 명당 한 표씩 행사하여, 최다 득표 후보를 프로젝트명으로 선정한다.
>
> ───────── 〈1차 투표 결과〉 ─────────
>
> ○하나의 후보에 두 표를 모두 준 사람은 甲과 乙뿐이며, 이들은 동일한 후보에 표를 주었다.
> ○A에 투표한 사람은 3명이다.
> ○B에 투표한 사람은 2명이다.
> ○C에 투표한 사람은 3명이다.

① B는 선정될 수 없다.
② 1차 투표에서 丙과 丁이 투표한 후보의 조합은 서로 다르다.
③ 1차 투표에서 A가 받은 표는 최대 5표이다.
④ 1차 투표에서 C는 4표 이상 받았다.
⑤ 2차 투표를 실시하는 경우가 있다.

예제12) 2024년 5급 상황판단 36번

36. 다음 글을 근거로 판단할 때, 〈보기〉에서 옳은 것만을 모두 고르면?

> 다음은 甲 스포츠 팀의 시즌 11번째, 12번째 경기의 결과와 직전 10개 경기 전적을 나타낸 것이다.
>
> | 구분 | 11번째 경기 | 12번째 경기 |
> |---|---|---|
> | 결과 | ㉠ | ㉡ |
> | 직전 10개 경기 전적 | 6승 4패 | ㉢ |
>
> ───────── 〈보기〉 ─────────
>
> ㄱ. ㉠이 '패'라면, ㉢은 '6승 4패'가 될 수 없다.
> ㄴ. ㉠이 '승'이고 ㉢이 '7승 3패'라면, ㉡은 '승'이다.
> ㄷ. ㉠이 '승'이고 ㉢이 '6승 4패'라면, 시즌 1번째 경기의 결과는 '승'이다.
> ㄹ. ㉠, ㉡이 모두 '패'이고 ㉢이 '5승 5패'라면, 시즌 13번째 경기의 직전 10개 경기 전적은 '4승 6패'이다.
>
> ① ㄱ ② ㄷ ③ ㄱ, ㄴ ④ ㄴ, ㄹ ⑤ ㄷ, ㄹ

※ 정답은 책의 맨 뒤에 수록되어 있습니다.

· Chapter VII ·

PSAT 네번째 과목
- 멘탈관리

1장 멘탈이 합격을 좌우한다
- 긴장돼도 불안해지는 말자

암기 시험 성적에는 컨디션보다 공부량이 큰 영향을 미친다. 그래서 시험 전날 밤을 새워서 공부하는 전략이 때때로 유효하다. 그러나 PSAT에서는 이 전략이 통하지 않는다. PSAT은 컨디션이 당락을 좌우한다. 과장을 좀 보태면 언어논리, 자료해석, 상황판단, 그리고 멘탈관리까지 총 네 과목으로 구성된 시험이라고 봐도 무방하다. 피셋형 인간이라도 몸 상태가 안 좋거나 멘탈이 무너지면 속수무책으로 당한다. 이런 면에서 PSAT은 스포츠 경기나 전쟁과 비슷하다. 전장의 승패는 결국 병사의 사기가 좌우하는 법이다. PSAT에서 각 과목의 실력만큼 멘탈관리도 중요한 이유다.

흔히 멘탈은 타고난다고 말하지만 그렇지 않다. 멘탈은 경험과 훈련에 의해 길러진다. 군인들이 얼음물에 뛰어들고, 혹한기 훈련을 하는 이유는 총알이 빗발치는 전장에서도 흔들리지 않을 강인한 멘탈을 기르기 위함이다. 시험장에서의 멘탈은 실력에 기반한 자신감과 익숙한 상황이 주는 평정심으로 유지된다. 자신감은 문제 푸는 훈련을 거치며 자연스럽게 배양되나, 평정심은 별도의 훈련을 통해 길러야 한다.

멘탈 훈련도 앞선 훈련과 마찬가지로 어렵지 않다. 멘탈이 흔들릴 상황을 미리 경험해 익숙해지거나 그런 상황을 제거하면 된다. 이제 평정심을 기르기 위해 마음속에 새겨 둘 사실 몇 가지와 평정심을 기르는 훈련법을 알아보자.

시험장에서는 누구나 긴장한다

나는 대학 때 밴드에서 드럼을 쳤다. 드럼은 리듬악기라서 실수하면 누구나 눈치챌 수 있었고, 그래서 무대에 오를 때마다 잔뜩 긴장했다. 동아리 활동 5~6년간 10번도 넘게 무대에 섰지만 긴장이 덜어지지는 않았다.

일종의 무대 울렁증을 겪던 내게 큰 위안이 된 영상이 하나 있었다. 세계적으로 유명한 헤비메탈 밴드의 콘서트 영상이었는데, 무대에 오르기 전 멤버들이 다 같이 의지를 다지는 장면에서 드러머가 헛구역질하는 모습이 나왔다. 실력이 좋은 사람도 떨리기는 마찬가지구나 하고 놀랐는데, 나를 더 놀라게 한 건 긴장한 탓이라며 대수롭지 않게 여기는 태도였다. 긴장하는 게 당연하다고 생각하자 적잖이 위로가 되었다.

PSAT도 마찬가지다. 나는 PSAT 첫해 평균 89.1점이었고 둘째 해에도 같은 점수를 받았다. 셋째 해, 넷째 해 역시 80점대 중후반대의 점수를 받아 커트라인보다 크게 여유가 있었다. 수험생들은 피셋형 인간은 마음 편하게 시험 보리라 생각하겠지만 아무리 고득점자여도 시험 전에는 똑같이 긴장한다. 나 역시 '떨어지면 어떡하지'라고 생각하며 손에 땀을 쥐었다. 다만, 긴장하더라도 불안해하지는 않으려 노력했다. 불안할 필요도 없고, 불안해서도 안 된다고 생각했다.

긴장되는 상황을 피할 수 없다면 즐기자. 롤러코스터를 즐겨 타는 사람도 긴장한다. 긴장 자체를 즐길 뿐이다. 우리도 마음을 달리 먹어야 한다. 기왕 PSAT이라는 롤러코스터에 탑승하기로 했다면, 짜릿한 긴장의 순간을 즐겨 보자.

많은 사람이 긴장한 자기 모습에 불안을 느낀다. 그러나 원래 시험은 긴장되는 게 당연하다. 그러니 긴장을 불안으로 연결시키지 말자. 긴장은 절박한 마음에서 나오지만, 불안은 자신감의 결여에서 나온다. 불안할 땐 주위를 둘러보자. 다들 평온해 보여도 사실 떨고 있다. 다 같이 긴장한 상황에서는 버티기만 해도 이길 수 있다. 어떻게 보면 이처럼 쉬운 싸움도 없다. 화장실 가고 싶을 때 발을 동동 구르듯, 시험장에서의 긴장감은 시험이 주는 중압감과 합격에 대한 간절함이 만나 생기는 당연한 현상이다. 오늘의 결과로 1년, 혹은 그 이상이 좌우될 수 있는데 떨리지 않는다면 그게 더 이상하다.

불교 용어 중 '미십중'과 '오십중'이라는 용어가 있다. 각각 번뇌가 생겨나는 과정과 번뇌가 사라지는 깨달음의 과정을 의미하는데, 이에 따르면 번뇌는 마음속 작은 씨앗으로부터 점점 자라나 머릿속을 지배하고, 반대로 번뇌가 어디서 왔는지 알 때 비로소 번뇌로부터 자유로워질 수 있다고 말한다. 불안도 내 마음속에서 온다. 불안하지 않으려면 '나 지금 불안한가?'라는 생각을 일으키는 원인을 제거해야 한다. 훈련을 착실히 하면 평정심을 유지할 수 있다. 나를 불안하게 만드는 요소를 제거하자.

문제가 어려울수록 기뻐하자

시험을 보다가 멘탈이 급격히 흔들리는 경우가 있다. 어려운 문제를 맞닥뜨렸을 때다. 한 문제 정도는 괜찮다. 연달아 맞닥뜨릴 때가 진짜 위기다. 앞 문제를 버렸는데 바로 다음 문제도 어려우면 급격히 불안을 느낀다.

나도 어려운 문제가 연달아 나와서 두 문제 혹은 세 문제를 풀지 못하고 넘기는 경우가 간혹 있었다. 그때마다 평정심을 유지할 수 있었던 비결은 마음가짐에 있었다. 나는 시험의 난이도는 별 의미 없다고 생각했다. 어렵게 출제되면 모두가 똑같이 어렵게 느낄 것이 분명했기 때문이다. '와 시험 어렵네. 다른 사람들도 여기서 좀 흔들리겠는데? 그럼 난 무너지지 않고 끝까지 버텨야지'라고 생각했다. 오히려 쉽게 나오면 변별력이 낮아질 것을 걱정했다.

어려운 문제를 연이어 마주했을 때, 혹은 어려워서 넘긴 문제가 많을 때 불안한 원인은 '나만 이러고 있을까 봐' 걱정돼서다. 암기 시험이라면 모를까, PSAT은 결코 나에게만 어려울 수 없다. 내 옆자리 사람에게도 똑같이 어렵다. 게다가 PSAT은 상대평가 시험이다. 1등부터 줄 세워 선발인원의 7배수가 되는 수준에서 끊을 뿐 정해진 커트라인이 없다. 따라서 문제가 어렵다고 신경 쓸 필요가 전혀 없다. 커트라인도 그만큼 내려가기 때문이다. 오히려 너무 쉽게 출제되면 곤란하다. 변별력이 없어서 실력이 좋은 사람도 실수 하나로 무너질 수 있기 때문이다. 극단적인 경우를 생각해 보자. PSAT 합격선이 평균 97.5점이라면 어떨까? 이때는 제아무리 실력 좋은 사람도 한 문제만 삐끗하면 탈락할 수 있다. 반대로 커트라인이 65점이라면? 세 과목 통틀어 42개를 틀려도 합격하니, 실수 하나가 주는 영향은 미미하다. 이럴 때일수록 정신만 똑바로 차리면 살아남을 수 있다.

문제가 어렵게 느껴지면 좌절하지 말고 기뻐하자. 멘탈이 약한 누군가는 제 실력을 발휘하지 못할 테니 자연스럽게 경쟁에서 탈락할 테고, 문제의 변별력이 충분하기 때문에 실력대로만 보면 합격할 수 있다. 내 페이스만 유지하면 된다. 중간에 풀지 못하고 넘기는 문제가 많더라도 당황하여 허둥대지 말자. 시험이 어려울수록 입가에 미소를 머금는 여유를 갖자.

PSAT은 생각보다 쉽다

"PSAT은 생각보다 쉽다."

시험 보기 전에 이 말을 머릿속으로 10번 되뇌자. PSAT에서는 '기세'
가 시험의 결과에 유의미한 영향을 미친다. 전쟁에 참전하는 병사들의
사기가 승패를 가르듯, 우리도 사기를 끌어 올려야 이길 수 있다.

PSAT이 쉽다고 생각할 때 갖게 되는 긍정적 효과는 두 가지다. 첫째
로 위압감을 떨쳐낼 수 있다. 지문이 길다거나, 표/그래프의 분량이 많
거나, 주어진 조건이 많으면 위압감이 느껴지기 마련이다. 위압감을 느
끼면 머리가 돌아가지 않고 자신의 리듬대로 시험을 치르기 어렵다. 그
러나 어려운 문제는 생각보다 많지 않고, 대부분은 정신만 똑바로 차리
면 해결할 수 있다. 겉보기와 달리 허무하게 풀리는 문제도 많다. 그러
니 위축되지 말자. 다윗이 골리앗을 잡듯 문제의 빈틈(실마리)을 잘 노
리면 생각보다 쉽게 풀 수 있는 문제가 많다.

둘째로 스스로의 판단에 확신을 가짐으로써 시간을 절약할 수 있다.
극도로 위축된 상황에서는 내 판단에 확신을 갖기 어렵다. 평소 PSAT
에서 60점을 받던 수험생은 자신이 고른 답의 거의 절반(40%)이 오답
이라고 생각해 위축된다. 정답률이 낮으니 그만큼 위축된 것이라고? 인
과가 반대일 수도 있다. 위축되었기 때문에 정답률이 과도하게 하락했
을 수 있다는 이야기다. (이런 이유에서도 기출경향과 맞지않게 과도하
게 어렵게 출제되는 학원 모의고사는 풀지 말라고 뜯어 말리고 싶다. 자
신감만 낮출 뿐이다.)

내 답에 확신을 갖지 못하면 시간을 비효율적으로 사용하게 된다. 답
을 도출하고도 다음 문제로 넘어가지 못하고 다시 한번 검토하는 과정

을 거친다. 이렇게 시간을 낭비하고, 결과적으로 많은 문제를 풀지 못하고 찍게 된다. 내 판단에 확신을 가져야 쉬운 문제에서 확실하게 시간을 절약할 수 있다. 답이 이상하게 쉽게 도출되었다고? 그만큼 쉬운 문제였을 뿐이다. 얼른 다음 문제로 넘어가자. (물론 마킹 전 검토는 필수다)

'똑똑한 사람들이 만든 문제니까 분명 어려울 거야' 등의 불필요한 생각도 집어치우자. 시험 당일만큼은 출제자에 대한 경외감을 내려놓아도 좋다. 하루만 오만해지자. '그래 봤자 사람이 만든 문젠데 얼마나 어렵겠냐'라는 마음으로 임하자. 같은 고사장의 수험생들도 시험 당일만큼은 가소롭게 여기자. 무조건 여러분이 더 뛰어나다. 고사실 25명 중 1차 관문을 통과하는 사람은 5~6명뿐이다. 앞, 뒤, 옆 수험생 대다수는 탈락한다. 그들의 템포와 루틴에 위축될 필요가 전혀 없다. 표정이 결연하고 준비가 철저해 보이더라도 뚜껑은 열어 봐야 아는 법이고, 나보다 문제를 빠르게 푸는 것처럼 보여도 점수는 채점할 때까지 모른다. 진정한 고수는 타인을 신경 쓰지 않고 자신만의 페이스로 모두를 제압한다. 자신감을 갖자.

오늘의 문제도 수많은 '기출문제' 중 하나일 뿐이다

PSAT 시험 당일 긴장하는 또 다른 원인은 '1년에 한 번뿐인 시험이 바로 오늘이고, 오늘 나의 1년이 결정되며, 이 하루가 내 인생에 어마어마한 영향을 미칠 수 있다'고 상황을 무겁게 인식하는 데에 있다.

수험생들은 독서실에서 풀었던 과거 기출문제보다 시험장에서 마주한 눈앞의 기출문제를 더 어렵게 느끼는 경향이 있다. 문제의 난이도 때문이 아니라 시험장이 주는 위압감 때문이다. 독서실에서 풀었으면 맞혔을 문제를 시험장에서는 실수하고 틀린다.

상황은 특별할지언정 눈앞의 문제는 전혀 특별하지 않다. 상황을 엄중하게 인식한다면 정신을 똑바로 차려야지, 겁먹고 몸이 굳어서는 안 된다. 특히 눈앞의 문제를 엄청난 무언가로 인식하는 습관은 좋지 않다. '이 문제가 바로 내가 몇 달간 기다렸던 올해의 기출이구나'라며 특별하게 인식할수록 긴장될 뿐이다.

살짝 비틀어 생각해 보자. 오늘 내가 마주한 기출문제는 당장 오늘 저녁만 돼도 두꺼운 기출문제집의 몇 페이지를 채우는 용으로 전락(?)한다. 반대로 내가 독서실 책상에서 푼 작년 기출문제는 작년 이맘때 누군가의 운명을 좌우했다. 이렇게 생각하면 눈앞의 문제가 더 이상 특별하게 느껴지지 않는다. 낯선 문제라고 더 어려운 것도 아니고 올해 시험이라고 유별날 일도 없다. 지난주 독서실에서 아메리카노 홀짝이며 풀었던 기출문제와 똑같다.

이 정도도 버티지 못하면 실무는 감당할 수 없다

PSAT은 (머지않아 합격할) 여러분이 앞으로 겪을 상황에 비하면 견디기 쉬운 축에 속한다. 게임으로 치면 튜토리얼이다. 튜토리얼은 누구나 완수할 수 있게 만들어져 있다. 튜토리얼에서 포기할 수는 없지 않은가? 제대로 된 훈련만 거치면 PSAT 합격선까지는 누구나 도달할 수 있다.

당장 PSAT을 통과한 뒤 마주하는 2차 시험에서는 훨씬 큰 중압감을 견뎌야 한다. 2차 시험은 5일간 5개 과목을 치르는 방식(선택과목이 없어지는 2025년부터는 4일간 4개 과목)인데, 과목당 10페이지(페이지당 1,000자) 분량의 답안을 2시간 이내에 작성해야 한다. 2차 시험은 정말 잔인하다. 종이 울리고 시험지를 펼치면 약 1분 이내에 내가 풀 수 있는 문제와 풀 수 없는 문제가 구분된다. 과목당 큰 문제가 3~4개 출제되는데 이때 큰 문제 하나라도 모르면 사실상 그해에는 합격이 어렵다. (합격해도 성적이 낮아 원하는 부처를 지망하지 못할 확률이 높다) 외줄타기 하듯 5일을 보내야 한다. 우여곡절 끝에 2차 관문을 통과해도 가혹한 3차 면접이 기다리고 있다.

3차 면접은 개인 PT 발표, 인성/상황면접으로 구성(코로나19 이전에는 3:3 집단토론이 있었으나 없어졌다)된다. 시험은 답을 수정할 기회라도 있지, 뱉은 말은 주워 담을 수 없기에 면접에서의 실수는 용납되지 않는다. 질문의 내용과 수준도 높은 편이라 말문이 막히거나 당황하기 일쑤고 1년에 중압감을 이겨내지 못하고 한둘은 면접 도중 울어서 불합격하기도 한다.

그 누구도 자신이 경쟁률 7:1에 달하는 2차 시험 관문을 통과한 뒤 경쟁률 1.3:1의 3차 면접에서 탈락할 것이라고 생각하지 않는다. 그래서 3차 시험 불합격은 회복하기 어려운 상처를 입힌다. PSAT 탈락은 1층에서 추락, 2차 시험 탈락은 2층에서 추락, 3차 시험은 3층에서 추락이라는 비유에 마냥 웃을수만은 없는 이유다. 실제로 2차 시험보다 3차 면접이 심리적으로 훨씬 힘들었다고 말하는 사람이 많다.

그렇게 3차까지 치르고 합격하여 실무를 담당하면, 이젠 눈앞의 상황이 더는 시뮬레이션이 아니다. 중요한 사업의 향방을 결정할 때라든지, 현안이 터졌을 때라든지, 혹은 업무상 문제가 발생해 수습할 때라든지, 담당자로서 물러나지 못할 상황은 숱하게 찾아온다. 때론 심장이 두근거리고 아찔할 정도로 당혹스러운 순간이 올 수도 있고, 주저앉고 싶은 순간이 올 수도 있다. 내 말 한마디로 기사가 대서특필되기도 하고, 장·차관이 곤경에 처하거나, 대외 관계에 트러블이 발생할 수도 있다.

실무의 중압감을 견딜 만한 사람을 뽑기 위해 인사혁신처는 PSAT부터 3차 면접까지 여러 단계의 필터로 사람을 거른다. 사무관 하나 없다고 나라가 망하지는 않겠지만, 사무관 없이는 나라가 유지될 수 없다. 여러분은 국가를 지탱하는 수많은 기둥 중 하나가 되기 위한 관문을 통과 중이다. 그러니 마음 독하게 먹고 PSAT쯤은 쉽게 이겨 내야 한다. PSAT의 중압감도 못 버티는 수준이라면 실무를 맡을 자격이 없다. 앞으로 해야 할 일과 짊어져야 할 책임은 훨씬 어렵고 무거우니 이 정도는 거뜬히 이겨 내자.

2장 멘탈 훈련법
– 훈련은 실전처럼, 실전은 루틴대로

훈련은 실제보다 가혹하게

"옆 사람이 다리 떨어서 짜증 났어."

"누가 자꾸 재채기하더라."

"시험장이 너무 추웠어."

시험이 끝난 수험생들의 흔한 불평이다. 외부 환경을 탓하며 시험을 뜻대로 치르지 못했다는 말을 에둘러 하는 것이다. 낯선 환경은 원래 불편하다. 이름조차 생소한 학교(고사장)에서 난생처음 보는 사람들과 한 공간을 나눠 쓰는 게 편할 리 없다. 고사장이 중학교로 배정되기라도 하면 내 몸집에 맞지도 않는 미니 책걸상에 몸을 구겨 넣고 시험을 치러야 한다. 억울한 일이지만 시험장 컨디션은 순전히 운이다. 변수를 통제할 수 없다면 변수로 인한 영향을 최소화하는 수밖에 없다. 분명 누군가는 열악한 환경에서도 별 타격을 입지 않는다.

수험생들은 대체로 빈 강의실이나 고요한 독서실에서 PSAT을 푼다. 누군가는 귀마개를 끼기도 한다. 애써 자신을 온실 속으로 밀어 넣는다. 이렇게 훈련해서는 실전의 척박한 환경에서 살아남을 수 없다.

변수가 통제된 상황에서의 훈련은 반쪽짜리 훈련이다. 군사 훈련도 전장과 유사한 환경에서 이루어질수록 효과적이다. 이상적으로 통제된 상황에서 훈련해 봐야 실전에서 당하기 일쑤다. 괜히 실전에서 살아남은 참전용사를 '베테랑(전문가)'이라고 부르는 게 아니다. PSAT에서도 자신감을 가지려면 실전보다 고된 훈련을 거쳐 베테랑이 되어야 한다. 시험장보다 열악한 환경에 익숙해지자. 나는 군대에서는 항상 누가 나를 찾을 수도 있다는 긴장 속에서 짬짬이 문제를 풀었고, 전역 후에는 일부러 사람이 가득한 카페에서 문제를 풀거나 노래를 들으며 문제를 풀었다. 번잡한 환경에서 문제를 풀면 처음엔 집중도 안 되고 옆 사람들 대화에 귀를 기울이느라 풀이 속도도 현저히 떨어진다. 그렇지만 훈련을 거듭하면 점차 옆 사람들의 대화가 들리지 않게 된다. 노래도 마찬가지다. 처음에는 노래에 취해 문제에 집중하기 어렵지만 훈련을 거듭하면서 방금 내가 들은 노래가 무엇인지 모를 정도로 집중할 수 있다. 이처럼 열악한 환경에서 PSAT 훈련을 하면 시험 당일 옆 사람이 다리를 떨거나 재채기를 해도 집중력을 유지할 수 있다.

한번은 시험장 밖에서 굴착공사를 한 적이 있었다. 공사 소음이 고사장 전체를 울렸다. 감독관이 도움을 줄 수 있는 상황도 아니었다. 그때 나는 내가 합격에 한 발 더 가까워졌다고 느꼈다. 그간 열악한 환경에서 훈련해 온 덕에 이겨 낼 자신이 있었기 때문이다.

징크스(Jinx)의 반대, 나만의 루틴(Routine)을 만들자

PSAT은 집중한 만큼 결과가 나오는 시험이라 컨디션에 따라 점수가 크게 좌우된다. 나는 시험 당일에 몸이 굉장히 아팠던 경험이 있다. 입법고시 PSAT이었는데, 1교시부터 몸이 좋지 않아 집에 갈까 수없이 고민했지만 끝까지 버텼다. 결과는 처참했다. 몸이 너무 아파 앉아 있는 것만으로도 고역이었는데 집중이 될 리 만무했다.

시험 당일엔 절대 아프면 안 된다. 아픈 뒤에 억울함을 호소해 봐야 소용없다. 인생은 실전이다. 그러니 시험이 임박하면 식사도 조심히 해야 하고, 잠도 잘 자야 한다. 평소 배탈을 자주 앓는다면 시험 하루 이틀 전부터는 죽을 먹어도 좋다. 몸뿐 아니라 멘탈도 잘 관리해야 한다. 시험 당일 너무 긴장하거나 불안에 떨면 본 실력을 발휘할 수 없다. 그러므로 불안을 해소하기 위한 갖가지 방법을 적극적으로 활용해야 한다.

나도 매년 긴장했다. '여태까지 그저 운이 따랐을 뿐이라면 어떡하지'라는 걱정도 많이 했다. 긴장에 대한 나의 대처법은 루틴을 활용하는 것이었다. 나는 마음 깊은 곳에서 꿈틀대는 불안을 털어 내기 위해 예년과 같은 루틴을 유지했다. 좋은 결과를 낳았던 행위를 반복하여 비슷한 심리상태를 만들었다. 루틴은 평정심을 유지하는 데에 큰 도움이 되었다.

루틴(Routine)은 체육 운동선수들이 최고의 운동 수행 능력을 발휘하기 위하여 습관적으로 하는 동작이나 절차를 뜻한다. 예를 들어 어느 선수는 경기 3시간 전부터 운동장을 꼭 15바퀴 뛰고 체조한다거나, 운동장의 선을 밟지 않고 선수 대기실로 들어가는 것 따위가 이에 해당한다.

루틴을 미신의 일종으로 치부하는 경우가 있는데, 비과학적인 미신과는 완전히 다르다. 루틴은 징크스의 반대 의미로, 주어진 상황에 더 집중하기 위해 머릿속을 정리하는 행동을 의미하며 자신의 멘탈을 관리하는 효과적인 방법이다. 성공적인 결과를 낳았던 과정을 반복하는 것만으로도 우리의 뇌는 성공의 기억을 떠올려 긍정적 기대와 자신감을 품는다. 그때와 동일하게 행동했으니 결과도 같으리라는 믿음이다. 이를 통해 불안을 줄이고 자신감을 높일 수 있다. 성공한 운동선수 대다수는 자신만의 루틴이 있다.

세계적 테니스 선수 라파엘 나달이 경기에서 지키는 루틴이 열세 가지에 이른다는 사실은 유명하다. (어깨 만지고 코 쓸기, 물병 세워 두기 등등 들어보면 죄다 사소하다) 나달은 이런 행동에 대해 "생수병 2개를 내 벤치 앞 왼쪽에 놓는 행위를 미신으로 볼 수도 있지만 그게 아니다"
라며 "미신이라면 왜 지고 나서도 이런 행위를 계속하겠느냐" 되물었다
한다. 그는 "이런 것은 나 자신을 경기에 온전히 임하도록 하는 행위"라
며 "주변 환경을 정리해야 내 머릿속도 더 잘 정돈되는 느낌"이라고 설
명했다.

나에게도 루틴이 있었다. 내 루틴은 시험 전날 시작되었다. 우선 시험
전날에는 PSAT 문제를 풀지 않았다. 머리도 휴식을 취해야 잘 돌아간
다고 생각했기 때문이다. 대신 과목별로 실수를 정리한 A4 용지와 직전
년도 기출문제 1페이지씩을 준비했다.

시험 당일에는 근처 편의점에서 커피, 초콜릿, 에너지드링크를 샀다.
모두 시험 보는 날 외에는 손도 안 대는 음식이었다. 초콜릿은 매 과목
시작 전 하나씩 먹었고 에너지드링크는 상황판단 시작 전에 1/3캔을 마
시고 버렸다. 그 이상 마셔 봐야 화장실만 가고 싶어지고 90분만 더 집
중하면 되기 때문이었다.

시험 당일 준비물

1. 실수정리 & 작년 기출 1~2장
2. 편의점 커피
3. 필기도구
4. 초콜릿
5. 에너지드링크

점심은 작은 도시락을 싸 가거나 편의점에서 간단히 때웠다. 점심 먹고 운동장을 도는 대신 (점심시간에 단체로 운동장을 뱅뱅 도는 PSAT 고사장만의 독특한 문화가 있다) 고사장 근처 골목을 가볍게 산책했다. 대다수가 탈락하는 시험에서 다수의 방식을 반드시 따를 필요는 없다고 생각했다. 이게 내 루틴이었다.

루틴은 깨지는 순간 불안을 낳기 때문에 양날의 검과 같지만, 이미 형성된 루틴을 무시하거나 없애려 노력할 필요는 없다. 노력한다고 없어지지도 않는다. 지키면 된다. 혹시나 자신의 루틴을 떨쳐 내야 할 미신처럼 여기지 않았으면 한다. 외려 루틴을 찾았음에 감사해야 한다. 루틴을 잘만 활용하면 마음을 평온하게 다스릴 수 있기 때문이다. (초시생이라면 PSAT 대신 다른 시험을 볼 때의 루틴을 기억하고 따르자)

단, 한 가지 유의할 점이 있다. 루틴은 '운을 시험하는 것'이 아님을 명심하자. '아침에 부른 콜택시가 주황색이면 시험을 잘 볼 거야', '고사실 번호가 홀수번이면 시험을 잘 볼 거야' 등 내가 통제할 수 없는 영역에 나의 운명을 맡기는 건 루틴이 아니다. 이것이야말로 미신이다. '스스로 통제할 수 있는 습관적 행동과 절차'가 루틴임을 명심하자.

3장 시험 당일 코치를 데려가자
– 너 저번처럼 실수하기만 해 봐!

우리에게는 코치가 필요하다

올림픽 순위는 찰나에 결정된다. 0.001초 차이로 메달 색이 바뀌고 순간의 부주의로 4년간의 노력이 물거품이 되기도 한다. 기량이 우수한 선수도 그 날의 컨디션과 운에 따라 빈손으로 돌아가기도 하고 누군가는 첫 올림픽에 혜성처럼 등장해 금메달을 수확하기도 한다.

PSAT도 일종의 '마인드 스포츠'라고 볼 수 있는데, 시험 당일 얼마나 집중할 수 있느냐가 당락을 좌우한다. 자신의 인생이 걸린 올림픽 결승을 앞두고 선수들은 코치에게 마지막 조언을 구하고 마음을 다잡는다. 우리에게도 고사장에 데려갈 코치가 있다면 얼마나 좋을까?

나 자신의 코치가 되자

누구나 긴장하면 머리가 멍해지고 그간 훈련해 온 내용과 유의해야 할 점들을 잊곤 한다. 훈련할 때 수차례 고치려 했던 잘못된 자세와 동작, 악습관이 되살아나기도 한다. 그래서 코치가 필요하다. 코치는 경기에 출전하지 않으므로 이성적이고 냉정하게 선수에게 유의 사항을 짚어 줄 수 있다. 선수에게 용기와 자신감을 심어 주어 긴장을 떨쳐 낼 수 있도록 돕는다.

스포츠 경기를 보면 홈경기(자기 팀 경기장에서 하는 경기)인지 원정 경기(상대 팀 경기장에서 하는 경기)인지에 따라 결과가 달라지는 경우가 많다. 상대 팀 구장까지 이동하는 피로와 낯선 곳에서 경기를 치른다는 점 등 결과에 영향을 미치는 요소는 많지만, 그중에서도 우리 팀을 응원하는 팬의 수가 달라지는 것이 선수들의 경기력에 매우 큰 영향을 끼친다고 한다.

PSAT 고사장에는 나를 응원해 주는 사람은 없다. 사방이 경쟁자다. 토익, 한국사 시험 같은 절대평가와는 분위기가 다르다. 한 고사실 응시생 25명 중 합격자가 5명 남짓에 불과하다. 모두의 신경이 곤두서 있다.

이때 나를 일깨워 주고 응원해 주는 사람 1명만 있어도 경쟁에서 우위를 점할 수 있다. 모두가 고독한 싸움을 이어 갈 때 코치의 토닥임과 조언을 등에 업고 간다면 큰 힘을 얻을 수 있다. PSAT 고수를 대동해 함께 문제를 풀 수는 없지만, 남들 눈에 보이지 않는 코치는 데려갈 수 있다.

'PSAT은 공부가 아닌 훈련이다.' 이 책을 관통하는 한 문장이다. 지금까지 PSAT이 공부가 아닌 훈련의 대상임을 역설했다. 알려 준 대로 훈련했다면 이미 훌륭한 코치를 곁에 두고 있는 셈이다. 그간 여러분을 혹독하게 훈련시킨 코치는 바로 여러분 자신이다.

시험 당일, 두꺼운 PSAT 교재를 들고 와 마지막 순간까지 계산 연습에 매진하는 사람을 쉽사리 찾아볼 수 있다. 이제 다들 알겠지만 PSAT은 집중력 싸움이라 시험 직전에 계산 연습을 하며 체력과 집중력을 소진하는 건 바람직하지 않다. 나는 PSAT 시험 전날 PSAT 문제를 절대 풀지 않았고 (내 루틴의 일부였다) 그간 풀었던 문제를 살펴보며 내가 자주 했던 실수를 정리해 A4용지에 과목별 한 장씩 정리했다. 그리고 전년도 PSAT 기출 중 되도록 지문이 길고 선지도 복잡한 문제를 골라 과목별로 한두 페이지씩 출력했다.

다른 수험생들이 교재를 뒤적일 때 나는 집중력과 판단력을 극대화하기 위해 스스로를 다잡았다. 과목별로 저질렀던 실수를 되새기며 절대 같은 실수를 반복하지 않겠다고 다짐하는 시간을 가졌다. 감독관이 책상 위에 있는 자료를 모두 집어넣으라고 하기 전 마지막 5분간은 출력해 온 전년도 기출문제를 보며 집중력을 끌어올렸다. 시험에 온전히 집중하는 데까지 걸리는 시간을 조금이라도 단축하기 위한 일종의 예열 작업이었다. 남들보다 30초라도 시간을 아끼려면 다른 수험생들이 첫 페이지에서 우왕좌왕할 때 이미 예열을 끝내고 최대의 집중력을 발휘해야만 했다.

시험장에 코치 데려가기

시험 전날, 그간 풀었던 기출문제를 모아서 (버리지 말고 보관하자) 어떤 문제를 왜 틀렸는지 다시 한번 쭉 훑어보자. 이를 바탕으로 과목별 주의해야 할 사항과 내가 흔히 저지르는 실수를 정리하면 된다. 실수는 문제 내용과 무관하게 최대한 일반화해서 정리하자. 예를 들면 '계산 실수하지 말자! 옳은/옳지 않은 거꾸로 읽지 말자! 〈보고서〉를 〈그래프〉로 변환하는 문제에서 추가로 필요한 정보 확인 꼼꼼하게 하자! 어려우면 바로 넘어가자!' 이런 식이다.

더불어 코치의 역할을 제대로 수행하기 위해 스스로 다잡을 수 있는 문구를 적는 것도 좋다. 긴 설명할 것 없이 예시를 통해 어떤 식으로 작성하는지 알아보자. 다음 예시는 내가 직접 만든 나의 코치다.

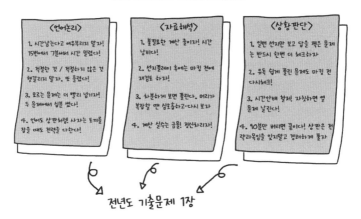

　다음으로 직전년도 기출문제를 과목별로 한두 페이지 출력하자. 분량이 길고 난해해 보이는 문제(풀 건 아니므로 실제로 어려운 문제를 고를 필요는 없다)가 포함된 페이지로 고르기를 권한다. 틀렸던 문제가 포함된 페이지를 출력해도 좋다. 시험지 전부를 출력하지 않는 이유는 문제를 풀 용도가 아니기 때문이다. 이는 시험 직전 예열과 이미지 트레이닝을 위한 용도다.

　집중력은 전등 스위치처럼 켜고 끌 수 없다. 물을 끓이듯 점점 가열해야 한다. 시험이 시작되자마자 곧바로 몰입하기는 어렵다. 몰입하는 데에도 얼마간의 시간이 필요하다. 그러나 일분일초가 중요한 PSAT에서는 예열하는 시간도 아껴야 한다. 따라서 시험 직전에는 전년도 기출문제를 반복해 읽으며 시선 처리는 어떻게 할지, 문제는 어떻게 풀지 이미지 트레이닝을 해야 한다. 문제를 풀 필요는 없다. 문제를 훑으며 '이런 식으로 풀자'고 집중력을 미리 끌어 올리자.

PSAT은 분명 공직적격성을 평가하는 더없이 훌륭한 잣대지만, 평가하지 못하는 요소도 있다. 바로 공직에 대한 열망과 공익에 기여하고자 하는 마음이다. 열정은 크지만 PSAT 성적이 나오지 않아 중도 포기하는 사람들이 많다. 그들은 평생 마음 한편에 이루지 못한 꿈을 꾸깃꾸깃 접어 둔 채 살아간다. 실로 안타까운 일이다. 최소한 PSAT을 어떻게 풀어야 하는지 누군가 제대로 알려주기만 했어도 그중 많은 이가 꿈을 이루었을 것이다.

이 책은 이들을 위한 조언이 모여 완성되었다. 짤막하게 올리던 조언이 책 한 권의 분량이 되는 사이, 브런치 조회 수는 누적 100만 명을 넘어섰고 지금도 일평균 1,000여 명이 찾고 있다.

뜨거운 반응 덕에, 퇴근 후 글 쓰는 일은 나의 가장 즐거운 취미이자 휴식이 되었다. 야근 후 집에 돌아와 새벽까지 글을 쓰다 책상에 엎드려 잠든 적도 많았다. 다음날 피곤한 몸을 이끌고 출근하더라도 마음만은 뿌듯했다. 회사에서 일하다가도 오늘 밤에는 무슨 글을 쓸지 즐거운 고민을 했던 날도 많다. 수험생 여러분에게 선물하는 마음으로 쓴 글인데, 다 쓰고 보니 내게도 선물이 되었다.

이 책은 혁명서도 아니고 누군가를 비판하기 위한 책도 아니다. 피셋형 인간도 사실은 여러분과 마찬가지로 실수하고, 시간이 부족해 문제를 찍는 별다를 바 없는 사람임을 이야기해 주고 싶었고, 여러분도 훈련만 거치면 피셋형 인간처럼 풀 수 있다는 사실을 알려 주고 싶었다. 또한, 수년간 직접 PSAT을 치러 왔던 사람으로서 학원에서 말하는 '죽은 공식'보다 현장에 적용할 수 있는 '살아있는 전략'을 전해 주고 싶었다.

'고시 합격'은 결코 전설이나 설화가 아니다. 스스로에게 떳떳하게 '최선을 다했다'라고 말할 수 있다면 언젠가 반드시 끝은 온다. 세종시 도처에 널린(?) 수많은 선배 공무원들이 산증인이다. 어차피 시작해 버린 공부, 즐겁게 하자. 나도 세종시 어딘가에서 진심을 담아 여러분을 응원하겠다. 마지막으로 한마디만 하고 글을 마치겠다.

"PSAT, 원래 이렇게 푸는 거야."

✦ 정 답 ✦

Ⅰ. 언어논리

예제1)	-	예제4)	-	예제7)	④	예제10)	④
예제2)	-	예제5)	④	예제8)	⑤		
예제3)	-	예제6)	④	예제9)	②		

Ⅱ. 자료해석

1. 암산 훈련

예제1)	7×8= 56	예제6)	8×8= 64	예제11)	3×8= 24	예제16)	4×6= 24
예제2)	5×6= 30	예제7)	7×7= 49	예제12)	3×4= 12	예제17)	9×9= 81
예제3)	2×9= 18	예제8)	5×7= 35	예제13)	4×8= 32	예제18)	7×4= 28
예제4)	3×7= 21	예제9)	9×3= 27	예제14)	6×7= 42	예제19)	6×3= 18
예제5)	5×9= 45	예제10)	9×6= 54	예제15)	2×5= 10	예제20)	4×9= 36

예제21)	17×8= 136	예제31)	18×8= 144	예제41)	93×8= 744	예제51)	34×6= 204
예제22)	35×6= 210	예제32)	27×7= 189	예제42)	73×4= 292	예제52)	89×9= 801
예제23)	22×9= 198	예제33)	65×7= 455	예제43)	14×8= 112	예제53)	27×4= 108
예제24)	13×7= 91	예제34)	29×3= 87	예제44)	26×7= 182	예제54)	66×3= 198
예제25)	45×9= 405	예제35)	39×6= 234	예제45)	32×5= 160	예제55)	74×9= 666
예제26)	28×7= 196	예제36)	28×8= 224	예제46)	88×3= 264	예제56)	66×4= 264
예제27)	16×5= 80	예제37)	77×7= 539	예제47)	34×3= 102	예제57)	19×9= 171
예제28)	49×2= 98	예제38)	47×5= 235	예제48)	18×4= 72	예제58)	34×7= 238
예제29)	27×3= 81	예제39)	33×9= 297	예제49)	27×6= 162	예제59)	13×6= 78
예제30)	69×5= 345	예제40)	86×9= 774	예제50)	65×2= 130	예제60)	79×4= 316

예제61)	(28×7) + 11 = 207	예제66)	(39×6) + 26 = 260	예제71)	(81×4) + 41 = 365	예제76)	(16×7) + 48 = 160
예제62)	(46×5) + 21 = 251	예제67)	(27×6) + 19 = 181	예제72)	(37×4) + 39 = 187	예제77)	(19×5) + 45 = 140
예제63)	(33×8) + 17 = 281	예제68)	(38×3) + 13 = 127	예제73)	(41×8) + 12 = 340	예제78)	(11×8) + 36 = 124
예제64)	(24×8) + 32 = 224	예제69)	(72×4) + 62 = 350	예제74)	(77×7) + 17 = 556	예제79)	(79×3) + 48 = 285
예제65)	(56×8) + 16 = 464	예제70)	(58×8) + 18 = 482	예제75)	(54×5) + 11 = 281	예제80)	(22×6) + 65 = 197

예제81)	②	예제82)	④

2. 어림산 훈련

예제83)	T	예제88)	F	예제93)	②
예제84)	T	예제89)	T	예제94)	①
예제85)	F	예제90)	T		
예제86)	(>)	예제91)	F		
예제87)	T	예제92)	F		

3. 계산 맛보기

예제95)	③	예제96)	③

Ⅲ. 상황 판단

예제1)	–	예제4)	②	예제7)	④	예제10)	③
예제2)	–	예제5)	–	예제8)	①	예제11)	③
예제3)	④	예제6)	–	예제9)	⑤	예제12)	②

※ 예제에 대한 해설은 작가의 브런치(brunch.co.kr/@psat)에서 확인할 수 있습니다.

PSAT
원래 이렇게 푸는 거야

초판 1쇄 발행 2023년 07월 03일
초판 2쇄 발행 2023년 09월 15일
개정판 1쇄 발행 2024년 07월 22일

지은이 할때하자
펴낸이 류태연

펴낸곳 렛츠북
주소 서울시 영등포구 문래북로 116, 1005호
등록 2015년 05월 15일 제2018-000065호
전화 070-4786-4823 | **팩스** 070-7610-2823
홈페이지 http://www.letsbook21.co.kr | **이메일** letsbook2@naver.com
블로그 https://blog.naver.com/letsbook2 | **인스타그램** @letsbook2

ISBN 979-11-6054-717-7 13350